Johann Wolfgang von Goethe

Goethes Werke

22. Band

Johann Wolfgang von Goethe

Goethes Werke
22. Band

ISBN/EAN: 9783744703796

Hergestellt in Europa, USA, Kanada, Australien, Japan

Cover: Foto ©Thomas Meinert / pixelio.de

Weitere Bücher finden Sie auf **www.hansebooks.com**

Goethes Werke

Herausgegeben

im

Auftrage der Großherzogin Sophie von Sachsen

22. Band

Weimar

Hermann Böhlaus Nachfolger

1899.

Inhalt.

Wilhelm Meisters Lehrjahre.

Wilhelm Meisters Lehrjahre.

Viertes Buch.

Erstes Capitel.

Laertes stand nachdenklich am Fenster und blickte auf seinen Arm gestützt in das Feld hinaus. Philine schlich über den großen Saal herbei, lehnte sich auf den Freund, und verspottete sein ernsthaftes Ansehen.

Lache nur nicht, versetzte er, es ist abscheulich, wie die Zeit vergeht, wie alles sich verändert und ein Ende nimmt! Sieh nur, hier stand vor kurzem noch ein schönes Lager, wie lustig sahen die Zelte aus! wie lebhaft ging es darin zu! wie sorgfältig bewachte man den ganzen Bezirk! und nun ist alles auf einmal verschwunden. Nur kurze Zeit werden das zertretene Stroh und die eingegrabenen Kochlöcher noch eine Spur zeigen; dann wird alles bald umgepflügt sein, und die Gegenwart so vieler tausend rüstiger Menschen in dieser Gegend wird nur noch in den Köpfen einiger alten Leute spuken.

Philine fing an zu singen, und zog ihren Freund zu einem Tanze in den Saal. Laß uns, rief sie, da wir der Zeit nicht nachlaufen können, wenn sie vorüber ist, sie wenigstens als eine schöne Göttin, indem sie bei uns vorbeizieht, fröhlich und zierlich verehren.

1*

Sie hatten kaum einige Wendungen gemacht, als Madame Melina durch den Saal ging. Philine war boshaft genug, sie gleichfalls zum Tanze einzuladen, und sie dadurch an die Mißgestalt zu erinnern, in welche sie durch ihre Schwangerschaft versetzt war.

Wenn ich nur, sagte Philine hinter ihrem Rücken, keine Frau mehr guter Hoffnung sehen sollte!

Sie hofft doch, sagte Laertes.

Aber es kleidet sie so häßlich. Hast du die vordere Wackelfalte des verkürzten Rocks gesehen, die immer voraus spaziert, wenn sie sich bewegt? Sie hat gar keine Art noch Geschick, sich nur ein bischen zu mustern und ihren Zustand zu verbergen.

Laß nur, sagte Laertes, die Zeit wird ihr schon zu Hülfe kommen.

Es wäre doch immer hübscher, rief Philine, wenn man die Kinder von den Bäumen schüttelte.

Der Baron trat herein, und sagte ihnen etwas Freundliches im Namen des Grafen und der Gräfin, die ganz früh abgereis't waren, und machte ihnen einige Geschenke. Er ging darauf zu Wilhelmen, der sich im Nebenzimmer mit Mignon beschäftigte. Das Kind hatte sich sehr freundlich und zuthätig bezeigt, nach Wilhelms Eltern, Geschwistern und Verwandten gefragt, und ihn dadurch an seine Pflicht erinnert, den Seinigen von sich einige Nachricht zu geben.

Der Baron brachte ihm, nebst einem Abschieds= gruße von den Herrschaften, die Versicherung, wie sehr

der Graf mit ihm, seinem Spiele, seinen poetischen
Arbeiten und seinen theatralischen Bemühungen zufrieden gewesen sei. Er zog darauf zum Beweis dieser
Gesinnung einen Beutel hervor, durch dessen schönes
Gewebe die reizende Farbe neuer Goldstücke durch-
schimmerte; Wilhelm trat zurück, und weigerte sich
ihn anzunehmen.

Sehen Sie, fuhr der Baron fort, diese Gabe als
einen Ersatz für Ihre Zeit, als eine Erkenntlichkeit für
Ihre Mühe, nicht als eine Belohnung Ihres Talents
an. Wenn uns dieses einen guten Namen und die
Neigung der Menschen verschafft, so ist billig, daß wir
durch Fleiß und Anstrengung zugleich die Mittel erwerben, unsre Bedürfnisse zu befriedigen, da wir doch
einmal nicht ganz Geist sind. Wären wir in der
Stadt, wo alles zu finden ist, so hätte man diese kleine
Summe in eine Uhr, einen Ring oder sonst etwas verwandelt; nun gebe ich aber den Zauberstab unmittel-
bar in Ihre Hände; schaffen Sie sich ein Kleinod dafür, das Ihnen am liebsten und am dienlichsten ist,
und verwahren Sie es zu unserm Andenken. Dabei
halten Sie ja den Beutel in Ehren. Die Damen
haben ihn selbst gestrickt, und ihre Absicht war, durch
das Gefäß dem Inhalt die annehmlichste Form zu
geben.

Vergeben Sie, versetzte Wilhelm, meiner Verlegenheit und meinen Zweifeln, dieses Geschenk anzunehmen. Es vernichtet gleichsam das Wenige, was

ich gethan habe, und hindert das freie Spiel einer
glücklichen Erinnerung. Geld ist eine schöne Sache,
wo etwas abgethan werden soll, und ich wünschte nicht
in dem Andenken Ihres Hauses so ganz abgethan
zu sein.   5

Das ist nicht der Fall, versetzte der Baron; aber
indem Sie selbst zart empfinden, werden Sie nicht
verlangen, daß der Graf sich völlig als Ihren Schuldner
denken soll: ein Mann, der seinen größten Ehrgeiz
darein setzt, aufmerksam und gerecht zu sein. Ihm ist   10
nicht entgangen, welche Mühe Sie sich gegeben, und
wie Sie seinen Absichten ganz Ihre Zeit gewidmet
haben, ja er weiß, daß Sie, um gewisse Anstalten zu
beschleunigen, Ihr eignes Geld nicht schonten. Wie
will ich wieder vor ihm erscheinen, wenn ich ihn nicht   15
versichern kann, daß seine Erkenntlichkeit Ihnen Ver=
gnügen gemacht hat.

Wenn ich nur an mich selbst denken, wenn ich nur
meinen eigenen Empfindungen folgen dürfte, versetzte
Wilhelm, würde ich mich, ungeachtet aller Gründe,   20
hartnäckig weigern, diese Gabe, so schön und ehrenvoll
sie ist, anzunehmen; aber ich läugne nicht, daß sie
mich in dem Augenblicke, in dem sie mich in Ver=
legenheit setzt, aus einer Verlegenheit reißt, in der ich
mich bisher gegen die Meinigen befand, und die mir   25
manchen stillen Kummer verursachte. Ich habe sowohl
mit dem Gelde als mit der Zeit, von denen ich Rechen=
schaft zu geben habe, nicht zum besten hausgehalten;

nun wird es mir durch den Edelmuth des Herrn
Grafen möglich, den Meinigen getrost von dem Glücke
Nachricht zu geben, zu dem mich dieser sonderbare
Seitenweg geführt hat. Ich opfre die Delicatesse, die
uns wie ein zartes Gewissen bei solchen Gelegenheiten
warnt, einer höhern Pflicht auf, und um meinem
Vater muthig unter die Augen treten zu können, steh'
ich beschämt vor den Ihrigen.

Es ist sonderbar, versetzte der Baron, welch ein
wunderlich Bedenken man sich macht, Geld von Freun=
den und Gönnern anzunehmen, von denen man jede
andere Gabe mit Dank und Freude empfangen würde.
Die menschliche Natur hat mehr ähnliche Eigenheiten,
solche Skrupel gern zu erzeugen und sorgfältig zu
nähren.

Ist es nicht das Nämliche mit allen Ehrenpuncten?
fragte Wilhelm.

Ach ja, versetzte der Baron, und andern Vorur=
theilen. Wir wollen sie nicht ausjäten, um nicht viel=
leicht edle Pflanzen zugleich mit auszuraufen. Aber
mich freut immer, wenn einzelne Personen fühlen,
über was man sich hinaussetzen kann und soll, und
ich denke mit Vergnügen an die Geschichte des geist=
reichen Dichters, der für ein Hoftheater einige Stücke
verfertigte, welche den ganzen Beifall des Monarchen
erhielten. Ich muß ihn ansehnlich belohnen, sagte der
großmüthige Fürst: man forsche an ihm, ob ihm
irgend ein Kleinod Vergnügen macht, oder ob er nicht

verschmäht Geld anzunehmen. Nach seiner scherzhaften
Art antwortete der Dichter dem abgeordneten Hofmann:
Ich danke lebhaft für die gnädigen Gesinnungen, und
da der Kaiser alle Tage Geld von uns nimmt, so sehe
ich nicht ein, warum ich mich schämen sollte, Geld 5
von ihm anzunehmen.

Der Baron hatte kaum das Zimmer verlassen, als
Wilhelm eifrig die Baarschaft zählte, die ihm so unvermuthet, und, wie er glaubte, so unverdient zuge-
kommen war. Es schien, als ob ihm der Werth und 10
die Würde des Goldes, die uns in spätern Jahren
erst fühlbar werden, ahnungsweise zum erstenmal entgegen blickten, als die schönen blinkenden Stücke aus
dem zierlichen Beutel hervorrollten. Er machte seine
Rechnung und fand, daß er, besonders da Melina den 15
Vorschuß sogleich wieder zu bezahlen versprochen hatte,
eben so viel, ja noch mehr in Cassa habe, als an
jenem Tage, da Philine ihm den ersten Strauß ab-
fordern ließ. Mit heimlicher Zufriedenheit blickte er
auf sein Talent, mit einem kleinen Stolze auf das 20
Glück, das ihn geleitet und begleitet hatte. Er ergriff
nunmehr mit Zuversicht die Feder, um einen Brief
zu schreiben, der auf einmal die Familie aus aller
Verlegenheit, und sein bisheriges Betragen in das
beste Licht setzen sollte. Er vermied eine eigentliche 25
Erzählung, und ließ nur in bedeutenden und mystischen
Ausdrücken dasjenige, was ihm begegnet sein könnte,
errathen. Der gute Zustand seiner Casse, der Erwerb,

den er seinem Talent schuldig war, die Gunst der
Großen, die Neigung der Frauen, die Bekanntschaft
in einem weiten Kreise, die Ausbildung seiner körperlichen und geistigen Anlagen, die Hoffnung für die
Zukunft bildeten ein solches wunderliches Luftgemählde,
daß Fata Morgagna selbst es nicht seltsamer hätte
durch einander wirken können.

In dieser glücklichen Exaltation fuhr er fort, nachdem der Brief geschlossen war, ein langes Selbstge-
spräch zu unterhalten, in welchem er den Inhalt des
Schreibens recapitulirte, und sich eine thätige und
würdige Zukunft ausmahlte. Das Beispiel so vieler
edlen Krieger hatte ihn angefeuert, die Shakespearische
Dichtung hatte ihm eine neue Welt eröffnet, und von
den Lippen der schönen Gräfin hatte er ein unaus-
sprechliches Feuer in sich gesogen. Das alles konnte,
das sollte nicht ohne Wirkung bleiben.

Der Stallmeister kam und fragte, ob sie mit Einpacken fertig seien. Leider hatte, außer Melina, noch
niemand daran gedacht. Nun sollte man eilig auf-
brechen. Der Graf hatte versprochen, die ganze Gesellschaft einige Tagereisen weit transportiren zu lassen,
die Pferde waren eben bereit, und konnten nicht lange
entbehrt werden. Wilhelm fragte nach seinem Koffer;
Madame Melina hatte sich ihn zu Nutze gemacht: er
verlangte nach seinem Gelde, Herr Melina hatte es
ganz unten in den Koffer mit großer Sorgfalt gepackt.
Philine sagte: Ich habe in dem meinigen noch Platz,

nahm Wilhelms Kleider, und befahl Mignon, das übrige nachzubringen. Wilhelm mußte es, nicht ohne Widerwillen, geschehen lassen.

Indem man aufpackte, und alles zubereitete, sagte Melina: Es ist mir verdrießlich, daß wir wie Seil= 5 tänzer und Marktschreier reisen; ich wünschte, daß Mignon Weiberkleider anzöge, und daß der Harfen= spieler sich noch geschwinde den Bart scheren ließe. Mignon hielt sich fest an Wilhelm, und sagte mit großer Lebhaftigkeit: Ich bin ein Knabe: ich will kein 10 Mädchen sein! Der Alte schwieg, und Philine machte bei dieser Gelegenheit über die Eigenheit des Grafen, ihres Beschützers, einige lustige Anmerkungen. Wenn der Harfner seinen Bart abschneidet, sagte sie, so mag er ihn nur sorgfältig auf Band nähen und bewahren, 15 daß er ihn gleich wieder vornehmen kann, sobald er dem Herrn Grafen irgendwo in der Welt begegnet: denn dieser Bart allein hat ihm die Gnade dieses Herrn verschafft.

Als man in sie drang und eine Erklärung dieser 20 sonderbaren Äußerung verlangte, ließ sie sich folgen= dergestalt vernehmen: Der Graf glaubt, daß es zur Illusion sehr viel beitrage, wenn der Schauspieler auch im gemeinen Leben seine Rolle fortspielt, und seinen Charakter soutenirt; deßwegen war er dem Pedanten 25 so günstig, und er fand, es sei recht gescheidt, daß der Harfner seinen falschen Bart nicht allein Abends auf dem Theater, sondern auch beständig bei Tage

trage, und freute sich sehr über das natürliche Aus=
sehen der Maskerade.

Als die andern über diesen Irrthum und über die
sonderbaren Meinungen des Grafen spotteten, ging
der Harfner mit Wilhelm bei Seite, nahm von ihm
Abschied, und bat mit Thränen, ihn ja sogleich zu
entlassen. Wilhelm redete ihm zu, und versicherte,
daß er ihn gegen jedermann schützen werde, daß ihm
niemand ein Haar krümmen, vielweniger ohne seinen
10 Willen abschneiden solle.

Der Alte war sehr bewegt, und in seinen Augen
glühte ein sonderbares Feuer. Nicht dieser Anlaß
treibt mich hinweg, rief er aus: schon lange mache
ich mir stille Vorwürfe, daß ich um Sie bleibe. Ich
15 sollte nirgends verweilen, denn das Unglück ereilt
mich und beschädigt die, die sich zu mir gesellen.
Fürchten Sie alles, wenn Sie mich nicht entlassen,
aber fragen Sie mich nicht, ich gehöre nicht mir zu,
ich kann nicht bleiben.

20 Wem gehörst du an? Wer kann eine solche Ge=
walt über dich ausüben?

Mein Herr, lassen Sie mir mein schaudervolles
Geheimniß, und geben Sie mich los! Die Rache, die
mich verfolgt, ist nicht des irdischen Richters; ich ge=
25 höre einem unerbittlichen Schicksale; ich kann nicht
bleiben, und ich darf nicht!

In diesem Zustande, in dem ich dich sehe, werde
ich dich gewiß nicht lassen.

Es ist Hochverrath an Ihnen, mein Wohlthäter,
wenn ich zaudre. Ich bin sicher bei Ihnen, aber Sie
sind in Gefahr. Sie wissen nicht, wen Sie in Ihrer
Nähe hegen. Ich bin schuldig, aber unglücklicher als
schuldig. Meine Gegenwart verscheucht das Glück, 5
und die gute That wird ohnmächtig, wenn ich dazu
trete. Flüchtig und unstät sollt' ich sein, daß mein
unglücklicher Genius mich nicht einholet, der mich
nur langsam verfolgt, und nur dann sich merken läßt,
wenn ich mein Haupt niederlegen und ruhen will. 10
Dankbarer kann ich mich nicht bezeigen, als wenn ich
Sie verlasse.

Sonderbarer Mensch! du kannst mir das Ver=
trauen in dich so wenig nehmen, als die Hoffnung,
dich glücklich zu sehen. Ich will in die Geheimnisse 15
deines Aberglaubens nicht eindringen; aber wenn du
ja in Ahnung wunderbarer Verknüpfungen und Vor=
bedeutungen lebst, so sage ich dir zu deinem Trost und
zu deiner Aufmunterung: geselle dich zu meinem Glücke,
und wir wollen sehen, welcher Genius der stärkste ist, 20
dein schwarzer oder mein weißer!

Wilhelm ergriff diese Gelegenheit, um ihm noch
mancherlei Tröstliches zu sagen; denn er hatte schon
seit einiger Zeit in seinem wunderbaren Begleiter einen
Menschen zu sehen geglaubt, der durch Zufall oder 25
Schickung eine große Schuld auf sich geladen hat und
nun die Erinnerung derselben immer mit sich fort=
schleppt. Noch vor wenigen Tagen hatte Wilhelm

seinen Gesang behorcht, und folgende Zeilen wohl
bemerkt:

> Ihm färbt der Morgensonne Licht
> Den reinen Horizont mit Flammen,
> Und über seinem schuld'gen Haupte bricht
> Das schöne Bild der ganzen Welt zusammen.

Der Alte mochte nun sagen was er wollte, so
hatte Wilhelm immer ein stärker Argument, wußte
alles zum besten zu kehren und zu wenden, wußte so
brav, so herzlich und tröstlich zu sprechen, daß der
Alte selbst wieder aufzuleben und seinen Grillen zu
entsagen schien.

Zweites Capitel.

Melina hatte Hoffnung, in einer kleinen aber
wohlhabenden Stadt mit seiner Gesellschaft unterzu=
kommen. Schon befanden sie sich an dem Orte, wo=
hin sie die Pferde des Grafen gebracht hatten, und
sahen sich nach andern Wagen und Pferden um, mit
denen sie weiter zu kommen hofften. Melina hatte
den Transport übernommen, und zeigte sich, nach
seiner Gewohnheit, übrigens sehr karg. Dagegen hatte
Wilhelm die schönen Ducaten der Gräfin in der Tasche,
auf deren fröhliche Verwendung er das größte Recht
zu haben glaubte, und sehr leicht vergaß er, daß er
sie in der stattlichen Bilanz, die er den Seinigen zu=
schickte, schon sehr ruhmredig aufgeführt hatte.

Sein Freund Shakespear, den er mit großer
Freude auch als seinen Pathen anerkannte, und sich
nur um so lieber Wilhelm nennen ließ, hatte ihm
einen Prinzen bekannt gemacht, der sich unter geringer,
ja sogar schlechter Gesellschaft eine Zeitlang aufhält,
und, ungeachtet seiner edlen Natur, an der Roheit,
Unschicklichkeit und Albernheit solcher ganz sinnlichen
Bursche sich ergötzt. Höchst willkommen war ihm das

Ideal, womit er seinen gegenwärtigen Zustand ver=
gleichen konnte, und der Selbstbetrug, wozu er eine
fast unüberwindliche Neigung spürte, ward ihm dadurch
außerordentlich erleichtert.

5 Er fing nun an über seine Kleidung nachzudenken.
Er fand, daß ein Westchen, über das man im Noth=
fall einen kurzen Mantel würfe, für einen Wanderer
eine sehr angemessene Tracht sei. Lange gestrickte
Beinkleider und ein Paar Schnürstiefeln schienen die
10 wahre Tracht eines Fußgängers. Dann verschaffte er
sich eine schöne seidne Schärpe, die er zuerst unter dem
Vorwande, den Leib warm zu halten, umband; dagegen
befreite er seinen Hals von der Knechtschaft einer
Binde, und ließ sich einige Streifen Nesseltuch an's
15 Hemde heften, die aber etwas breit geriethen, und das
völlige Ansehen eines antiken Kragens erhielten. Das
schöne seidne Halstuch, das gerettete Andenken Mari=
anens, lag nur locker geknüpft unter der nesseltuchnen
Krause. Ein runder Hut mit einem bunten Bande
20 und einer großen Feder machte die Maskerade voll=
kommen.

Die Frauen betheuerten, diese Tracht lasse ihm
vorzüglich gut. Philine stellte sich ganz bezaubert
darüber, und bat sich seine schönen Haare aus, die er,
25 um dem natürlichen Ideal nur desto näher zu kommen,
unbarmherzig abgeschnitten hatte. Sie empfahl sich
dadurch nicht übel, und unser Freund, der durch seine
Freigebigkeit sich das Recht erworben hatte, auf Prinz

Harry's Manier mit den Übrigen umzugehen, kam
bald selbst in den Geschmack, einige tolle Streiche an=
zugeben und zu befördern. Man focht, man tanzte,
man erfand allerlei Spiele, und in der Fröhlichkeit
des Herzens genoß man des leiblichen Weins, den man   5
angetroffen hatte, in starkem Maße, und Philine
lauerte in der Unordnung dieser Lebensart dem sprö=
den Helden auf, für den sein guter Genius Sorge
tragen möge.

Eine vorzügliche Unterhaltung, mit der sich die   10
Gesellschaft besonders ergötzte, bestand in einem extem=
porirten Spiel, in welchem sie ihre bisherigen Gönner
und Wohlthäter nachahmten und durchzogen. Einige
unter ihnen hatten sich sehr gut die Eigenheiten des
äußern Anstandes verschiedner vornehmer Personen   15
gemerkt, und die Nachbildung derselben ward von der
übrigen Gesellschaft mit dem größten Beifall aufge=
nommen, und als Philine aus dem geheimen Archiv
ihrer Erfahrungen einige besondere Liebeserklärungen,
die an sie geschehen waren, vorbrachte, wußte man   20
sich vor Lachen und Schadenfreude kaum zu lassen.

Wilhelm schalt ihre Undankbarkeit; allein man
setzte ihm entgegen, daß sie das, was sie dort erhalten,
genugsam abverdient, und daß überhaupt das Betragen
gegen so verdienstvolle Leute, wie sie sich zu sein   25
rühmten, nicht das beste gewesen sei. Nun beschwerte
man sich, mit wie wenig Achtung man ihnen begegnet,
wie sehr man sie zurückgesetzt habe. Das Spotten,

Necken und Nachahmen ging wieder an, und man ward immer bitterer und ungerechter.

Ich wünschte, sagte Wilhelm darauf, daß durch eure Äußerungen weder Neid noch Eigenliebe durch=
schiene, und daß ihr jene Personen und ihre Verhält= nisse aus dem rechten Gesichtspuncte betrachtet. Es ist eine eigene Sache, schon durch die Geburt auf einen erhabenen Platz in der menschlichen Gesellschaft gesetzt zu sein. Wem ererbte Reichthümer eine vollkommene Leichtigkeit des Daseins verschafft haben, wer sich, wenn ich mich so ausdrücken darf, von allem Beiwesen der Menschheit, von Jugend auf, reichlich umgeben findet, gewöhnt sich meist, diese Güter als das Erste und Größte zu betrachten, und der Werth einer von der Natur schön ausgestatteten Menschheit wird ihm nicht so deutlich. Das Betragen der Vornehmen gegen Geringere, und auch unter einander, ist nach äußern Vorzügen abgemessen; sie erlauben jedem seinen Titel, seinen Rang, seine Kleider und Equipage, nur nicht seine Verdienste geltend zu machen.

Diesen Worten gab die Gesellschaft einen unmäßi= gen Beifall. Man fand abscheulich, daß der Mann von Verdienst immer zurück stehen müsse, und daß in der großen Welt keine Spur von natürlichem und herzlichem Umgang zu finden sei. Sie kamen besonders über diesen letzten Punct aus dem Hundertsten in's Tausendste.

Scheltet sie nicht darüber, rief Wilhelm aus, be=

dauert sie vielmehr! Denn von jenem Glück, das wir als das höchste erkennen, das aus dem innern Reichthum der Natur fließt, haben sie selten eine erhöhte Empfindung. Nur uns Armen, die wir wenig oder nichts besitzen, ist es gegönnt, das Glück der Freundschaft in reichem Maße zu genießen. Wir können unsre Geliebten weder durch Gnade erheben, noch durch Gunst befördern, noch durch Geschenke beglücken. Wir haben nichts als uns selbst. Dieses ganze Selbst müssen wir hingeben, und, wenn es einigen Werth haben soll, dem Freunde das Gut auf ewig versichern. Welch ein Genuß, welch ein Glück für den Geber und Empfänger! In welchen seligen Zustand versetzt uns die Treue! sie gibt dem vorübergehenden Menschenleben eine himmlische Gewißheit; sie macht das Hauptcapital unsers Reichthums aus.

Mignon hatte sich ihm unter diesen Worten genähert, schlang ihre zarten Arme um ihn, und blieb mit dem Köpfchen an seine Brust gelehnt stehen. Er legte die Hand auf des Kindes Haupt, und fuhr fort: Wie leicht wird es einem Großen, die Gemüther zu gewinnen! wie leicht eignet er sich die Herzen zu. Ein gefälliges, bequemes, nur einigermaßen menschliches Betragen thut Wunder, und wie viele Mittel hat er, die einmal erworbenen Geister fest zu halten. Uns kommt alles seltner, wird alles schwerer, und wie natürlich ist es, daß wir auf das, was wir erwerben und leisten, einen größern Werth legen. Welche rührenden Beispiele von treuen Dienern, die sich für ihre Herren aufopferten! Wie schön hat uns Shakespear solche geschildert! Die Treue ist, in diesem Falle, ein Bestreben einer edlen Seele, einem Größern gleich zu werden. Durch fortdauernde Anhänglichkeit und Liebe wird der Diener seinem Herrn gleich, der ihn sonst nur als einen bezahlten Sclaven anzusehen berechtigt ist. Ja, diese Tugenden sind nur für den geringen Stand; er kann sie nicht entbehren, und sie kleiden ihn schön. Wer sich leicht loskaufen kann, wird so leicht versucht, sich auch der Erkenntlichkeit zu überheben. Ja, in diesem Sinne glaube ich behaupten zu können, daß ein Großer wohl Freunde haben, aber nicht Freund sein könne.

Mignon drückte sich immer fester an ihn.

Nun gut, versetzte einer aus der Gesellschaft: Wir brauchen ihre Freundschaft nicht, und haben sie niemals verlangt. Nur sollten sie sich besser auf Künste verstehen, die sie doch beschützen wollen. Wenn wir am besten gespielt haben, hat uns niemand zugehört: alles war lauter Parteilichkeit. Wem man günstig war, der gefiel, und man war dem nicht günstig, der zu gefallen verdiente. Es war nicht erlaubt, wie oft das Alberne und Abgeschmackte Aufmerksamkeit und Beifall auf sich zog.

Wenn ich abrechne, versetzte Wilhelm, was Schadenfreude und Ironie gewesen sein mag; so denk' ich, es geht in der Kunst, wie in der Liebe. Wie will der

Weltmann bei seinem zerstreuten Leben die Innigkeit
erhalten, in der ein Künstler bleiben muß, wenn er
etwas Vollkommenes hervorzubringen denkt, und die
selbst demjenigen nicht fremd sein darf, der einen solchen
Antheil am Werke nehmen will, wie der Künstler ihn
wünscht und hofft.

Glaubt mir, meine Freunde, es ist mit den Ta=
lenten wie mit der Tugend: man muß sie um ihrer
selbst willen lieben, oder sie ganz aufgeben. Und doch
werden sie beide nicht anders erkannt und belohnt, als
wenn man sie, gleich einem gefährlichen Geheimniß,
im Verborgnen üben kann.

Unterdessen, bis ein Kenner uns auffindet, kann
man Hungers sterben, rief einer aus der Ecke.

Nicht eben sogleich, versetzte Wilhelm. Ich habe
gesehen, so lange einer lebt und sich rührt, findet er
immer seine Nahrung, und wenn sie auch gleich nicht
die reichlichste ist. Und worüber habt ihr euch denn
zu beschweren? Sind wir nicht ganz unvermuthet,
eben da es mit uns am schlimmsten aussah, gut auf=
genommen und bewirthet worden? Und jetzt, da es
uns noch an nichts gebricht, fällt es uns denn ein,
etwas zu unserer Übung zu thun, und nur einiger=
maßen weiter zu streben? Wir treiben fremde Dinge,
und entfernen, den Schulkindern ähnlich, alles, was
uns nur an unsre Lection erinnern könnte.

Wahrhaftig, sagte Philine, es ist unverantwortlich!
Laßt uns ein Stück wählen; wir wollen es auf der

Stelle spielen. Jeder muß sein Möglichstes thun, als
wenn er vor dem größten Auditorium stünde.

Man überlegte nicht lange; das Stück ward be=
stimmt. Es war eines derer, die damals in Deutsch=
land großen Beifall fanden, und nun verschollen sind.
Einige pfiffen eine Symphonie, jeder besann sich schnell
auf seine Rolle, man fing an und spielte mit der
größten Aufmerksamkeit das Stück durch, und wirklich
über Erwartung gut. Man applaudirte sich wechsels=
weise; man hatte sich selten so wohl gehalten.

Als sie fertig waren, empfanden sie alle ein aus=
nehmendes Vergnügen, theils über ihre wohlzuge=
brachte Zeit, theils weil jeder besonders mit sich zu=
frieden sein konnte. Wilhelm ließ sich weitläufig zu
ihrem Lobe heraus, und ihre Unterhaltung war heiter
und fröhlich.

Ihr solltet sehen, rief unser Freund, wie weit wir
kommen müßten, wenn wir unsre Übungen auf diese
Art fortsetzten, und nicht bloß auf Auswendiglernen,
Probiren und Spielen uns mechanisch pflicht= und
handwerksmäßig einschränkten. Wie viel mehr Lob
verdienen die Tonkünstler, wie sehr ergötzen sie sich,
wie genau sind sie, wenn sie gemeinschaftlich ihre
Übungen vornehmen! Wie sind sie bemüht, ihre In=
strumente übereinzustimmen, wie genau halten sie
Tact, wie zart wissen sie die Stärke und Schwäche
des Tons auszudrücken! Keinem fällt es ein, sich bei
dem Solo eines andern durch ein vorlautes Accom=

pagniren Ehre zu machen. Jeder sucht in dem Geist
und Sinne des Componisten zu spielen, und jeder das,
was ihm aufgetragen ist, es mag viel oder wenig sein,
gut auszudrücken. Sollten wir nicht eben so genau
und eben so geistreich zu Werke gehen, da wir eine
Kunst treiben, die noch viel zarter, als jede Art von
Musik ist, da wir die gewöhnlichsten und seltensten
Äußerungen der Menschheit geschmackvoll und ergötzend
darzustellen berufen sind? Kann etwas abscheulicher
sein, als in den Proben zu sudeln, und sich bei der
Vorstellung auf Laune und gut Glück zu verlassen?
Wir sollten unser größtes Glück und Vergnügen darein
setzen, mit einander übereinzustimmen, um uns wechsels=
weise zu gefallen, und auch nur in so fern den Beifall
des Publicums zu schätzen, als wir ihn uns gleichsam
unter einander schon selbst garantirt hätten. Warum
ist der Capellmeister seines Orchesters gewisser, als der
Director seines Schauspiels? Weil dort jeder sich
seines Mißgriffs, der das äußere Ohr beleidigt, schämen
muß; aber wie selten hab' ich einen Schauspieler ver=
zeihliche und unverzeihliche Mißgriffe, durch die das
innere Ohr so schnöde beleidigt wird, anerkennen und
sich ihrer schämen sehen! Ich wünschte nur, daß das
Theater so schmal wäre, als der Draht eines Seil=
tänzers, damit sich kein Ungeschickter hinauf wagte,
anstatt daß jetzo ein jeder sich Fähigkeit genug fühlt,
darauf zu paradiren.

Die Gesellschaft nahm diese Apostrophe gut auf,

indem jeder überzeugt war, daß nicht von ihm die
Rede sein könne, da er sich noch vor kurzem nebst den
Übrigen so gut gehalten. Man kam vielmehr überein,
daß man in dem Sinne, wie man angefangen, auf
5 dieser Reise und künftig, wenn man zusammen bliebe,
eine gesellige Bearbeitung wolle obwalten lassen. Man
fand nur, daß weil dieses eine Sache der guten Laune
und des freien Willens sei, so müsse sich eigentlich
kein Director darein mischen. Man nahm als aus=
10 gemacht an, daß unter guten Menschen die republi=
canische Form die beste sei; man behauptete, das Amt
eines Directors müsse herumgehen; er müsse von allen
gewählt werden, und eine Art von kleinem Senat ihm
jederzeit beigesetzt bleiben. Sie waren so von diesem
15 Gedanken eingenommen, daß sie wünschten, ihn gleich
in's Werk zu richten.

Ich habe nichts dagegen, sagte Melina, wenn ihr
auf der Reise einen solchen Versuch machen wollt; ich
suspendire meine Directorschaft gern, bis wir wieder
20 an Ort und Stelle kommen. Er hoffte, dabei zu
sparen, und manche Ausgaben der kleinen Republik
oder dem Interimsdirector aufzuwälzen. Nun ging
man sehr lebhaft zu Rathe, wie man die Form des
neuen Staates auf's beste einrichten wolle.

25 Es ist ein wanderndes Reich, sagte Laertes; wir
werden wenigstens keine Gränzstreitigkeiten haben.

Man schritt sogleich zur Sache, und erwählte
Wilhelmen zum ersten Director. Der Senat ward

bestellt, die Frauen erhielten Sitz und Stimme, man
schlug Gesetze vor, man verwarf, man genehmigte.
Die Zeit ging unvermerkt unter diesem Spiele vor=
über, und weil man sie angenehm zubrachte, glaubte
man auch wirklich etwas Nützliches gethan und durch 5
die neue Form eine neue Aussicht für die vaterländische
Bühne eröffnet zu haben.

Drittes Capitel.

Wilhelm hoffte nunmehr, da er die Gesellschaft in so guter Disposition sah, sich auch mit ihr über das dichterische Verdienst der Stücke unterhalten zu können.

Es ist nicht genug, sagte er zu ihnen, als sie des andern Tages wieder zusammen kamen, daß der Schauspieler ein Stück nur so obenhin ansehe, dasselbe nach dem ersten Eindruck beurtheile, und ohne Prüfung seinen Gefallen oder Mißfallen daran zu erkennen gebe. Dieß ist dem Zuschauer wohl erlaubt, der gerührt und unterhalten sein, aber eigentlich nicht urtheilen will. Der Schauspieler dagegen soll von dem Stücke und von den Ursachen seines Lobes und Tadels Rechenschaft geben können: und wie will er das, wenn er nicht in den Sinn seines Autors, wenn er nicht in die Absichten desselben einzudringen versteht? Ich habe den Fehler, ein Stück aus einer Rolle zu beurtheilen, eine Rolle nur an sich und nicht im Zusammenhange mit dem Stück zu betrachten, an mir selbst in diesen Tagen so lebhaft bemerkt, daß ich euch das Beispiel erzählen will, wenn ihr mir ein geneigtes Gehör gönnen wollt.

Ihr kennt Shakespears unvergleichlichen Hamlet
aus einer Vorlesung, die euch schon auf dem Schloſſe
das größte Vergnügen machte. Wir ſetzten uns vor,
das Stück zu ſpielen, und ich hatte, ohne zu wiſſen
was ich that, die Rolle des Prinzen übernommen; ich   5
glaubte ſie zu ſtudieren, indem ich anfing, die ſtärkſten
Stellen, die Selbſtgeſpräche und jene Auftritte zu
memoriren, in denen Kraft der Seele, Erhebung des
Geiſtes und Lebhaftigkeit freien Spielraum haben, wo
das bewegte Gemüth ſich in einem gefühlvollen Aus= 10
drucke zeigen kann.

Auch glaubte ich recht in den Geiſt der Rolle ein=
zudringen, wenn ich die Laſt der tiefen Schwermuth
gleichſam ſelbſt auf mich nähme, und unter dieſem
Druck meinem Vorbilde durch das ſeltſame Labyrinth 15
ſo mancher Launen und Sonderbarkeiten zu folgen
ſuchte. So memorirte ich, und ſo übte ich mich, und
glaubte nach und nach mit meinem Helden zu einer
Perſon zu werden.

Allein je weiter ich kam, deſto ſchwerer ward mir 20
die Vorſtellung des Ganzen, und mir ſchien zuletzt
faſt unmöglich, zu einer Überſicht zu gelangen. Nun
ging ich das Stück in einer ununterbrochenen Folge
durch, und auch da wollte mir leider manches nicht
paſſen. Bald ſchienen ſich die Charaktere, bald der 25
Ausdruck zu widerſprechen, und ich verzweifelte faſt,
einen Ton zu finden, in welchem ich meine ganze Rolle
mit allen Abweichungen und Schattirungen vortragen

könnte. In diesen Irrgängen bemühte ich mich lange
vergebens, bis ich mich endlich auf einem ganz be=
sondern Wege meinem Ziele zu nähern hoffte.

Ich suchte jede Spur auf, die sich von dem Cha=
rakter Hamlets in früher Zeit vor dem Tode seines
Vaters zeigte; ich bemerkte, was unabhängig von dieser
traurigen Begebenheit, unabhängig von den nach=
folgenden schrecklichen Ereignissen, dieser interessante
Jüngling gewesen war, und was er ohne sie vielleicht
geworden wäre.

Zart und edel entsprossen wuchs die königliche
Blume, unter den unmittelbaren Einflüssen der Ma=
jestät, hervor; der Begriff des Rechts und der fürst=
lichen Würde, das Gefühl des Guten und Anständigen
mit dem Bewußtsein der Höhe seiner Geburt, ent=
wickelten sich zugleich in ihm. Er war ein Fürst,
ein geborner Fürst, und wünschte zu regieren, nur
damit der Gute ungehindert gut sein möchte. Ange=
nehm von Gestalt, gesittet von Natur, gefällig von
Herzen aus, sollte er das Muster der Jugend sein
und die Freude der Welt werden.

Ohne irgend eine hervorstechende Leidenschaft war
seine Liebe zu Ophelien ein stilles Vorgefühl süßer
Bedürfnisse; sein Eifer zu ritterlichen Übungen war
nicht ganz original; vielmehr mußte diese Lust, durch
das Lob, das man dem Dritten beilegte, geschärft und
erhöht werden; rein fühlend kannte er die Redlichen,
und wußte die Ruhe zu schätzen, die ein aufrichtiges

Gemüth an dem offnen Busen eines Freundes genießt.
Bis auf einen gewissen Grad hatte er in Künsten
und Wissenschaften das Gute und Schöne erkennen
und würdigen gelernt; das Abgeschmackte war ihm zu=
wider, und wenn in seiner zarten Seele der Haß auf=
keimen konnte, so war es nur eben so viel als nöthig
ist, um bewegliche und falsche Höflinge zu verachten,
und spöttisch mit ihnen zu spielen. Er war gelassen
in seinem Wesen, in seinem Betragen einfach, weder
im Müßiggange behaglich, noch allzubegierig nach Be=
schäftigung. Ein akademisches Hinschlendern schien er
auch bei Hofe fortzusetzen. Er besaß mehr Fröhlich=
keit der Laune als des Herzens, war ein guter Gesell=
schafter, nachgiebig, bescheiden, besorgt, und konnte
eine Beleidigung vergeben und vergessen; aber niemals
konnte er sich mit dem vereinigen, der die Gränzen
des Rechten, des Guten, des Anständigen überschritt.

Wenn wir das Stück wieder zusammen lesen wer=
den, könnt ihr beurtheilen, ob ich auf dem rechten
Wege bin. Wenigstens hoffe ich meine Meinung
durchaus mit Stellen belegen zu können.

Man gab der Schilderung lauten Beifall; man
glaubte voraus zu sehen, daß sich nun die Handels=
weise Hamlets gar gut werde erklären lassen; man
freute sich über diese Art, in den Geist des Schrift=
stellers einzudringen. Jeder nahm sich vor, auch irgend
ein Stück auf diese Art zu studieren und den Sinn
des Verfassers zu entwickeln.

Viertes Capitel.

Nur einige Tage mußte die Gesellschaft an dem
Orte liegen bleiben, und sogleich zeigten sich für ver=
schiedene Glieder derselben nicht unangenehme Aben=
teuer, besonders aber ward Laertes von einer Dame an=
gereizt, die in der Nachbarschaft ein Gut hatte, gegen
die er sich aber äußerst kalt, ja unartig betrug, und
darüber von Philinen viele Spöttereien erdulden mußte.
Sie ergriff die Gelegenheit, unserm Freund die un=
glückliche Liebesgeschichte zu erzählen, über die der arme
Jüngling dem ganzen weiblichen Geschlechte feind ge=
worden war. Wer wird ihm übel nehmen, rief sie
aus, daß er ein Geschlecht haßt, das ihm so übel
mitgespielt hat, und ihm alle Übel, die sonst Männer
von Weibern zu befürchten haben, in einem sehr con=
centrirten Trank zu verschlucken gab? Stellen Sie
sich vor: binnen vier und zwanzig Stunden war er
Liebhaber, Bräutigam, Ehmann, Hahnrei, Patient
und Wittwer! Ich wüßte nicht, wie man's einem
ärger machen wollte.

Laertes lief halb lachend, halb verdrießlich zur
Stube hinaus, und Philine fing in ihrer allerliebsten
Art die Geschichte zu erzählen an, wie Laertes als ein

junger Mensch von achtzehn Jahren, eben als er bei
einer Theatergesellschaft eingetroffen, ein schönes vier=
zehnjähriges Mädchen gefunden, die eben mit ihrem
Vater, der sich mit dem Director entzweiet, abzureisen
Willens gewesen. Er habe sich aus dem Stegreife
sterblich verliebt, dem Vater alle möglichen Vorstel=
lungen gethan zu bleiben, und endlich versprochen das
Mädchen zu heirathen. Nach einigen angenehmen
Stunden des Brautstandes sei er getraut worden, habe
eine glückliche Nacht als Ehmann zugebracht, darauf
habe ihn seine Frau des andern Morgens, als er in
der Probe gewesen, nach Standesgebühr mit einem
Hörnerschmuck beehrt; weil er aber aus allzugroßer
Zärtlichkeit viel zu früh nach Hause geeilt, habe er
leider einen ältern Liebhaber an seiner Stelle gefunden,
habe mit unsinniger Leidenschaft drein geschlagen, Lieb=
haber und Vater herausgefordert, und sei mit einer
leidlichen Wunde davon gekommen. Vater und Tochter
seien darauf noch in der Nacht abgereis't, und er sei
leider auf eine doppelte Weise verwundet zurück ge=
blieben. Sein Unglück habe ihn zu dem schlechtesten
Feldscheer von der Welt geführt, und der Arme sei
leider mit schwarzen Zähnen und triefenden Augen
aus diesem Abenteuer geschieden. Er sei zu bedauern,
weil er übrigens der bravste Junge sei, den Gottes
Erdboden trüge. Besonders, sagte sie, thut es mir
leid, daß der arme Narr nun die Weiber haßt: denn
wer die Weiber haßt, wie kann der leben?

Melina unterbrach sie mit der Nachricht, daß alles zum Transport völlig bereit sei, und daß sie morgen früh abfahren könnten. Er überreichte ihnen eine Disposition, wie sie fahren sollten.

Wenn mich ein guter Freund auf den Schoß nimmt, sagte Philine, so bin ich zufrieden, daß wir eng und erbärmlich sitzen; übrigens ist mir alles einerlei.

Es thut nichts, sagte Laertes, der auch herbei kam.

Es ist verdrießlich! sagte Wilhelm, und eilte weg. Er fand für sein Geld noch einen gar bequemen Wagen, den Melina verläugnet hatte. Eine andere Eintheilung ward gemacht, und man freute sich, bequem abreisen zu können, als die bedenkliche Nachricht einlief: daß auf dem Wege, den sie nehmen wollten, sich ein Freicorps sehen lasse, von dem man nicht viel Gutes erwartete.

An dem Orte selbst war man sehr auf diese Zeitung aufmerksam, wenn sie gleich nur schwankend und zweideutig war. Nach der Stellung der Armeen schien es unmöglich, daß ein feindliches Corps sich habe durchschleichen, oder daß ein freundliches so weit habe zurückbleiben können. Jedermann war eifrig unsrer Gesellschaft die Gefahr, die auf sie wartete, recht gefährlich zu beschreiben, und ihr einen andern Weg anzurathen.

Die Meisten waren darüber in Unruhe und Furcht gesetzt, und als nach der neuen republicanischen Form

die sämmtlichen Glieder des Staats zusammen gerufen
wurden, um über diesen außerordentlichen Fall zu
berathschlagen, waren sie fast einstimmig der Meinung,
daß man das Übel vermeiden und am Orte bleiben,
oder ihm ausweichen und einen andern Weg erwählen 5
müsse.

Nur Wilhelm, von Furcht nicht eingenommen,
hielt für schimpflich, einen Plan, in den man mit so
viel Überlegung eingegangen war, nunmehr auf ein
bloßes Gerücht aufzugeben. Er sprach ihnen Muth 10
ein, und seine Gründe waren männlich und über=
zeugend.

Noch, sagte er, ist es nichts als ein Gerücht, und
wie viele dergleichen entstehen im Kriege! Verständige
Leute sagen, daß der Fall höchst unwahrscheinlich, ja 15
beinah unmöglich sei. Sollten wir uns in einer so
wichtigen Sache bloß durch ein so ungewisses Gerede
bestimmen lassen? Die Route, welche uns der Herr
Graf angegeben hat, auf die unser Paß lautet, ist die
kürzeste, und wir finden auf selbiger den besten Weg. 20
Sie führt uns nach der Stadt, wo ihr Bekanntschaften,
Freunde vor euch seht, und eine gute Aufnahme zu
hoffen habt. Der Umweg bringt uns auch dahin,
aber in welche schlimmen Wege verwickelt er uns, wie
weit führt er uns ab! Können wir Hoffnung haben, 25
uns in der späten Jahrszeit wieder heraus zu finden,
und was für Zeit und Geld werden wir indessen ver=
splittern! Er sagte noch viel, und trug die Sache

von so mancherlei vortheilhaften Seiten vor, daß ihre
Furcht sich verringerte, und ihr Muth zunahm. Er
wußte ihnen so viel von der Mannszucht der regel=
mäßigen Truppen vorzusagen, und ihnen die Maro=
deurs und das hergelaufene Gesindel so nichtswürdig
zu schildern, und selbst die Gefahr so lieblich und
lustig darzustellen, daß alle Gemüther aufgeheitert
wurden.

Laertes war vom ersten Moment an auf seiner
Seite, und versicherte, daß er nicht wanken noch weichen
wolle. Der alte Polterer fand wenigstens einige über=
einstimmende Ausdrücke in seiner Manier, Philine
lachte sie alle zusammen aus, und da Madame Melina,
die, ihrer hohen Schwangerschaft ungeachtet, ihre
natürliche Herzhaftigkeit nicht verloren hatte, den Vor=
schlag heroisch fand; so konnte Melina, der denn
freilich auf dem nächsten Wege, auf den er accordirt
hatte, viel zu sparen hoffte, nicht widerstehen, und man
willigte in den Vorschlag von ganzem Herzen.

Nun fing man an, sich auf alle Fälle zur Ver=
theidigung einzurichten. Man kaufte große Hirsch=
fänger, und hing sie an wohlgestickten Riemen über
die Schultern. Wilhelm steckte noch überdieß ein Paar
Terzerole in den Gürtel; Laertes hatte ohnedem eine
gute Flinte bei sich, und man machte sich mit einer
hohen Freudigkeit auf den Weg.

Den zweiten Tag schlugen die Fuhrleute, die der
Gegend wohl kundig waren, vor: sie wollten auf einem

waldigen Bergplatze Mittagsruhe halten, weil das
Dorf weit abgelegen sei, und man bei guten Tagen
gern diesen Weg nähme.

Die Witterung war schön, und jedermann stimmte
leicht in den Vorschlag ein. Wilhelm eilte zu Fuß
durch das Gebirge voraus, und über seine sonderbare
Gestalt mußte jeder, der ihm begegnete, stutzig werden.
Er eilte mit schnellen und zufriedenen Schritten den
Wald hinauf, Laertes pfiff hinter ihm drein, nur die
Frauen ließen sich in den Wagen fortschleppen.
Mignon lief gleichfalls nebenher, stolz auf den Hirsch=
fänger, den man ihr, als die Gesellschaft sich be=
waffnete, nicht abschlagen konnte. Um ihren Hut
hatte sie die Perlenschnur gewunden, die Wilhelm von
Marianens Reliquien übrig behalten hatte. Friedrich
der Blonde trug die Flinte des Laertes, der Harfner
hatte das friedlichste Ansehen. Sein langes Kleid
war in den Gürtel gesteckt, und so ging er freier.
Er stützte sich auf einen knotigen Stab, sein In=
strument war bei den Wagen zurück geblieben.

Nachdem sie nicht ganz ohne Beschwerlichkeit die
Höhe erstiegen, erkannten sie sogleich den angezeigten
Platz an den schönen Buchen, die ihn umgaben und
bedeckten. Eine große, sanft abhängige Waldwiese lud
zum Bleiben ein; eine eingefaßte Quelle bot die lieb=
lichste Erquickung dar, und es zeigte sich an der andern
Seite durch Schluchten und Waldrücken eine ferne,
schöne und hoffnungsvolle Aussicht. Da lagen Dörfer

und Mühlen in den Gründen, Städtchen in der
Ebene, und neue, in der Ferne eintretende Berge
machten die Aussicht noch hoffnungsvoller, indem sie
nur wie eine sanfte Beschränkung hereintraten.

Die ersten Ankommenden nahmen Besitz von der
Gegend, ruhten im Schatten aus, machten ein Feuer
an, und erwarteten geschäftig, singend, die übrige
Gesellschaft, welche nach und nach herbei kam, und
den Platz, das schöne Wetter, die unaussprechlich schöne
Gegend mit Einem Munde begrüßte.

Fünftes Capitel.

Hatte man oft zwischen vier Wänden gute und fröhliche Stunden zusammen genossen; so war man natürlich noch viel aufgeweckter hier, wo die Freiheit des Himmels und die Schönheit der Gegend jedes Gemüth zu reinigen schien. Alle fühlten sich einander näher, alle wünschten in einem so angenehmen Aufenthalt ihr ganzes Leben hinzubringen. Man beneidete die Jäger, Köhler und Holzhauer, Leute, die ihr Beruf in diesen glücklichen Wohnplätzen fest hält; über alles aber pries man die reizende Wirthschaft eines Zigeunerhaufens. Man beneidete die wunderlichen Gesellen, die in seligem Müßiggange alle abenteuerlichen Reize der Natur zu genießen berechtigt sind; man freute sich, ihnen einigermaßen ähnlich zu sein.

Indessen hatten die Frauen angefangen Erdäpfel zu sieden und die mitgebrachten Speisen auszupacken und zu bereiten. Einige Töpfe standen bei'm Feuer, gruppenweise lagerte sich die Gesellschaft unter den Bäumen und Büschen. Ihre seltsamen Kleidungen und die mancherlei Waffen gaben ihr ein fremdes Ansehen. Die Pferde wurden bei Seite gefüttert, und

wenn man die Kutschen hätte verstecken wollen, so
wäre der Anblick dieser kleinen Horde bis zur Illusion
romantisch gewesen.

Wilhelm genoß ein nie gefühltes Vergnügen. Er
konnte hier eine wandernde Colonie und sich als Anführer derselben denken. In diesem Sinne unterhielt
er sich mit einem jeden und bildete den Wahn des
Moments so poetisch als möglich aus. Die Gefühle
der Gesellschaft erhöhten sich; man aß, trank und
jubilirte, und bekannte wiederholt, niemals schönere
Augenblicke erlebt zu haben.

Nicht lange hatte das Vergnügen zugenommen, als
bei den jungen Leuten die Thätigkeit erwachte. Wilhelm und Laertes griffen zu den Rapieren, und fingen
diesmal in theatralischer Absicht ihre Übungen an.
Sie wollten den Zweikampf darstellen, in welchem
Hamlet und sein Gegner ein so tragisches Ende nehmen.
Beide Freunde waren überzeugt, daß man in dieser
wichtigen Scene nicht, wie es wohl auf Theatern zu
geschehen pflegt, nur ungeschickt hin und wieder stoßen
dürfe: sie hofften ein Muster darzustellen, wie man,
bei der Aufführung, auch dem Kenner der Fechtkunst
ein würdiges Schauspiel zu geben habe. Man schloß
einen Kreis um sie her; beide fochten mit Eifer und
Einsicht, das Interesse der Zuschauer wuchs mit
jedem Gange.

Auf einmal aber fiel im nächsten Busche ein Schuß,
und gleich darauf noch einer, und die Gesellschaft fuhr

erschreckt aus einander. Bald erblickte man bewaffnete
Leute, die auf den Ort zudrangen, wo die Pferde
nicht weit von den bepackten Kutschen ihr Futter ein-
nahmen.

Ein allgemeiner Schrei entfuhr dem weiblichen
Geschlechte, unsre Helden warfen die Rapiere weg,
griffen nach den Pistolen, eilten den Räubern entgegen,
und forderten, unter lebhaften Drohungen, Rechenschaft
des Unternehmens.

Als man ihnen lakonisch mit ein paar Musketen-
schüssen antwortete, drückte Wilhelm seine Pistole auf
einen Krauskopf ab, der den Wagen erstiegen hatte,
und die Stricke des Gepäckes aus einander schnitt.
Wohlgetroffen stürzte er sogleich herunter; Laertes
hatte auch nicht fehl geschossen, und beide Freunde
zogen beherzt ihre Seitengewehre, als ein Theil der
räuberischen Bande mit Fluchen und Gebrüll auf sie
losbrach, einige Schüsse auf sie that, und sich mit
blinkenden Säbeln ihrer Kühnheit entgegen setzte.
Unsre jungen Helden hielten sich tapfer; sie riefen
ihren übrigen Gesellen zu, und munterten sie zu einer
allgemeinen Vertheidigung auf. Bald aber verlor
Wilhelm den Anblick des Lichtes, und das Bewußtsein dessen, was vorging. Von einem Schuß, der ihn
zwischen der Brust und dem linken Arm verwundete,
von einem Hiebe, der ihm den Hut spaltete, und fast
bis auf die Hirnschale durchdrang, betäubt, fiel er
nieder, und mußte das unglückliche Ende des Über-

falls nur erst in der Folge aus der Erzählung ver=
nehmen.

Als er die Augen wieder aufschlug, befand er sich
in der wunderbarsten Lage. Das Erste, was ihm
durch die Dämmerung, die noch vor seinen Augen lag,
entgegen blickte, war das Gesicht Philinens, das sich
über das seine herüber neigte. Er fühlte sich schwach,
und da er, um sich empor zu richten, eine Bewegung
machte, fand er sich in Philinens Schoß, in den er
auch wieder zurück sank. Sie saß auf dem Rasen,
hatte den Kopf des vor ihr ausgestreckten Jünglings
leise an sich gedrückt, und ihm in ihren Armen, so
viel sie konnte, ein sanftes Lager bereitet. Mignon
kniete mit zerstreuten blutigen Haaren an seinen
Füßen, und umfaßte sie mit vielen Thränen.

Als Wilhelm seine blutigen Kleider ansah, fragte
er mit gebrochener Stimme, wo er sich befinde, was
ihm und den andern begegnet sei? Philine bat ihn,
ruhig zu bleiben; die Übrigen, sagte sie, seien alle in
Sicherheit, und niemand als er und Laertes verwundet.
Weiter wollte sie nichts erzählen, und bat ihn in=
ständig, er möchte sich ruhig halten, weil seine Wunden
nur schlecht und in der Eile verbunden seien. Er
reichte Mignon die Hand, und erkundigte sich nach der
Ursache der blutigen Locken des Kindes, das er auch
verwundet glaubte.

Um ihn zu beruhigen, erzählte Philine: dieses gut=
herzige Geschöpf, da es seinen Freund verwundet ge=

sehen, habe sich in der Geschwindigkeit auf nichts be=
sonnen, um das Blut zu stillen, es habe seine eigenen
Haare die um den Kopf geflogen, genommen, um die
Wunden zu stopfen, habe aber bald von dem vergeb=
lichen Unternehmen abstehen müssen. Nachher verband
man ihn mit Schwamm und Moos, Philine hatte
dazu ihr Halstuch hergegeben.

Wilhelm bemerkte, daß Philine mit dem Rücken
gegen ihren Koffer saß, der noch ganz wohl verschlossen
und unbeschädigt aussah. Er fragte, ob die andern
auch so glücklich gewesen, ihre Habseligkeiten zu retten?
Sie antwortete mit Achselzucken und einem Blick auf
die Wiese, wo zerbrochene Kasten, zerschlagene Koffer,
zerschnittene Mantelsäcke und eine Menge kleiner Ge=
räthschaften zerstreut hin und wieder lagen. Kein
Mensch war auf dem Platze zu sehen, und die wunder=
liche Gruppe fand sich in dieser Einsamkeit allein.

Wilhelm erfuhr nun immer mehr, als er wissen
wollte: die übrigen Männer, die allenfalls noch Wider=
stand hätten thun können, waren gleich in Schrecken
gesetzt und bald überwältigt; ein Theil floh, ein Theil
sah mit Entsetzen dem Unfalle zu. Die Fuhrleute,
die sich noch wegen ihrer Pferde am hartnäckigsten
gehalten hatten, wurden niedergeworfen und gebunden,
und in kurzem war alles rein ausgeplündert und weg=
geschleppt. Die beängstigten Reisenden fingen, sobald
die Sorge für ihr Leben vorüber war, ihren Verlust
zu bejammern an, eilten, mit möglichster Geschwindig=

keit, dem benachbarten Dorfe zu, führten den leicht
verwundeten Laertes mit sich und brachten nur wenige
Trümmer ihrer Besitzthümer davon. Der Harfner
hatte sein beschädigtes Instrument an einen Baum
gelehnt, und war mit nach dem Orte geeilt, einen
Wundarzt aufzusuchen, und seinem für todt zurückge=
lassenen Wohlthäter nach Möglichkeit beizuspringen.

Sechstes Capitel.

Unsre drei verunglückten Abenteurer blieben indeß noch eine Zeitlang in ihrer seltsamen Lage, niemand eilte ihnen zu Hülfe. Der Abend kam herbei, die Nacht drohte hereinzubrechen; Philinens Gleichgültig= keit fing an in Unruhe überzugehen, Mignon lief hin und wieder, und die Ungeduld des Kindes nahm mit jedem Augenblicke zu. Endlich, da ihnen ihr Wunsch gewährt ward, und Menschen sich ihnen näherten, überfiel sie ein neuer Schrecken. Sie hörten ganz deutlich einen Trupp Pferde in dem Wege herauf kommen, den auch sie zurückgelegt hatten, und fürchte= ten, daß abermals eine Gesellschaft ungebetener Gäste diesen Wahlplatz besuchen möchte, um Nachlese zu halten.

Wie angenehm wurden sie dagegen überrascht, als ihnen aus den Büschen, auf einem Schimmel reitend, ein Frauenzimmer zu Gesichte kam, die von einem ältlichen Herrn und einigen Cavalieren begleitet wurde; Reitknechte, Bedienten und ein Trupp Husaren folgten nach.

Philine, die zu dieser Erscheinung große Augen machte, war eben im Begriff zu rufen und die schöne Amazone um Hülfe anzuflehen, als diese schon erstaunt ihre Augen nach der wunderbaren Gruppe wendete,
5 sogleich ihr Pferd lenkte, herzuritt und stille hielt. Sie erkundigte sich eifrig nach dem Verwundeten, dessen Lage, in dem Schoße der leichtfertigen Samariterin, ihr höchst sonderbar vorzukommen schien.

Ist es Ihr Mann? fragte sie Philinen. Es ist
10 nur ein guter Freund, versetzte diese mit einem Ton, der Wilhelmen höchst zuwider war. Er hatte seine Augen auf die sanften, hohen, stillen, theilnehmenden Gesichtszüge der Ankommenden geheftet; er glaubte nie etwas Edleres noch Liebenswürdigeres gesehen zu
15 haben. Ein weiter Mannsüberrock verbarg ihm ihre Gestalt; sie hatte ihn, wie es schien, gegen die Ein= flüsse der kühlen Abendluft, von einem ihrer Gesell= schafter geborgt.

Die Ritter waren indeß auch näher gekommen;
20 einige stiegen ab, die Dame that ein Gleiches, und fragte, mit menschenfreundlicher Theilnehmung, nach allen Umständen des Unfalls, der die Reisenden be= troffen hatte, besonders aber nach den Wunden des hingestreckten Jünglings. Darauf wandte sie sich
25 schnell um, und ging mit einem alten Herrn seitwärts nach den Wagen, welche langsam den Berg herauf kamen, und auf dem Wahlplatze stille hielten.

Nachdem die junge Dame eine kurze Zeit am

Schlage der einen Kutsche gestanden, und sich mit
den Ankommenden unterhalten hatte, stieg ein Mann
von untersetzter Gestalt heraus, den sie zu unserm
verwundeten Helden führte. An dem Kästchen, das
er in der Hand hatte, und an der ledernen Tasche   5
mit Instrumenten erkannte man ihn bald für einen
Wundarzt. Seine Manieren waren mehr rauh als
einnehmend, doch seine Hand leicht, und seine Hülfe
willkommen.

Er untersuchte genau, erklärte, keine Wunde sei   10
gefährlich, er wolle sie auf der Stelle verbinden, alsdann könne man den Kranken in das nächste Dorf
bringen.

Die Besorgnisse der jungen Dame schienen sich zu
vermehren. Sehen Sie nur, sagte sie, nachdem sie   15
einigemal hin- und hergegangen war, und den alten
Herrn wieder herbei führte, sehen Sie, wie man ihn
zugerichtet hat! Und leidet er nicht um unsertwillen?
Wilhelm hörte diese Worte, und verstand sie nicht.
Sie ging unruhig hin und wieder; es schien, als   20
könnte sie sich nicht von dem Anblick des Verwundeten losreißen, und als fürchtete sie zugleich den
Wohlstand zu verletzen, wenn sie stehen bliebe, zu der
Zeit, da man ihn, wiewohl mit Mühe, zu entkleiden
anfing. Der Chirurgus schnitt eben den linken Ärmel   25
auf, als der alte Herr hinzutrat und ihr, mit einem
ernsthaften Tone, die Nothwendigkeit, ihre Reise fortzusetzen vorstellte. Wilhelm hatte seine Augen auf

sie gerichtet, und war von ihren Blicken so einge=
nommen, daß er kaum fühlte, was mit ihm vor=
ging.

Philine war indessen aufgestanden, um der gnädigen Dame die Hand zu küssen. Als sie neben ein=
ander standen, glaubte unser Freund nie einen solchen
Abstand gesehn zu haben. Philine war ihm noch nie
in einem so ungünstigen Lichte erscheinen. Sie sollte,
wie es ihm vorkam, sich jener edlen Natur nicht
nahen, noch weniger sie berühren.

Die Dame fragte Philinen Verschiedenes, aber leise.
Endlich kehrte sie sich zu dem alten Herrn, der noch
immer trocken dabei stand, und sagte: Lieber Oheim,
darf ich auf Ihre Kosten freigebig sein? Sie zog so=
gleich den Überrock aus, und ihre Absicht, ihn dem
Verwundeten und Unbekleideten hinzugeben, war nicht
zu verkennen.

Wilhelm, den der heilsame Blick ihrer Augen bis=
her festgehalten hatte, war nun, als der Überrock fiel,
von ihrer schönen Gestalt überrascht. Sie trat näher
herzu, und legte den Rock sanft über ihn. In diesem
Augenblicke, da er den Mund öffnen und einige Worte
des Dankes stammeln wollte, wirkte der lebhafte Ein=
druck ihrer Gegenwart so sonderbar auf seine schon
angegriffenen Sinne, daß es ihm auf einmal vorkam,
als sei ihr Haupt mit Strahlen umgeben, und über
ihr ganzes Bild verbreite sich nach und nach ein
glänzendes Licht. Der Chirurgus berührte ihn eben

unsanfter, indem er die Kugel, welche in der Wunde
stak, herauszuziehen Anstalt machte. Die Heilige ver=
schwand vor den Augen des Hinsinkenden; er verlor
alles Bewußtsein, und als er wieder zu sich kam,
waren Reiter und Wagen, die Schöne sammt ihren
Begleitern, verschwunden.

Siebentes Capitel.

Nachdem unser Freund verbunden und angekleidet war, eilte der Chirurgus weg, eben als der Harfen= spieler mit einer Anzahl Bauern herauf kam. Sie bereiteten eilig aus abgehauenen Ästen und eingefloch= tenem Reisig eine Trage, luden den Verwundeten da= rauf, und brachten ihn unter Anführung eines reiten= den Jägers, den die Herrschaft zurückgelassen hatte, sachte den Berg hinunter. Der Harfner, still und in sich gekehrt, trug sein beschädigtes Instrument, einige Leute schleppten Philinens Koffer, sie schlenderte mit einem Bündel nach, Mignon sprang bald voraus, bald zur Seite durch Busch und Wald, und blickte sehnlich nach ihrem kranken Beschützer hinüber.

Dieser lag in seinen warmen Überrock gehüllt, ruhig auf der Bahre. Eine elektrische Wärme schien aus der feinen Wolle in seinen Körper überzugehen; genug, er fühlte sich in die behaglichste Empfindung versetzt. Die schöne Besitzerin des Kleides hatte mächtig auf ihn gewirkt. Er sah noch den Rock von ihren Schultern fallen, die edelste Gestalt, von Strah= len umgeben, vor sich stehen, und seine Seele eilte

der Verschwundenen durch Felsen und Wälder auf dem
Fuße nach.

Nur mit sinkender Nacht kam der Zug im Dorfe
vor dem Wirthshause an, in welchem sich die übrige
Gesellschaft befand, und verzweiflungsvoll den uner=
setzlichen Verlust beklagte. Die einzige kleine Stube des
Hauses war von Menschen vollgepfropft: einige lagen
auf der Streue, andere hatten die Bänke eingenommen:
einige sich hinter den Ofen gedruckt, und Frau Melina
erwartete, in einer benachbarten Kammer, ängstlich ihre
Niederkunft. Der Schrecken hatte sie beschleunigt, und
unter dem Beistande der Wirthin, einer jungen un=
erfahrnen Frau, konnte man wenig Gutes erwarten.

Als die neuen Ankömmlinge herein gelassen zu
werden verlangten, entstand ein allgemeines Murren.
Man behauptete nun, daß man allein auf Wilhelms
Rath, unter seiner besondern Anführung, diesen ge=
fährlichen Weg unternommen, und sich diesem Unfall
ausgesetzt habe. Man warf die Schuld des übeln Aus=
gangs auf ihn, widersetzte sich an der Thüre seinem
Eintritt, und behauptete: er müsse anderswo unter=
zukommen suchen. Philinen begegnete man noch schnö=
der; der Harfenspieler und Mignon mußten auch das
Ihrige leiden.

Nicht lange hörte der Jäger, dem die Vorsorge für
die Verlassenen von seiner schönen Herrschaft ernstlich
anbefohlen war, dem Streite mit Geduld zu; er fuhr
mit Fluchen und Drohen auf die Gesellschaft los,

gebot ihnen zusammenzurücken, und den Ankommen=
den Platz zu machen. Man fing an sich zu bequemen.
Er bereitete Wilhelmen einen Platz auf einem Tische,
den er in eine Ecke schob; Philine ließ ihren Koffer
daneben stellen, und setzte sich drauf. Jeder druckte
sich so gut er konnte, und der Jäger begab sich weg,
um zu sehen, ob er nicht ein bequemeres Quartier für
das Ehepaar ausmachen könne.

Kaum war er fort, als der Unwille wieder laut
zu werden anfing, und ein Vorwurf den andern
drängte. Jedermann erzählte und erhöhte seinen Ver=
lust, man schalt die Verwegenheit, durch die man so
vieles eingebüßt, man verhehlte sogar die Schaden=
freude nicht, die man über die Wunden unseres Freun=
des empfand, man verhöhnte Philinen, und wollte ihr
die Art und Weise, wie sie ihren Koffer gerettet, zum
Verbrechen machen. Aus allerlei Anzüglichkeiten und
Sticheleden hätte man schließen sollen, sie habe sich
während der Plünderung und Niederlage um die Gunst
des Anführers der Bande bemüht, und habe ihn, wer
weiß durch welche Künste und Gefälligkeiten, vermocht
ihren Koffer frei zu geben. Man wollte sie eine ganze
Weile vermißt haben. Sie antwortete nichts und
klapperte nur mit den großen Schlössern ihres Koffers,
um ihre Neider recht von seiner Gegenwart zu über=
zeugen, und die Verzweiflung des Haufens durch ihr
eigenes Glück zu vermehren.

Achtes Capitel.

Wilhelm, ob er gleich durch den starken Verlust des Blutes schwach, und nach der Erscheinung jenes hülfreichen Engels mild und sanft geworden war, konnte sich doch zuletzt des Verdrusses über die harten und ungerechten Reden nicht enthalten, welche bei seinem Stillschweigen von der unzufriednen Gesellschaft immer erneuert wurden. Endlich fühlte er sich gestärkt genug, um sich aufzurichten, und ihnen die Unart vorzustellen, mit der sie ihren Freund und Führer beunruhigten. Er hob sein verbundenes Haupt in die Höhe, und fing, indem er sich mit einiger Mühe stützte und gegen die Wand lehnte, folgendergestalt zu reden an:

Ich vergebe dem Schmerze, den jeder über seinen Verlust empfindet, daß ihr mich in einem Augenblicke beleidigt, wo ihr mich beklagen solltet, daß ihr mir widersteht und mich von euch stoßt, das erstemal, da ich Hülfe von euch erwarten könnte. Für die Dienste, die ich euch erzeigte, für die Gefälligkeiten, die ich euch erwies, habe ich mich durch euren Dank, durch euer freundschaftliches Betragen bisher genugsam belohnt

gefunden; verleitet mich nicht, zwingt mein Gemüth
nicht, zurückzugehen und zu überdenken, was ich für
euch gethan habe; diese Berechnung würde mir nur
peinlich werden. Der Zufall hat mich zu euch geführt,
Umstände und eine heimliche Neigung haben mich bei
euch gehalten. Ich nahm an euren Arbeiten, an euren
Vergnügungen Theil; meine wenigen Kenntnisse waren
zu eurem Dienste. Gebt ihr mir jetzt auf eine bittre
Weise den Unfall Schuld, der uns betroffen hat, so
erinnert ihr euch nicht, daß der erste Vorschlag, diesen
Weg zu nehmen, von fremden Leuten kam, von euch
allen geprüft, und so gut von jedem als von mir ge-
billigt worden ist. Wäre unsre Reise glücklich voll-
bracht, so würde sich jeder wegen des guten Einfalls
loben, daß er diesen Weg angerathen, daß er ihn vorgezogen; er würde sich unsrer Überlegungen und seines
ausgeübten Stimmrechts mit Freuden erinnern; jetzo
macht ihr mich allein verantwortlich, ihr zwingt mir
eine Schuld auf, die ich willig übernehmen wollte,
wenn mich das reinste Bewußtsein nicht frei spräche,
ja wenn ich mich nicht auf euch selbst berufen könnte.
Habt ihr gegen mich etwas zu sagen, so bringt es
ordentlich vor, und ich werde mich zu vertheidigen
wissen; habt ihr nichts Gegründetes anzugeben, so
schweigt, und quält mich nicht, jetzt da ich der Ruhe
so äußerst bedürftig bin.

Statt aller Antwort fingen die Mädchen an abermals zu weinen und ihren Verlust umständlich zu

erzählen; Melina war ganz außer Fassung: denn er
hatte freilich am meisten, und mehr als wir denken
können, eingebüßt. Wie ein Rasender stolperte er in
dem engen Raume hin und her, stieß den Kopf wider
die Wand, fluchte und schalt auf das unziemlichste; und 5
da nun gar zu gleicher Zeit die Wirthin aus der
Kammer trat, mit der Nachricht, daß seine Frau mit
einem todten Kinde niedergekommen, erlaubte er sich
die heftigsten Ausbrüche, und einstimmig mit ihm heulte,
schrie, brummte und lärmte alles durch einander. 10

Wilhelm, der zugleich von mitleidiger Theilnehmung
an ihrem Zustande und von Verdruß über ihre niedrige
Gesinnung bis in sein Innerstes bewegt war, fühlte,
unerachtet der Schwäche seines Körpers, die ganze
Kraft seiner Seele lebendig. Fast, rief er aus, muß 15
ich euch verachten, so beklagenswerth ihr auch sein mögt.
Kein Unglück berechtigt uns, einen Unschuldigen mit
Vorwürfen zu beladen; habe ich Theil an diesem falschen Schritte, so büße ich auch mein Theil. Ich liege
verwundet hier, und wenn die Gesellschaft verloren 20
hat, so verliere ich das Meiste. Was an Garderobe
geraubt worden, was an Decorationen zu Grunde gegangen, war mein: denn Sie, Herr Melina, haben
mich noch nicht bezahlt, und ich spreche Sie von dieser
Forderung hiemit völlig frei. 25

Sie haben gut schenken, rief Melina, was niemand
wiedersehen wird. Ihr Geld lag in meiner Frau Koffer,
und es ist Ihre Schuld, daß es Ihnen verloren geht.

Aber, o! wenn das alles wäre! Er fing auf's neue
zu stampfen, zu schimpfen und zu schreien an. Jeder=
mann erinnerte sich der schönen Kleider aus der Garde=
robe des Grafen, der Schnallen, Uhren, Dosen, Hüte,
welche Melina von dem Kammerdiener so glücklich ge=
handelt hatte. Jedem fielen seine eigenen, obgleich
viel geringeren, Schätze dabei wieder in's Gedächtniß;
man blickte mit Verdruß auf Philinens Koffer, man
gab Wilhelmen zu verstehen, er habe wahrlich nicht
übel gethan, sich mit dieser Schönen zu associiren, und
durch ihr Glück auch seine Habseligkeiten zu retten.

Glaubt ihr denn, rief er endlich aus, daß ich et=
was Eignes haben werde, so lange ihr darbt, und ist
es wohl das erstemal, daß ich in der Noth mit euch
redlich theile? Man öffne den Koffer, und was mein
ist, will ich zum öffentlichen Bedürfniß niederlegen.

Es ist mein Koffer, sagte Philine, und ich werde
ihn nicht eher aufmachen, bis es mir beliebt. Ihre
paar Fittige, die ich Ihnen aufgehoben, können wenig
betragen, und wenn sie an die redlichsten Juden verkauft
werden. Denken Sie an sich, was Ihre Heilung kosten,
was Ihnen in einem fremden Lande begegnen kann.

Sie werden mir, Philine, versetzte Wilhelm, nichts
vorenthalten, was mein ist, und das Wenige wird uns
aus der ersten Verlegenheit retten. Allein der Mensch
besitzt noch manches, womit er seinen Freunden bei=
stehen kann, das eben nicht klingende Münze zu sein
braucht. Alles, was in mir ist, soll diesen Unglück=

lichen gewidmet sein, die gewiß, wenn sie wieder zu
sich selbst kommen, ihr gegenwärtiges Betragen bereuen
werden. Ja, fuhr er fort, ich fühle, daß ihr bedürft,
und was ich vermag, will ich euch leisten; schenkt mir
euer Vertrauen auf's neue, beruhigt euch für diesen 5
Augenblick, nehmet an, was ich euch verspreche! Wer
will die Zusage im Namen aller von mir empfangen?

Hier streckte er seine Hand aus, und rief: Ich ver=
spreche, daß ich nicht eher von euch weichen, euch nicht
eher verlassen will, als bis ein jeder seinen Verlust 10
doppelt und dreifach ersetzt sieht, bis ihr den Zustand,
in dem ihr euch, durch wessen Schuld es wolle, be=
findet, völlig vergessen, und mit einem glücklichern
vertauscht habt.

Er hielt seine Hand noch immer ausgestreckt, und 15
niemand wollte sie fassen. Ich versprech' es noch ein=
mal, rief er aus, indem er auf sein Kissen zurück sank.
Alle blieben stille; sie waren beschämt, aber nicht ge=
tröstet, und Philine auf ihrem Koffer sitzend, knackte
Nüsse auf, die sie in ihrer Tasche gefunden hatte.   20

Neuntes Capitel.

Der Jäger kam mit einigen Leuten zurück, und machte Anstalt, den Verwundeten wegzuschaffen. Er hatte den Pfarrer des Orts beredet, das Ehepaar aufzunehmen; Philinens Koffer ward fortgetragen, und sie folgte mit natürlichem Anstand. Mignon lief voraus, und da der Kranke im Pfarrhaus ankam, ward ihm ein weites Ehebette, das schon lange Zeit als Gast- und Ehrenbette bereit stand, eingegeben. Hier bemerkte man erst, daß die Wunde aufgegangen war und stark geblutet hatte. Man mußte für einen neuen Verband sorgen. Der Kranke verfiel in ein Fieber, Philine wartete ihn treulich, und als die Müdigkeit sie übermeisterte, lös'te sie der Harfenspieler ab; Mignon war mit dem festen Vorsatz zu wachen in einer Ecke eingeschlafen.

Des Morgens, als Wilhelm sich ein wenig erholt hatte, erfuhr er von dem Jäger, daß die Herrschaft, die ihnen gestern zu Hülfe gekommen sei, vor kurzem ihre Güter verlassen habe, um den Kriegsbewegungen auszuweichen, und sich bis zum Frieden in einer ruhigern Gegend aufzuhalten. Er nannte den ältlichen

Herrn und seine Nichte, zeigte den Ort an, wohin sie
sich zuerst begeben, erklärte Wilhelmen, wie das Fräu-
lein ihm eingebunden, für die Verlassenen Sorge zu
tragen.

Der hereintretende Wundarzt unterbrach die lebhaften Danksagungen, in welche sich Wilhelm gegen
den Jäger ergoß, machte eine umständliche Beschreibung
der Wunden, versicherte, daß sie leicht heilen würden,
wenn der Patient sich ruhig hielte und sich abwartete.

Nachdem der Jäger weggeritten war, erzählte Philine, daß er ihr einen Beutel mit zwanzig Louisd'orn
zurückgelassen, daß er dem Geistlichen ein Douceur
für die Wohnung gegeben, und die Curkosten für den
Chirurgus bei ihm niedergelegt habe. Sie gelte durchaus für Wilhelms Frau, introducire sich ein für allemal bei ihm in dieser Qualität, und werde nicht zugeben, daß er sich nach einer andern Wartung umsehe.

Philine, sagte Wilhelm, ich bin Ihnen bei dem
Unfall, der uns begegnet ist, schon manchen Dank
schuldig geworden, und ich wünschte nicht, meine Ver-
bindlichkeiten gegen Sie vermehrt zu sehen. Ich bin
unruhig, so lange Sie um mich sind: denn ich weiß
nichts, womit ich Ihnen die Mühe vergelten kann.
Geben Sie mir meine Sachen, die Sie in Ihrem
Koffer gerettet haben, heraus, schließen Sie sich an
die übrige Gesellschaft an, suchen Sie ein ander Quartier, nehmen Sie meinen Dank und die goldne Uhr
als eine kleine Erkenntlichkeit; nur verlassen Sie

mich; Ihre Gegenwart beunruhigt mich mehr, als
Sie glauben.

Sie lachte ihm in's Gesicht, als er geendigt hatte.
Du bist ein Thor, sagte sie, du wirst nicht klug wer=
den. Ich weiß besser, was dir gut ist; ich werde
bleiben, ich werde mich nicht von der Stelle rühren.
Auf den Dank der Männer habe ich niemals gerech=
net, also auch auf deinen nicht; und wenn ich dich
lieb habe, was geht's dich an?

Sie blieb, und hatte sich bald bei dem Pfarrer
und seiner Familie eingeschmeichelt, indem sie immer
lustig war, jedem etwas zu schenken, jedem nach dem
Sinne zu reden wußte, und dabei immer that was
sie wollte. Wilhelm befand sich nicht übel; der Chi=
rurgus, ein unwissender, aber nicht ungeschickter Mensch,
ließ die Natur walten, und so war der Patient bald
auf dem Wege der Besserung. Sehnlich wünschte dieser
sich wieder hergestellt zu sehen, um seine Plane, seine
Wünsche eifrig verfolgen zu können.

Unaufhörlich rief er sich jene Begebenheit zurück,
welche einen unauslöschlichen Eindruck auf sein Gemüth
gemacht hatte. Er sah die schöne Amazone reitend aus
den Büschen hervorkommen, sie näherte sich ihm, stieg
ab, ging hin und wieder, und bemühte sich um seinet=
willen. Er sah das umhüllende Kleid von ihren Schul=
tern fallen; ihr Gesicht, ihre Gestalt glänzend ver=
schwinden. Alle seine Jugendträume knüpften sich an
dieses Bild. Er glaubte nunmehr die edle helden=

müthige Chlorinde mit eignen Augen gesehen zu haben:
ihm fiel der kranke Königssohn wieder ein, an dessen
Lager die schöne theilnehmende Prinzessin mit stiller
Bescheidenheit herantritt.

Sollten nicht, sagte er manchmal im Stillen zu
sich selbst, uns in der Jugend wie im Schlafe, die
Bilder zukünftiger Schicksale umschweben, und unserm
unbefangenen Auge ahnungsvoll sichtbar werden?
Sollten die Keime dessen, was uns begegnen wird,
nicht schon von der Hand des Schicksals ausgestreut,
sollte nicht ein Vorgenuß der Früchte, die wir einst
zu brechen hoffen, möglich sein?

Sein Krankenlager gab ihm Zeit, jene Scene tau=
sendmal zu wiederholen. Tausendmal rief er den
Klang jener süßen Stimme zurück, und wie beneidete
er Philinen, die jene hülfreiche Hand geküßt hatte.
Oft kam ihm die Geschichte wie ein Traum vor, und
er würde sie für ein Märchen gehalten haben, wenn
nicht das Kleid zurück geblieben wäre, das ihm die
Gewißheit der Erscheinung versicherte.

Mit der größten Sorgfalt für dieses Gewand war
das lebhafteste Verlangen verbunden, sich damit zu
bekleiden. Sobald er aufstand, warf er es über, und
befürchtete den ganzen Tag, es möchte durch einen
Flecken, oder auf sonst eine Weise beschädigt werden.

Zehntes Capitel.

Laertes besuchte seinen Freund. Er war bei jener
lebhaften Scene im Wirthshause nicht gegenwärtig
gewesen, denn er lag in einer obern Kammer. Über
seinen Verlust war er sehr getröstet, und half sich mit
seinem gewöhnlichen: Was thut's? Er erzählte ver=
schiedene lächerliche Züge von der Gesellschaft, besonders
gab er Frau Melina Schuld: sie beweine den Verlust
ihrer Tochter nur deßwegen, weil sie nicht das alt=
deutsche Vergnügen haben könne, eine Mechtilde taufen
zu lassen. Was ihren Mann betreffe, so offenbare
sich's nun, daß er viel Geld bei sich gehabt, und auch
schon damals des Vorschusses, den er Wilhelmen ab=
gelockt, keineswegs bedurft habe. Melina wolle nun=
mehr mit dem nächsten Postwagen abgehn, und werde
von Wilhelmen ein Empfehlungsschreiben an seinen
Freund den Director Serlo verlangen, bei dessen Ge=
sellschaft er, weil die eigne Unternehmung gescheitert,
nun unterzukommen hoffe.

Mignon war einige Tage sehr still gewesen, und
als man in sie drang, gestand sie endlich, daß ihr
rechter Arm verrenkt sei. Das hast du deiner Ver=

wegenheit zu danken, sagte Philine, und erzählte: wie
das Kind im Gefechte seinen Hirschfänger gezogen, und,
als es seinen Freund in Gefahr gesehen, wacker auf
die Freibeuter zugehauen habe. Endlich sei es bei'm
Arme ergriffen und auf die Seite geschleudert worden.
Man schalt auf sie, daß sie das Übel nicht eher ent=
deckt habe, doch merkte man wohl, daß sie sich vor
dem Chirurgus gescheut, der sie bisher immer für
einen Knaben gehalten hatte. Man suchte das Übel
zu heben, und sie mußte den Arm in der Binde tra=
gen. Hierüber war sie auf's neue empfindlich, weil
sie den besten Theil der Pflege und Wartung ihres
Freundes Philinen überlassen mußte, und die ange=
nehme Sünderin zeigte sich nur um desto thätiger
und aufmerksamer.

Eines Morgens, als Wilhelm erwachte, fand er
sich mit ihr in einer sonderbaren Nähe. Er war auf
seinem weiten Lager in der Unruhe des Schlafs ganz
an die hintere Seite gerutscht. Philine lag quer über
den vordern Theil hingestreckt; sie schien auf dem
Bette sitzend und lesend eingeschlafen zu sein. Ein
Buch war ihr aus der Hand gefallen; sie war zurück
und mit dem Kopf nah an seine Brust gesunken, über
die sich ihre blonden aufgelös'ten Haare in Wellen
ausbreiteten. Die Unordnung des Schlafs erhöhte mehr
als Kunst und Vorsatz ihre Reize; eine kindische lä=
chelnde Ruhe schwebte über ihrem Gesichte. Er sah
sie eine Zeitlang an, und schien sich selbst über das

Vergnügen zu tadeln, womit er sie ansah, und wir
wissen nicht, ob er seinen Zustand segnete oder tadelte,
der ihm Ruhe und Mäßigung zur Pflicht machte.
Er hatte sie eine Zeitlang aufmerksam betrachtet, als
5 sie sich zu regen anfing. Er schloß die Augen sachte
zu, doch konnte er nicht unterlassen zu blinzen und nach
ihr zu sehen, als sie sich wieder zurecht putzte und
wegging, nach dem Frühstück zu fragen.

Nach und nach hatten sich nun die sämmtlichen
10 Schauspieler bei Wilhelmen gemeldet, hatten Empfeh=
lungsschreiben und Reisegeld, mehr oder weniger un=
artig und ungestüm, gefordert und immer mit Wider=
willen Philinens erhalten. Vergebens stellte sie ihrem
Freunde vor, daß der Jäger auch diesen Leuten eine
15 ansehnliche Summe zurückgelassen, daß man ihn nur
zum Besten habe. Vielmehr kamen sie darüber in
einen lebhaften Zwist, und Wilhelm behauptete nun=
mehr ein für allemal, daß sie sich gleichfalls an die
übrige Gesellschaft anschließen und ihr Glück bei Serlo
20 versuchen sollte.

Nur einige Augenblicke verließ sie ihr Gleichmuth,
dann erholte sie sich schnell wieder, und rief: Wenn
ich nur meinen Blonden wieder hätte, so wollt' ich
mich um euch alle nichts kümmern. Sie meinte Fried=
25 richen, der sich vom Wahlplatze verloren und nicht
wieder gezeigt hatte.

Des andern Morgens brachte Mignon die Nachricht
an's Bette: daß Philine in der Nacht abgereis't sei;

im Nebenzimmer habe sie alles, was ihm gehöre, sehr
ordentlich zusammen gelegt. Er empfand ihre Abwesen=
heit; er hatte an ihr eine treue Wärterin, eine mun=
tere Gesellschafterin verloren, er war nicht mehr ge=
wohnt, allein zu sein. Allein Mignon füllte die
Lücke bald wieder aus.

Seitdem jene leichtfertige Schöne in ihren freund=
lichen Bemühungen den Verwundeten umgab, hatte
sich die Kleine nach und nach zurückgezogen, und war
stille für sich geblieben; nun aber, da sie wieder freies
Feld gewann, trat sie mit Aufmerksamkeit und Liebe
hervor, war eifrig, ihm zu dienen, und munter, ihn
zu unterhalten.

Eilftes Capitel.

Mit lebhaften Schritten nahete er sich der Besserung; er hoffte nun in wenig Tagen seine Reise an-
treten zu können. Er wollte nicht etwa planlos ein
schlenderndes Leben fortsetzen, sondern zweckmäßige
Schritte sollten künftig seine Bahn bezeichnen. Zuerst
wollte er die hülfreiche Herrschaft aufsuchen, um seine
Dankbarkeit an den Tag zu legen, alsdann zu seinem
Freunde dem Director eilen, um für die verunglückte
Gesellschaft auf das beste zu sorgen, und zugleich die
Handelsfreunde, an die er mit Adressen versehen war,
besuchen, und die ihm aufgetragnen Geschäfte verrichten.
Er machte sich Hoffnung, daß ihm das Glück wie
vorher auch künftig beistehen und ihm Gelegenheit
verschaffen werde, durch eine glückliche Speculation
den Verlust zu ersetzen, und die Lücke seiner Casse
wieder auszufüllen.

Das Verlangen, seine Retterin wieder zu sehen,
wuchs mit jedem Tage. Um seine Reiseroute zu bestimmen, ging er mit dem Geistlichen zu Rathe, der
schöne geographische und statistische Kenntnisse hatte,
und eine artige Bücher- und Karten-Sammlung be-

jaß. Man suchte nach dem Orte, den die edle Fami=
lie während des Kriegs zu ihrem Sitz erwählt hatte,
man suchte Nachrichten von ihr selbst auf; allein der
Ort war in keiner Geographie, auf keiner Karte zu
finden, und die genealogischen Handbücher sagten nichts
von einer solchen Familie.

Wilhelm wurde unruhig, und als er seine Be=
kümmerniß laut werden ließ, entdeckte ihm der Harfen=
spieler: er habe Ursache zu glauben, daß der Jäger,
es sei aus welcher Ursache es wolle, den wahren Na= 10
men verschwiegen habe.

Wilhelm, der nun einmal sich in der Nähe der
Schönen glaubte, hoffte einige Nachricht von ihr zu
erhalten, wenn er den Harfenspieler abschickte; aber
auch diese Hoffnung ward getäuscht. So sehr der Alte 15
sich auch erkundigte, konnte er doch auf keine Spur
kommen. In jenen Tagen waren verschiedene lebhafte
Bewegungen und unvorgesehene Durchmärsche in diesen
Gegenden vorgefallen; niemand hatte auf die reisende
Gesellschaft besonders Acht gegeben, so daß der aus= 20
gesendete Bote, um nicht für einen jüdischen Spion
angesehn zu werden, wieder zurück gehen und ohne
Ölblatt vor seinem Herrn und Freund erscheinen
mußte. Er legte strenge Rechenschaft ab, wie er den
Auftrag auszurichten gesucht, und war bemüht, allen 25
Verdacht einer Nachlässigkeit von sich zu entfernen.
Er suchte auf alle Weise Wilhelms Betrübniß zu
lindern, besann sich auf alles, was er von dem Jäger

erfahren hatte, und brachte mancherlei Muthmaßungen vor, wobei denn endlich ein Umstand vorkam, woraus Wilhelm einige räthselhafte Worte der schönen Verschwundenen deuten konnte.

Die räuberische Bande nämlich hatte nicht der wandernden Truppe, sondern jener Herrschaft aufgepaßt, bei der sie mit Recht vieles Geld und Kostbarkeiten vermuthete, und von deren Zug sie genaue Nachricht mußte gehabt haben. Man wußte nicht, ob man die That einem Freicorps, ob man sie Marodeurs oder Räubern zuschreiben sollte. Genug, zum Glücke der vornehmen und reichen Caravane waren die Geringen und Armen zuerst auf den Platz gekommen, und hatten das Schicksal erduldet, das jenen zubereitet war. Darauf bezogen sich die Worte der jungen Dame, deren sich Wilhelm noch gar wohl erinnerte. Wenn er nun vergnügt und glücklich sein konnte, daß ein vorsichtiger Genius ihn zum Opfer bestimmt hatte, eine vollkommene Sterbliche zu retten, so war er dagegen nahe an der Verzweiflung, da ihm, sie wieder zu finden, sie wieder zu sehen wenigstens für den Augenblick alle Hoffnung verschwunden war.

Was diese sonderbare Bewegung in ihm vermehrte, war die Ähnlichkeit, die er zwischen der Gräfin und der schönen Unbekannten entdeckt zu haben glaubte. Sie glichen sich, wie sich Schwestern gleichen mögen, deren keine die jüngere noch die ältere genannt werden darf, denn sie scheinen Zwillinge zu sein.

Die Erinnerung an die liebenswürdige Gräfin war
ihm unendlich süß. Er rief sich ihr Bild nur allzu=
gern wieder in's Gedächtniß. Aber nun trat die Gestalt
der edlen Amazone gleich dazwischen, eine Erscheinung
verwandelte sich in die andere, ohne daß er im Stande 5
gewesen wäre, diese oder jene fest zu halten.

Wie wunderbar mußte ihm daher die Ähnlichkeit
ihrer Handschriften sein! denn er verwahrte ein reizen=
des Lied von der Hand der Gräfin in seiner Schreib=
tafel, und in dem Überrock hatte er ein Zettelchen 10
gefunden, worin man sich mit viel zärtlicher Sorgfalt
nach dem Befinden eines Oheims erkundigte.

Wilhelm war überzeugt, daß seine Retterin dieses
Billet geschrieben, daß es auf der Reise in einem
Wirthshause aus einem Zimmer in das andere geschickt 15
und von dem Oheim in die Tasche gesteckt worden sei.
Er hielt beide Handschriften gegen einander, und wenn
die zierlich gestellten Buchstaben der Gräfin ihm sonst
so sehr gefallen hatten, so fand er in den ähnlichen
aber freieren Zügen der Unbekannten eine unaus= 20
sprechlich fließende Harmonie. Das Billet enthielt
nichts, und schon die Züge schienen ihn, so wie ehemals
die Gegenwart der Schönen, zu erheben.

Er verfiel in eine träumende Sehnsucht, und wie
einstimmend mit seinen Empfindungen war das Lied, 25
das eben in dieser Stunde Mignon und der Harfner
als ein unregelmäßiges Duett mit dem herzlichsten
Ausdrucke sangen:

Nur wer die Sehnsucht kennt
Weiß, was ich leide!
Allein und abgetrennt
Von aller Freude,
Seh' ich an's Firmament
Nach jener Seite.
Ach! der mich liebt und kennt
Ist in der Weite.
Es schwindelt mir, es brennt
Mein Eingeweide.
Nur wer die Sehnsucht kennt
Weiß, was ich leide!

Zwölftes Capitel.

Die sanften Lockungen des lieben Schutzgeistes, an=
statt unsern Freund auf irgend einen Weg zu führen,
nährten und vermehrten die Unruhe, die er vorher
empfunden hatte. Eine heimliche Gluth schlich in
seinen Adern; bestimmte und unbestimmte Gegenstände
wechselten in seiner Seele und erregten ein endloses
Verlangen. Bald wünschte er sich ein Roß, bald
Flügel, und indem es ihm unmöglich schien, bleiben
zu können, sah er sich erst um, wohin er denn eigent=
lich begehre.

Der Faden seines Schicksals hatte sich so sonder=
bar verworren; er wünschte die seltsamen Knoten auf=
gelös't oder zerschnitten zu sehen. Oft, wenn er ein
Pferd traben oder einen Wagen rollen hörte, schaute
er eilig zum Fenster hinaus, in der Hoffnung, es
würde jemand sein, der ihn aufsuchte, und, wäre es
auch nur durch Zufall, ihm Nachricht, Gewißheit und
Freude brächte. Er erzählte sich Geschichten vor, wie
sein Freund Werner in diese Gegend kommen und ihn
überraschen könnte, daß Mariane vielleicht erscheinen
dürfte. Der Ton eines jeden Posthorns setzte ihn in

Bewegung. Melina sollte von seinem Schicksale Nach=
richt geben, vorzüglich aber sollte der Jäger wieder
kommen und ihn zu jener angebeteten Schönheit ein=
laden.

5   Von allem diesen geschah leider nichts, und er
mußte zuletzt wieder mit sich allein bleiben, und indem
er das Vergangene wieder durchnahm, ward ihm ein
Umstand, je mehr er ihn betrachtete und beleuchtete,
immer widriger und unerträglicher. Es war seine
10 verunglückte Heerführerschaft, an die er ohne Verdruß
nicht denken konnte. Denn ob er gleich am Abend
jenes bösen Tages sich vor der Gesellschaft so ziem=
lich herausgeredet hatte, so konnte er sich doch selbst
seine Schuld nicht verläugnen. Er schrieb sich viel=
15 mehr in hypochondrischen Augenblicken den ganzen
Vorfall allein zu.

Die Eigenliebe läßt uns sowohl unsre Tugenden
als unsre Fehler viel bedeutender, als sie sind, er=
scheinen. Er hatte das Vertrauen auf sich rege ge=
20 macht, den Willen der Übrigen gelenkt, und war, von
Unerfahrenheit und Kühnheit geleitet, vorangegangen;
es ergriff sie eine Gefahr, der sie nicht gewachsen waren.
Laute und stille Vorwürfe verfolgten ihn, und wenn
er der irregeführten Gesellschaft nach dem empfindlichen
25 Verluste zugesagt hatte, sie nicht zu verlassen, bis er
ihnen das Verlorne mit Wucher ersetzt hätte, so hatte
er sich über eine neue Verwegenheit zu schelten, womit
er ein allgemein ausgetheiltes Übel auf seine Schultern

zu nehmen sich vermaß. Bald verwies er sich, daß
er durch Aufspannung und Drang des Augenblicks
ein solches Versprechen gethan hatte; bald fühlte er
wieder, daß jenes gutmüthige Hinreichen seiner Hand,
die niemand anzunehmen würdigte, nur eine leichte   5
Förmlichkeit sei gegen das Gelübde, das sein Herz
gethan hatte. Er sann auf Mittel, ihnen wohlthätig
und nützlich zu sein, und fand alle Ursache, seine Reise
zu Serlo zu beschleunigen. Er packte nunmehr seine
Sachen zusammen, und eilte, ohne seine völlige Gene=   10
sung abzuwarten, ohne auf den Rath des Pastors und
Wundarztes zu hören, in der wunderbaren Gesell=
schaft Mignons und des Alten, der Unthätigkeit zu
entfliehen, in der ihn sein Schicksal abermals nur zu
lange gehalten hatte.   15

Dreizehntes Capitel.

Serlo empfing ihn mit offenen Armen, und rief ihm entgegen: Seh' ich Sie? Erkenn' ich Sie wieder? Sie haben sich wenig oder nicht geändert. Ist Ihre Liebe zur edelsten Kunst noch immer so stark und lebendig? So sehr erfreu' ich mich über Ihre Ankunft, daß ich selbst das Mißtrauen nicht mehr fühle, das Ihre letzten Briefe bei mir erregt haben.

Wilhelm bat betroffen um eine nähere Erklärung.

Sie haben sich, versetzte Serlo, gegen mich nicht wie ein alter Freund betragen; Sie haben mich wie einen großen Herrn behandelt, dem man mit gutem Gewissen unbrauchbare Leute empfehlen darf. Unser Schicksal hängt von der Meinung des Publicums ab, und ich fürchte, daß Ihr Herr Melina mit den Seinigen schwerlich bei uns wohl aufgenommen werden dürfte.

Wilhelm wollte etwas zu ihren Gunsten sprechen, aber Serlo fing an, eine so unbarmherzige Schilderung von ihnen zu machen, daß unser Freund sehr zufrieden war, als ein Frauenzimmer in das Zimmer trat, das Gespräch unterbrach, und ihm sogleich als Schwe-

ter Aurelia von seinem Freunde vorgestellt ward.
Sie empfing ihn auf das freundschaftlichste, und ihre
Unterhaltung war so angenehm, daß er nicht einmal
einen entschiedenen Zug des Kummers gewahr wurde,
der ihrem geistreichen Gesicht noch ein besonderes In=   5
teresse gab.

Zum erstenmal seit langer Zeit fand sich Wilhelm
wieder in seinem Elemente. Bei seinen Gesprächen
hatte er sonst nur nothdürftig gefällige Zuhörer ge=
funden, da er gegenwärtig mit Künstlern und Kennern   10
zu sprechen das Glück hatte, die ihn nicht allein voll=
kommen verstanden, sondern die auch sein Gespräch
belehrend erwiderten. Mit welcher Geschwindigkeit
ging man die neusten Stücke durch! Mit welcher
Sicherheit beurtheilte man sie! Wie wußte man das   15
Urtheil des Publicums zu prüfen und zu schätzen! In
welcher Geschwindigkeit klärte man einander auf!

Nun mußte sich bei Wilhelms Vorliebe für Shake=
speaaren das Gespräch nothwendig auf diesen Schrift=
steller lenken. Er zeigte die lebhafteste Hoffnung auf   20
die Epoche, welche diese vortrefflichen Stücke in Deutsch=
land machen müßten, und bald brachte er seinen
Hamlet vor, der ihn so sehr beschäftigt hatte.

Serlo versicherte, daß er das Stück längst, wenn
es nur möglich gewesen wäre, gegeben hätte, daß er   25
gern die Rolle des Polonius übernehmen wolle. Dann
setzte er mit Lächeln hinzu: Und Ophelien finden sich
wohl auch, wenn wir nur erst den Prinzen haben.

Wilhelm bemerkte nicht, daß Aurelien dieser Scherz des Bruders zu mißfallen schien; er ward vielmehr nach seiner Art weitläufig und lehrreich, in welchem Sinne er den Hamlet gespielt haben wolle. Er legte ihnen die Resultate umständlich dar, mit welchen wir ihn oben beschäftigt gesehn, und gab sich alle Mühe, seine Meinung annehmlich zu machen, so viel Zweifel auch Serlo gegen seine Hypothese erregte. Nun gut, sagte dieser zuletzt, wir geben Ihnen alles zu; was wollen Sie weiter daraus erklären?

Vieles, alles, versetzte Wilhelm. Denken Sie sich einen Prinzen, wie ich ihn geschildert habe, dessen Vater unvermuthet stirbt. Ehrgeiz und Herrschsucht sind nicht die Leidenschaften, die ihn beleben; er hatte sich's gefallen lassen, Sohn eines Königs zu sein; aber nun ist er erst genöthigt, auf den Abstand aufmerksamer zu werden, der den König vom Unterthanen scheidet. Das Recht zur Krone war nicht erblich, und doch hätte ein längeres Leben seines Vaters die Ansprüche seines einzigen Sohnes mehr befestigt, und die Hoffnung zur Krone gesichert. Dagegen sieht er sich nun durch seinen Oheim, ungeachtet scheinbarer Versprechungen, vielleicht auf immer ausgeschlossen; er fühlt sich nun so arm an Gnade, an Gütern, und fremd in dem, was er von Jugend auf als sein Eigenthum betrachten konnte. Hier nimmt sein Gemüth die erste traurige Richtung. Er fühlt, daß er nicht mehr, ja nicht so viel ist als jeder Edelmann; er gibt sich für einen Diener eines

jeden, er ist nicht höflich, nicht herablassend, nein,
herabgesunken und bedürftig.

Nach seinem vorigen Zustande blickt er nur wie
nach einem verschwundnen Traume. Vergebens, daß
sein Oheim ihn aufmuntern, ihm seine Lage aus einem
andern Gesichtspuncte zeigen will; die Empfindung
seines Nichts verläßt ihn nie.

Der zweite Schlag, der ihn traf, verletzte tiefer,
beugte noch mehr. Es ist die Heirath seiner Mutter.
Ihm, einem treuen und zärtlichen Sohne, blieb, da
sein Vater starb, eine Mutter noch übrig; er hoffte
in Gesellschaft seiner hinterlassenen edlen Mutter die
Heldengestalt jenes großen Abgeschiedenen zu verehren;
aber auch seine Mutter verliert er, und es ist schlim=
mer, als wenn sie ihm der Tod geraubt hätte. Das
zuverlässige Bild, das sich ein wohlgerathenes Kind so
gern von seinen Eltern macht, verschwindet; bei dem
Todten ist keine Hülfe, und an der Lebendigen kein
Halt. Sie ist auch ein Weib, und unter dem allge=
meinen Geschlechtsnamen, Gebrechlichkeit, ist auch sie
begriffen.

Nun erst fühlt er sich recht gebeugt, nun erst ver=
waist, und kein Glück der Welt kann ihm wieder er=
setzen was er verloren hat. Nicht traurig, nicht nach=
denklich von Natur, wird ihm Trauer und Nachdenken
zur schweren Bürde. So sehen wir ihn auftreten.
Ich glaube nicht, daß ich etwas in das Stück hinein=
lege, oder einen Zug übertreibe.

Serlo sah seine Schwester an, und sagte: Habe ich
dir ein falsches Bild von unserm Freunde gemacht? Er
fängt gut an, und wird uns noch manches vorerzählen
und viel überreden. Wilhelm schwur hoch und theuer,
daß er nicht überreden, sondern überzeugen wolle, und
bat nur noch um einen Augenblick Geduld.

Denken Sie sich, rief er aus, diesen Jüngling,
diesen Fürstensohn recht lebhaft, vergegenwärtigen Sie
sich seine Lage, und dann beobachten Sie ihn, wenn
er erfährt, die Gestalt seines Vaters erscheine; stehen
Sie ihm bei in der schrecklichen Nacht, wenn der ehr=
würdige Geist selbst vor ihm auftritt. Ein ungeheures
Entsetzen ergreift ihn; er redet die Wundergestalt an,
sieht sie winken, folgt und hört. -- Die schreckliche
Anklage wider seinen Oheim ertönt in seinen Ohren,
Aufforderung zur Rache und die dringende wiederholte
Bitte: Erinnere dich meiner!

Und da der Geist verschwunden ist, wen sehen wir
vor uns stehen? Einen jungen Helden, der nach Rache
schnaubt? Einen gebornen Fürsten, der sich glücklich
fühlt, gegen den Usurpator seiner Krone aufgefordert
zu werden? Nein! Staunen und Trübsinn überfällt
den Einsamen; er wird bitter gegen die lächelnden
Bösewichter, schwört, den Abgeschiedenen nicht zu ver=
gessen, und schließt mit dem bedeutenden Seufzer:
Die Zeit ist aus dem Gelenke; wehe mir, daß ich ge=
boren ward sie wieder einzurichten.

In diesen Worten, dünkt mich, liegt der Schlüssel

zu Hamlets ganzem Betragen, und mir ist deutlich,
daß Shakespear habe schildern wollen: eine große That
auf eine Seele gelegt, die der That nicht gewachsen ist.
Und in diesem Sinne find' ich das Stück durchgängig
gearbeitet. Hier wird ein Eichbaum in ein köstliches 5
Gefäß gepflanzt, das nur liebliche Blumen in seinen
Schoß hätte aufnehmen sollen; die Wurzeln dehnen
aus, das Gefäß wird zernichtet.

Ein schönes, reines, edles, höchst moralisches Wesen,
ohne die sinnliche Stärke, die den Helden macht, geht 10
unter einer Last zu Grunde, die es weder tragen noch
abwerfen kann; jede Pflicht ist ihm heilig, diese zu
schwer. Das Unmögliche wird von ihm gefordert, nicht
das Unmögliche an sich, sondern das, was ihm unmöglich ist. Wie er sich windet, dreht, ängstigt, vor- und 15
zurücktritt, immer erinnert wird: sich immer erinnert
und zuletzt fast seinen Zweck aus dem Sinne verliert,
ohne doch jemals wieder froh zu werden.

Vierzehntes Capitel.

Verschiedene Personen traten herein, die das Ge=
spräch unterbrachen. Es waren Virtuosen, die sich bei
Serlo gewöhnlich einmal die Woche zu einem kleinen
5 Concerte versammelten. Er liebte die Musik sehr, und
behauptete, daß ein Schauspieler ohne diese Liebe nie=
mals zu einem deutlichen Begriff und Gefühl seiner
eigenen Kunst gelangen könne. So wie man viel
leichter und anständiger agire, wenn die Gebärden durch
10 eine Melodie begleitet und geleitet werden, so müsse der
Schauspieler sich auch seine prosaische Rolle gleichsam
im Sinne componiren, daß er sie nicht etwa eintönig
nach seiner individuellen Art und Weise hinsudele,
sondern sie in gehöriger Abwechselung nach Tact und
15 Maß behandle.

Aurelie schien an allem, was vorging, wenig An=
theil zu nehmen, vielmehr führte sie zuletzt unsern
Freund in ein Seitenzimmer, und indem sie an's
Fenster trat und den gestirnten Himmel anschaute,
20 sagte sie zu ihm: Sie sind uns manches über Hamlet
schuldig geblieben; ich will zwar nicht voreilig sein,
und wünsche, daß mein Bruder auch mit anhören möge,

was Sie uns noch zu sagen haben, doch lassen Sie mich Ihre Gedanken über Ophelien hören.

Von ihr läßt sich nicht viel sagen, versetzte Wilhelm, denn nur mit wenig Meisterzügen ist ihr Charakter vollendet. Ihr ganzes Wesen schwebt in reifer süßer Sinnlichkeit. Ihre Neigung zu dem Prinzen, auf dessen Hand sie Anspruch machen darf, fließt so aus der Quelle, das gute Herz überläßt sich so ganz seinem Verlangen, daß Vater und Bruder beide fürchten, beide geradezu und unbescheiden warnen. Der Wohlstand, wie der leichte Flor auf ihrem Busen, kann die Bewegung ihres Herzens nicht verbergen, er wird vielmehr ein Verräther dieser leisen Bewegung. Ihre Einbildungskraft ist angesteckt, ihre stille Bescheidenheit athmet eine liebevolle Begierde, und sollte die bequeme Göttin Gelegenheit das Bäumchen schütteln, so würde die Frucht sogleich herabfallen.

Und nun, sagte Aurelie, wenn sie sich verlassen sieht, verstoßen und verschmäht, wenn in der Seele ihres wahnsinnigen Geliebten sich das Höchste zum Tiefsten umwendet, und er ihr, statt des süßen Bechers der Liebe, den bittern Kelch der Leiden hinreicht —

Ihr Herz bricht, rief Wilhelm aus, das ganze Gerüst ihres Daseins rückt aus seinen Fugen, der Tod ihres Vaters stürmt herein, und das schöne Gebäude stürzt völlig zusammen.

Wilhelm hatte nicht bemerkt, mit welchem Ausdruck Aurelie die letzten Worte aussprach. Nur auf das

Kunstwerk, dessen Zusammenhang und Vollkommenheit
gerichtet, ahnete er nicht, daß seine Freundin eine ganz
andere Wirkung empfand; nicht, daß ein eigner tiefer
Schmerz durch diese dramatischen Schattenbilder in ihr
lebhaft erregt ward.

Noch immer hatte Aurelie ihr Haupt von ihren
Armen unterstützt, und ihre Augen, die sich mit Thränen
füllten, gen Himmel gewendet. Endlich hielt sie nicht
länger ihren verborgnen Schmerz zurück; sie faßte des
Freundes beide Hände, und rief, indem er erstaunt vor
ihr stand: Verzeihen Sie, verzeihen Sie einem geängstig-
ten Herzen! die Gesellschaft schnürt und preßt mich zusammen; vor meinem unbarmherzigen Bruder muß ich
mich zu verbergen suchen; nun hat Ihre Gegenwart alle
Bande aufgelöst. Mein Freund! fuhr sie fort, seit einem
Augenblicke sind wir erst bekannt, und schon werden Sie
mein Vertrauter. Sie konnte die Worte kaum aus-
sprechen, und sank an seine Schulter. Denken Sie nicht
übler von mir, sagte sie schluchzend, daß ich mich Ihnen
so schnell eröffne, daß Sie mich so schwach sehen. Sei'n
Sie, bleiben Sie mein Freund, ich verdiene es. Er
redete ihr auf das herzlichste zu; umsonst! ihre Thränen
flossen und erstickten ihre Worte.

In diesem Augenblicke trat Serlo sehr unwill-
kommen herein, und sehr unerwartet Philine, die er
bei der Hand hielt. Hier ist Ihr Freund, sagte er zu
ihr; er wird sich freun, Sie zu begrüßen.

Wie! rief Wilhelm erstaunt, muß ich Sie hier

sehen? Mit einem bescheidnen gesetzten Wesen ging sie
auf ihn los, hieß ihn willkommen, rühmte Serlo's Güte,
der sie ohne ihr Verdienst, bloß in Hoffnung, daß sie
sich bilden werde, unter seine treffliche Truppe aufgenommen habe. Sie that dabei gegen Wilhelmen
freundlich, doch aus einer ehrerbietigen Entfernung.

Diese Verstellung währte aber nicht länger, als die
beiden zugegen waren. Denn als Aurelie ihren Schmerz
zu verbergen wegging, und Serlo abgerufen ward, sah
Philine erst recht genau nach den Thüren, ob beide auch
gewiß fort seien, dann hüpfte sie wie thöricht in der
Stube herum, setzte sich an die Erde, und wollte vor
Kichern und Lachen ersticken. Dann sprang sie auf,
schmeichelte unserm Freunde, und freute sich über alle
Maßen, daß sie so klug gewesen sei, vorauszugehen,
das Terrain zu recognosciren und sich einzunisten.

Hier geht es bunt zu, sagte sie, gerade so wie mir's
recht ist. Aurelie hat einen unglücklichen Liebeshandel
mit einem Edelmanne gehabt, der ein prächtiger Mensch
sein muß, und den ich selbst wohl einmal sehen
möchte. Er hat ihr ein Andenken hinterlassen, oder
ich müßte mich sehr irren. Es läuft da ein Knabe
herum, ungefähr von drei Jahren, schön wie die
Sonne; der Papa mag allerliebst sein. Ich kann sonst
die Kinder nicht leiden, aber dieser Junge freut mich.
Ich habe ihr nachgerechnet. Der Tod ihres Mannes,
die neue Bekanntschaft, das Alter des Kindes, alles
trifft zusammen.

Nun ist der Freund seiner Wege gegangen; seit
einem Jahre sieht er sie nicht mehr. Sie ist darüber
außer sich und untröstlich. Die Närrin! — Der
Bruder hat unter der Truppe eine Tänzerin, mit der
5 er schön thut, ein Actrischen, mit der er vertraut ist,
in der Stadt noch einige Frauen, denen er aufwartet,
und nun steh' ich auch auf der Liste. Der Narr! —
Vom übrigen Volke sollst du morgen hören. Und
nun noch ein Wörtchen von Philinen, die du kennst;
10 die Erznärrin ist in dich verliebt. Sie schwur, daß
es wahr sei, und betheuerte, daß es ein rechter Spaß
sei. Sie bat Wilhelmen inständig, er möchte sich in
Aurelien verlieben, dann werde die Hetze erst recht
angehen. Sie läuft ihrem Ungetreuen, du ihr, ich dir
15 und der Bruder mir nach. Wenn das nicht eine Lust
auf ein halbes Jahr gibt, so will ich an der ersten
Episode sterben, die sich zu diesem vierfach verschlunge=
nen Romane hinzuwirst. Sie bat ihn, er möchte ihr
den Handel nicht verderben, und ihr so viel Achtung
20 bezeigen, als sie durch ihr öffentliches Betragen ver=
dienen wolle.

— —

Funfzehntes Capitel.

Den nächsten Morgen gedachte Wilhelm Madame
Melina zu besuchen; er fand sie nicht zu Hause, fragte
nach den übrigen Gliedern der wandernden Gesellschaft,
und erfuhr: Philine habe sie zum Frühstück eingeladen. 5
Aus Neugier eilte er hin, und traf sie alle sehr auf=
geräumt und getröstet. Das kluge Geschöpf hatte sie
versammelt, sie mit Chocolade bewirthet, und ihnen zu
verstehen gegeben, noch sei nicht alle Aussicht versperrt;
sie hoffe durch ihren Einfluß den Director zu über= 10
zeugen, wie vortheilhaft es ihm sei, so geschickte Leute
in seine Gesellschaft aufzunehmen. Sie hörten ihr auf=
merksam zu, schlürften eine Tasse nach der andern hin=
unter, fanden das Mädchen gar nicht übel, und nahmen
sich vor, das Beste von ihr zu reden. 15

Glauben Sie denn, sagte Wilhelm, der mit Phi=
linen allein geblieben war, daß Serlo sich noch ent=
schließen werde, unsre Gefährten zu behalten? Mit
nichten, versetzte Philine, es ist mir auch gar nichts
daran gelegen; ich wollte, sie wären je eher je lieber 20
fort! Den einzigen Laertes wünsch' ich zu behalten;
die Übrigen wollen wir schon nach und nach bei
Seite bringen.

Hierauf gab sie ihrem Freunde zu verstehen, daß sie gewiß überzeugt sei, er werde nunmehr sein Talent nicht länger vergraben, sondern unter Direction eines Serlo auf's Theater gehen. Sie konnte die Ordnung, den Geschmack, den Geist, der hier herrsche, nicht genug rühmen; sie sprach so schmeichelnd zu unserm Freunde, so schmeichelhaft von seinen Talenten, daß sein Herz und seine Einbildungskraft sich eben so sehr diesem Vorschlage näherten, als sein Verstand und seine Vernunft sich davon entfernten. Er verbarg seine Neigung vor sich selbst und vor Philinen, und brachte einen unruhigen Tag zu, an dem er sich nicht entschließen konnte, zu seinen Handelscorrespondenten zu gehen, und die Briefe, die dort für ihn liegen möchten, abzuholen. Denn, ob er sich gleich die Unruhe der Seinigen diese Zeit über vorstellen konnte, so scheute er sich doch, ihre Sorgen und Vorwürfe umständlich zu erfahren, um so mehr, da er sich einen großen und reinen Genuß diesen Abend von der Aufführung eines neuen Stücks versprach.

Serlo hatte sich geweigert, ihn bei der Probe zuzulassen. Sie müssen uns, sagte er, erst von der besten Seite kennen lernen, eh' wir zugeben, daß Sie uns in die Karte sehen.

Mit der größten Zufriedenheit wohnte aber auch unser Freund den Abend darauf der Vorstellung bei. Es war das erstemal, daß er ein Theater in solcher Vollkommenheit sah. Man traute sämmtlichen Schau-

spielern fürtreffliche Gaben, glückliche Anlagen und
einen hohen und klaren Begriff von ihrer Kunst zu,
und doch waren sie einander nicht gleich; aber sie
hielten und trugen sich wechselsweise, feuerten einander
an, und waren in ihrem ganzen Spiele sehr bestimmt ₅
und genau.   Man fühlte bald, daß Serlo die Seele
des Ganzen war, und er zeichnete sich sehr zu seinem
Vortheil aus.   Eine heitere Laune, eine gemäßigte
Lebhaftigkeit, ein bestimmtes Gefühl des Schicklichen
bei einer großen Gabe der Nachahmung, mußte man ₁₀
an ihm, wie er auf's Theater trat, wie er den Mund
öffnete, bewundern.   Die innere Behaglichkeit seines
Daseins schien sich über alle Zuhörer auszubreiten,
und die geistreiche Art, mit der er die feinsten Schat=
tirungen der Rollen leicht und gefällig ausdrückte, ₁₅
erweckte um so viel mehr Freude, als er die Kunst
zu verbergen wußte, die er sich durch eine anhaltende
Übung eigen gemacht hatte.

Seine Schwester Aurelie blieb nicht hinter ihm,
und erhielt noch größeren Beifall, indem sie die Ge= ₂₀
müther der Menschen rührte, die er zu erheitern und
zu erfreuen so sehr im Stande war.

Nach einigen Tagen, die auf eine angenehme Weise
zugebracht wurden, verlangte Aurelie nach unserm
Freund.   Er eilte zu ihr, und fand sie auf dem Ca= ₂₅
napee liegen; sie schien an Kopfweh zu leiden, und ihr
ganzes Wesen konnte eine fieberhafte Bewegung nicht
verbergen.   Ihr Auge erheiterte sich, als sie den

Hereintretenden ansah. Vergeben Sie! rief sie ihm
entgegen; das Zutrauen, das Sie mir einflößten, hat
mich schwach gemacht. Bisher konnt' ich mich mit
meinen Schmerzen im Stillen unterhalten, ja sie
5 gaben mir Stärke und Trost; nun haben Sie, ich
weiß nicht wie es zugegangen ist, die Bande der Ver=
schwiegenheit gelös't, und Sie werden nun selbst wider
Willen Theil an dem Kampfe nehmen, den ich gegen
mich selbst streite.

10 Wilhelm antwortete ihr freundlich und verbindlich.
Er versicherte, daß ihr Bild und ihre Schmerzen ihm
beständig vor der Seele geschwebt, daß er sie um ihr
Vertrauen bitte, daß er sich ihr zum Freund widme.

Indem er so sprach, wurden seine Augen von dem
15 Knaben angezogen, der vor ihr auf der Erde saß,
und allerlei Spielwerk durch einander warf. Er mochte,
wie Philine schon angegeben, ungefähr drei Jahre
alt sein, und Wilhelm verstand nun erst, warum das
leichtfertige, in ihren Ausdrücken selten erhabene
20 Mädchen den Knaben der Sonne verglichen. Denn
um die offnen Augen und das volle Gesicht kräuselten
sich die schönsten goldnen Locken, an einer blendend
weißen Stirne zeigten sich zarte, dunkle, sanftgebogene
Augenbrauen, und die lebhafte Farbe der Gesund=
25 heit glänzte auf seinen Wangen. Setzen Sie sich zu
mir, sagte Aurelie: Sie sehen das glückliche Kind mit
Verwunderung an; gewiß, ich habe es mit Freuden
auf meine Arme genommen, ich bewahre es mit Sorg=

falt; nur kann ich auch recht an ihm den Grad meiner Schmerzen erkennen, denn sie lassen mich den Werth einer solchen Gabe nur selten empfinden.

Erlauben Sie mir, fuhr sie fort, daß ich nun auch von mir und meinem Schicksale rede; denn es ist mir sehr daran gelegen, daß Sie mich nicht verkennen. Ich glaubte einige gelassene Augenblicke zu haben, darum ließ ich Sie rufen; Sie sind nun da, und ich habe meinen Faden verloren.

Ein verlaff'nes Geschöpf mehr in der Welt! werden Sie sagen. Sie sind ein Mann, und denken: wie gebärdet sie sich bei einem nothwendigen Übel, das gewisser als der Tod über einem Weibe schwebt, bei der Untreue eines Mannes, die Thörin! — O mein Freund, wäre mein Schicksal gemein, ich wollte gern gemeines Übel ertragen; aber es ist so außerordent= lich; warum kann ich's Ihnen nicht im Spiegel zeigen, warum nicht jemand auftragen, es Ihnen zu erzählen! O wäre, wäre ich verführt, überrascht und dann ver= lassen, dann würde in der Verzweiflung noch Trost sein; aber ich bin weit schlimmer daran, ich habe mich selbst hintergangen, mich selbst wider Wissen be= trogen, das ist's, was ich mir niemals verzeihen kann.

Bei edlen Gesinnungen, wie die Ihrigen sind, ver= setzte der Freund, können Sie nicht ganz unglücklich sein.

Und wissen Sie, wem ich meine Gesinnung schuldig bin? fragte Aurelie; der allerschlechtesten Erziehung, durch die jemals ein Mädchen hätte verderbt werden

sollen, dem schlimmsten Beispiele, um Sinne und
Neigung zu verführen.

Nach dem frühzeitigen Tode meiner Mutter bracht'
ich die schönsten Jahre der Entwicklung bei einer
5 Tante zu, die sich zum Gesetz machte, die Gesetze der
Ehrbarkeit zu verachten. Blindlings überließ sie sich
einer jeden Neigung, sie mochte über den Gegenstand
gebieten oder sein Sclav sein, wenn sie nur im wilden
Genuß ihrer selbst vergessen konnte.

10 Was mußten wir Kinder mit dem reinen und deutlichen Blick der Unschuld uns für Begriffe von dem
männlichen Geschlechte machen? Wie dumpf, dringend,
dreist, ungeschickt war jeder, den sie herbeireizte; wie
satt, übermüthig, leer und abgeschmackt dagegen, so-
15 bald er seiner Wünsche Befriedigung gefunden hatte.
So hab' ich diese Frau Jahre lang unter dem Gebote
der schlechtesten Menschen erniedrigt gesehen; was für
Begegnungen mußte sie erdulden, und mit welcher
Stirne wußte sie sich in ihr Schicksal zu finden, ja mit
20 welcher Art diese schändlichen Fesseln zu tragen!

So lernte ich Ihr Geschlecht kennen, mein Freund,
und wie rein haßte ich's, da ich zu bemerken schien, daß
selbst leidliche Männer, im Verhältniß gegen das
unsrige, jedem guten Gefühl zu entsagen schienen, zu
25 dem sie die Natur sonst noch mochte fähig gemacht haben.

Leider mußt' ich auch bei solchen Gelegenheiten viel
traurige Erfahrungen über mein eigen Geschlecht machen,
und wahrhaftig, als Mädchen von sechzehn Jahren

war ich klüger als ich jetzt bin, jetzt, da ich mich selbst
kaum verstehe. Warum sind wir so klug, wenn wir
jung sind, so klug, um immer thörichter zu werden!

Der Knabe machte Lärm, Aurelie ward ungeduldig
und klingelte. Ein altes Weib kam herein, ihn weg= 5
zuholen. Hast du noch immer Zahnweh? sagte Aurelie
zu der Alten, die das Gesicht verbunden hatte. Fast
unleidliches, versetzte diese mit dumpfer Stimme, hob
den Knaben auf, der gerne mitzugehen schien, und
brachte ihn weg. 10

Kaum war das Kind bei Seite, als Aurelie bitter=
lich zu weinen anfing. Ich kann nichts als jammern
und klagen, rief sie aus, und ich schäme mich, wie
ein armer Wurm vor Ihnen zu liegen. Meine
Besonnenheit ist schon weg, und ich kann nicht mehr 15
erzählen. Sie stockte und schwieg. Ihr Freund, der
nichts Allgemeines sagen wollte, und nichts Besonderes
zu sagen wußte, drückte ihre Hand, und sah sie eine
Zeitlang an. Endlich nahm er in der Verlegenheit
ein Buch auf, das er vor sich auf dem Tischchen 20
liegen fand; es waren Shakespears Werke, und Hamlet
aufgeschlagen.

Serlo, der eben zur Thür herein kam, nach dem
Befinden seiner Schwester fragte, schaute in das Buch,
das unser Freund in der Hand hielt, und rief aus: 25
Find' ich Sie wieder über Ihrem Hamlet? Eben
recht! Es sind mir gar manche Zweifel aufgestoßen, die
das canonische Ansehn, das Sie dem Stücke so gerne

geben möchten, sehr zu vermindern scheinen. Haben
doch die Engländer selbst bekannt, daß das Haupt=
interesse sich mit dem dritten Act schlösse, daß die
zwei letzten Acte nur kümmerlich das Ganze zusammen
hielten, und es ist doch wahr, das Stück will gegen
das Ende weder gehen noch rücken.

Es ist sehr möglich, sagte Wilhelm, daß einige
Glieder einer Nation, die so viel Meisterstücke aufzu=
weisen hat, durch Vorurtheile und Beschränktheit auf
falsche Urtheile geleitet werden; aber das kann uns
nicht hindern, mit eignen Augen zu sehen, und gerecht
zu sein. Ich bin weit entfernt, den Plan dieses Stücks
zu tadeln, ich glaube vielmehr, daß kein größerer er=
sonnen worden sei; ja, er ist nicht ersonnen, es ist so.

Wie wollen Sie das auslegen? fragte Serlo.

Ich will nichts auslegen, versetzte Wilhelm, ich
will Ihnen nur vorstellen, was ich mir denke.

Aurelie hob sich von ihrem Kissen auf, stützte sich
auf ihre Hand, und sah unsern Freund an, der mit
der größten Versicherung, daß er Recht habe, also zu
reden fortfuhr: Es gefällt uns so wohl, es schmeichelt
so sehr, wenn wir einen Helden sehen, der durch sich
selbst handelt, der liebt und haßt, wenn es ihm sein
Herz gebietet, der unternimmt und ausführt, alle
Hindernisse abwendet und zu einem großen Zwecke
gelangt. Geschichtschreiber und Dichter möchten uns
gerne überreden, daß ein so stolzes Loos dem Menschen
fallen könne. Hier werden wir anders belehrt; der

Held hat keinen Plan, aber das Stück ist planvoll.
Hier wird nicht etwa nach einer starr und eigensinnig
durchgeführten Idee von Rache ein Bösewicht bestraft,
nein, es geschieht eine ungeheure That, sie wälzt sich
in ihren Folgen fort, reißt Unschuldige mit; der Ver=
brecher scheint dem Abgrunde, der ihm bestimmt ist,
ausweichen zu wollen, und stürzt hinein, eben da,
wo er seinen Weg glücklich auszulaufen gedenkt. Denn
das ist die Eigenschaft der Greuelthat, daß sie auch
Böses über den Unschuldigen, wie der guten Handlung,
daß sie viele Vortheile auch über den Unverdienten
ausbreitet, ohne daß der Urheber von beiden oft weder
bestraft noch belohnt wird. Hier in unserm Stücke
wie wunderbar! Das Fegefeuer sendet seinen Geist
und fordert Rache, aber vergebens. Alle Umstände
kommen zusammen, und treiben die Rache, vergebens!
Weder Irdischen noch Unterirdischen kann gelingen,
was dem Schicksal allein vorbehalten ist. Die Gerichts=
stunde kommt. Der Böse fällt mit dem Guten. Ein
Geschlecht wird weggemäht, und das andere sproßt auf.

Nach einer Pause, in der sie einander ansahen,
nahm Serlo das Wort: Sie machen der Vorsehung
kein sonderlich Compliment, indem Sie den Dichter
erheben, und dann scheinen Sie mir wieder zu Ehren
Ihres Dichters, wie andere zu Ehren der Vorsehung,
ihm Endzweck und Plane unterzuschieben, an die er
nicht gedacht hat.

Sechzehntes Capitel.

Lassen sie mich, sagte Aurelie, nun auch eine
Frage thun. Ich habe Opheliens Rolle wieder an=
gesehen, ich bin zufrieden damit, und getraue mir, sie
unter gewissen Umständen zu spielen. Aber sagen
Sie mir, hätte der Dichter seiner Wahnsinnigen
nicht andere Liedchen unterlegen sollen? Könnte man
nicht Fragmente aus melancholischen Balladen wählen?
Was sollen Zweideutigkeiten und lüsterne Albernheiten
in dem Munde dieses edlen Mädchens?

Beste Freundin, versetzte Wilhelm, ich kann auch
hier nicht ein Jota nachgeben. Auch in diesen Sonder=
barkeiten, auch in dieser anscheinenden Unschicklichkeit
liegt ein großer Sinn. Wissen wir doch gleich zu
Anfange des Stücks, womit das Gemüth des guten
Kindes beschäftigt ist. Stille lebte sie vor sich hin,
aber kaum verbarg sie ihre Sehnsucht, ihre Wünsche.
Heimlich klangen die Töne der Lüsternheit in ihrer
Seele, und wie oft mag sie versucht haben, gleich einer
unvorsichtigen Wärterin, ihre Sinnlichkeit zur Ruhe
zu singen mit Liedchen, die sie nur mehr wach halten

mußten. Zuletzt, da ihr jede Gewalt über sich selbst
entrissen ist, da ihr Herz auf der Zunge schwebt, wird
diese Zunge ihre Verrätherin, und in der Unschuld des
Wahnsinns ergötzt sie sich, vor König und Königin, an
dem Nachklange ihrer geliebten losen Lieder: vom   5
Mädchen, das gewonnen ward; vom Mädchen, das
zum Knaben schleicht, und so weiter.

Er hatte noch nicht ausgeredet, als auf einmal
eine wunderbare Scene vor seinen Augen entstand,
die er sich auf keine Weise erklären konnte.   10

Serlo war einigemal in der Stube auf und ab
gegangen, ohne daß er irgend eine Absicht merken
ließ. Auf einmal trat er an Aureliens Putztisch,
griff schnell nach etwas, das darauf lag, und eilte
mit seiner Beute der Thüre zu. Aurelie bemerkte   15
kaum seine Handlung, als sie auffuhr, sich ihm in
den Weg warf, ihn mit unglaublicher Leidenschaft
angriff, und geschickt genug war, ein Ende des geraub-
ten Gegenstandes zu fassen. Sie rangen und balgten
sich sehr hartnäckig, drehten und wanden sich sehr   20
lebhaft mit einander herum; er lachte, sie ereiferte
sich, und als Wilhelm hinzu eilte, sie aus einander
zu bringen und zu besänftigen, sah er auf einmal
Aurelien mit einem bloßen Dolch in der Hand auf
die Seite springen, indem Serlo die Scheide, die ihm 25
zurückgeblieben war, verdrießlich auf den Boden warf.
Wilhelm trat erstaunt zurück und seine stumme Verwunderung schien nach der Ursache zu fragen, warum

ein so sonderbarer Streit über einen so wunderbaren
Hausrath habe unter ihnen entstehen können.

Sie sollen, sprach Serlo, Schiedsrichter zwischen
uns beiden sein. Was hat sie mit dem scharfen
5 Stahle zu thun? Lassen Sie sich ihn zeigen. Dieser
Dolch ziemt keiner Schauspielerin: spitz und scharf
wie Nadel und Messer! Zu was die Posse? Heftig
wie sie ist, thut sie sich noch einmal von ungefähr
ein Leides. Ich habe einen innerlichen Haß gegen
10 solche Sonderbarkeiten: ein ernstlicher Gedanke dieser
Art ist toll, und ein so gefährliches Spielwerk ist
abgeschmackt.

Ich habe ihn wieder! rief Aurelie, indem sie die
blanke Klinge in die Höhe hielt: ich will meinen
15 treuen Freund nun besser verwahren. Verzeih' mir,
rief sie aus, indem sie den Stahl küßte, daß ich dich
so vernachlässigt habe!

Serlo schien im Ernste böse zu werden. — Nimm
es wie du willst, Bruder, fuhr sie fort; kannst du
20 denn wissen, ob mir nicht etwa unter dieser Form
ein köstlicher Talisman beschert ist; ob ich nicht Hülfe
und Rath zur schlimmsten Zeit bei ihm finde; muß
denn alles schädlich sein was gefährlich aussieht?

Dergleichen Reden, in denen kein Sinn ist, können
25 mich toll machen! sagte Serlo, und verließ mit heim=
lichem Grimme das Zimmer. Aurelie verwahrte den
Dolch sorgfältig in der Scheide, und steckte ihn zu
sich. Lassen Sie uns das Gespräch fortsetzen, das der un=

glückliche Bruder gestört hat, fiel sie ein, als Wilhelm
einige Fragen über den sonderbaren Streit vorbrachte.

Ich muß Ihre Schilderung Opheliens wohl gelten
lassen, fuhr sie fort: ich will die Absicht des Dichters
nicht verkennen; nur kann ich sie mehr bedauern, als
mit ihr empfinden. Nun aber erlauben Sie mir
eine Betrachtung, zu der Sie mir in der kurzen Zeit
oft Gelegenheit gegeben haben. Mit Bewunderung
bemerke ich an Ihnen den tiefen und richtigen Blick,
mit dem Sie Dichtung und besonders dramatische Dich=
tung beurtheilen; die tiefsten Abgründe der Erfindung
sind Ihnen nicht verborgen, und die feinsten Züge
der Ausführung sind Ihnen bemerkbar. Ohne die
Gegenstände jemals in der Natur erblickt zu haben,
erkennen Sie die Wahrheit im Bilde; es scheint eine
Vorempfindung der ganzen Welt in Ihnen zu liegen,
welche durch die harmonische Berührung der Dicht=
kunst erregt und entwickelt wird. Denn wahrhaftig,
fuhr sie fort, von außen kommt nichts in Sie hinein;
ich habe nicht leicht jemanden gesehen, der die Menschen,
mit denen er lebt, so wenig kennt, so von Grund aus
verkennt, wie Sie. Erlauben Sie mir, es zu sagen:
wenn man Sie Ihren Shakespear erklären hört, glaubt
man, Sie kämen eben aus dem Rathe der Götter,
und hätten zugehört, wie man sich daselbst beredet,
Menschen zu bilden; wenn Sie dagegen mit Leuten
umgehen, seh' ich in Ihnen gleichsam das erste, groß
geborne Kind der Schöpfung, das mit sonderlicher

Verwunderung und erbaulicher Gutmüthigkeit Löwen und Affen, Schafe und Elephanten anstaunt, und sie treuherzig als seines Gleichen anspricht, weil sie eben auch da sind und sich bewegen.

Die Ahnung meines schülerhaften Wesens, werthe Freundin, versetzte er, ist mir öfters lästig, und ich werde Ihnen danken, wenn Sie mir über die Welt zu mehrerer Klarheit verhelfen wollen. Ich habe von Jugend auf die Augen meines Geistes mehr nach innen als nach außen gerichtet, und da ist es sehr natürlich, daß ich den Menschen bis auf einen gewissen Grad habe kennen lernen, ohne die Menschen im mindesten zu verstehen und zu begreifen.

Gewiß, sagte Aurelie, ich hatte Sie anfangs in Verdacht, als wollten Sie uns zum Besten haben, da Sie von den Leuten, die Sie meinem Bruder zugeschickt haben, so manches Gute sagten, wenn ich Ihre Briefe mit den Verdiensten dieser Menschen zusammen hielt.

Die Bemerkung Aureliens, so wahr sie sein mochte, und so gern ihr Freund diesen Mangel bei sich gestand, führte doch etwas Drückendes, ja sogar Beleidigendes mit sich, daß er still ward, und sich zusammen nahm, theils um keine Empfindlichkeit merken zu lassen, theils in seinem Busen nach der Wahrheit dieses Vorwurfs zu forschen.

Sie dürfen nicht darüber betreten sein, fuhr Aurelie fort: zum Lichte des Verstandes können wir immer gelangen; aber die Fülle des Herzens kann uns nie-

mand geben. Sind Sie zum Künstler bestimmt, so
können Sie diese Dunkelheit und Unschuld nicht lange
genug bewahren; sie ist die schöne Hülle über der
jungen Knospe; Unglücks genug, wenn wir zu früh
herausgetrieben werden. Gewiß es ist gut, wenn wir 5
die nicht immer kennen, für die wir arbeiten.

O! ich war auch einmal in diesem glücklichen
Zustande, als ich mit dem höchsten Begriff von mir
selbst und meiner Nation die Bühne betrat. Was
waren die Deutschen nicht in meiner Einbildung, 10
was konnten sie nicht sein! Zu dieser Nation sprach
ich, über die mich ein kleines Gerüst erhob, von welcher
mich eine Reihe Lampen trennte, deren Glanz und
Dampf mich hinderte, die Gegenstände vor mir genau
zu unterscheiden. Wie willkommen war mir der 15
Klang des Beifalls, der aus der Menge herauf tönte;
wie dankbar nahm ich das Geschenk an, das mir
einstimmig von so vielen Händen dargebracht wurde!
Lange wiegte ich mich so hin; wie ich wirkte, wirkte
die Menge wieder auf mich zurück; ich war mit 20
meinem Publicum in dem besten Vernehmen; ich
glaubte eine vollkommene Harmonie zu fühlen, und
jederzeit die Edelsten und Besten der Nation vor mir
zu sehen.

Unglücklicherweise war es nicht die Schauspielerin 25
allein, deren Naturell und Kunst die Theaterfreunde
interessirte, sie machten auch Ansprüche an das junge
lebhafte Mädchen. Sie gaben mir nicht undeutlich

zu verstehen, daß meine Pflicht sei, die Empfindungen,
die ich in ihnen rege gemacht, auch persönlich mit
ihnen zu theilen. Leider war das nicht meine Sache;
ich wünschte ihre Gemüther zu erheben, aber an das,
was sie ihr Herz nannten, hatte ich nicht den min=
desten Anspruch; und nun wurden mir alle Stände,
Alter und Charaktere, einer um den andern, zur Last,
und nichts war mir verdrießlicher, als daß ich mich
nicht, wie ein anderes ehrliches Mädchen, in mein
Zimmer verschließen, und so mir manche Mühe er=
sparen konnte.

Die Männer zeigten sich meist, wie ich sie bei
meiner Tante zu sehen gewohnt war, und sie würden
mir auch dießmal nur wieder Abscheu erregt haben,
wenn mich nicht ihre Eigenheiten und Albernheiten
unterhalten hätten. Da ich nicht vermeiden konnte,
sie bald auf dem Theater, bald an öffentlichen Orten,
bald zu Hause zu sehen, nahm ich mir vor, sie alle
auszulauern, und mein Bruder half mir wacker dazu.
Und wenn Sie denken, daß vom beweglichen Laden=
diener und dem eingebildeten Kaufmannssohn, bis
zum gewandten abwiegenden Weltmann, dem kühnen
Soldaten und dem raschen Prinzen, alle nach und
nach, bei mir vorbei gegangen sind, und jeder nach
seiner Art seinen Roman anzuknüpfen gedachte; so
werden Sie mir verzeihen, wenn ich mir einbildete,
mit meiner Nation ziemlich bekannt zu sein.

Den phantastisch aufgestutzten Studenten, den

demüthig=stolz verlegenen Gelehrten, den schwank=
füßigen genügsamen Domherrn, den steifen aufmerk=
samen Geschäftsmann, den derben Landbaron, den
freundlich glatt=platten Hofmann, den jungen, aus der
Bahn schreitenden Geistlichen, den gelassenen, so wie
den schnellen und thätig speculirenden Kaufmann, alle
habe ich in Bewegung gesehen, und bei'm Himmel!
wenige fanden sich darunter, die mir nur ein gemeines
Interesse einzuflößen im Stande gewesen wären; viel=
mehr war es mir äußerst verdrießlich, den Beifall
der Thoren im Einzelnen, mit Beschwerlichkeit und
langer Weile einzucassiren, der mir im Ganzen so
wohl behagt hatte, den ich mir im Großen so gerne
zueignete.

Wenn ich über mein Spiel ein vernünftiges Com=
pliment erwartete, wenn ich hoffte, sie sollten einen
Autor loben, den ich hochschätzte; so machten sie eine
alberne Anmerkung über die andere, und nannten ein
abgeschmacktes Stück, in welchem sie wünschten mich
spielen zu sehen. Wenn ich in der Gesellschaft herum
horchte, ob nicht etwa ein edler, geistreicher, witziger
Zug nachklänge, und zur rechten Zeit wieder zum
Vorschein käme, konnte ich selten eine Spur vernehmen.
Ein Fehler, der vorgekommen war, wenn ein Schau=
spieler sich versprach oder irgend einen Provinzialism
hören ließ, das waren die wichtigen Puncte, an denen
sie sich fest hielten, von denen sie nicht los kommen
konnten. Ich wußte zuletzt nicht, wohin ich mich

wenden sollte; sie dünkten sich zu klug, sich unter=
halten zu lassen, und sie glaubten mich wundersam
zu unterhalten, wenn sie an mir herumtätschelten.
Ich fing an, sie alle von Herzen zu verachten, und
es war mir eben, als wenn die ganze Nation sich
recht vorsätzlich bei mir durch ihre Abgesandten habe
prostituiren wollen. Sie kam mir im Ganzen so
linkisch vor, so übel erzogen, so schlecht unterrichtet,
so leer von gefälligem Wesen, so geschmacklos. Oft
rief ich aus: Es kann doch kein Deutscher einen Schuh
zuschnallen, der es nicht von einer fremden Nation
gelernt hat!

Sie sehen, wie verblendet, wie hypochondrisch un=
gerecht ich war, und je länger es währte, desto mehr
nahm meine Krankheit zu. Ich hätte mich umbringen
können; allein ich verfiel auf ein ander Extrem: ich
verheirathete mich, oder vielmehr ich ließ mich ver=
heirathen. Mein Bruder, der das Theater über=
nommen hatte, wünschte sehr einen Gehülfen zu haben.
Seine Wahl fiel auf einen jungen Mann, der mir
nicht zuwider war, dem alles mangelte, was mein
Bruder besaß, Genie, Leben, Geist und rasches Wesen;
an dem sich aber auch alles fand, was jenem abging:
Liebe zur Ordnung, Fleiß, eine köstliche Gabe haus=
zuhalten und mit Gelde umzugehen.

Er ist mein Mann geworden, ohne daß ich weiß
wie; wir haben zusammen gelebt, ohne daß ich recht
weiß, warum. Genug, unsre Sachen gingen gut. Wir

7*

nahmen viel ein, davon war die Thätigkeit meines
Bruders Ursache; wir kamen gut aus, und das war
das Verdienst meines Mannes. Ich dachte nicht mehr
an Welt und Nation. Mit der Welt hatte ich nichts
zu theilen, und den Begriff von Nation hatte ich ver= 5
loren. Wenn ich auftrat, that ich's um zu leben;
ich öffnete den Mund nur, weil ich nicht schweigen
durfte, weil ich doch heraus gekommen war, um zu
reden.

Doch, daß ich es nicht zu arg mache, eigentlich 10
hatte ich mich ganz in die Absicht meines Bruders
ergeben; ihm war um Beifall und Geld zu thun:
denn, unter uns, er hört sich gerne loben und braucht
viel. Ich spielte nun nicht mehr nach meinem Gefühl,
nach meiner Überzeugung, sondern wie er mich anwies, 15
und wenn ich es ihm zu Danke gemacht hatte, war ich
zufrieden. Er richtete sich nach allen Schwächen des
Publicums; es ging Geld ein, er konnte nach seiner
Willkür leben, und wir hatten gute Tage mit ihm.

Ich war indessen in einen handwerksmäßigen 20
Schlendrian gefallen. Ich zog meine Tage ohne Freude
und Antheil hin, meine Ehe war kinderlos und dauerte
nur kurze Zeit. Mein Mann ward krank, seine Kräfte
nahmen sichtbar ab, die Sorge für ihn unterbrach
meine allgemeine Gleichgültigkeit. In diesen Tagen 25
machte ich eine Bekanntschaft, mit der ein neues Leben
für mich anfing, ein neues und schnelleres, denn es
wird bald zu Ende sein.

Sie schwieg eine Zeitlang stille, dann fuhr sie fort: Auf einmal stockt meine geschwätzige Laune, und ich getraue mir den Mund nicht weiter aufzuthun. Lassen Sie mich ein wenig ausruhen; Sie sollen nicht weggehen, ohne ausführlich all mein Unglück zu wissen. Rufen Sie doch indessen Mignon herein, und hören was sie will.

Das Kind war während Aureliens Erzählung einigemal im Zimmer gewesen. Da man bei seinem Eintritt leiser sprach, war es wieder weggeschlichen, saß auf dem Saale still und wartete. Als man sie wieder hereinkommen hieß, brachte sie ein Buch mit, das man bald an Form und Einband für einen kleinen geographischen Atlas erkannte. Sie hatte bei dem Pfarrer unterwegs mit großer Verwunderung die ersten Landkarten gesehen, ihn viel darüber gefragt, und sich, so weit es gehen wollte, unterrichtet. Ihr Verlangen, etwas zu lernen, schien durch diese neue Kenntniß noch viel lebhafter zu werden. Sie bat Wilhelmen inständig, ihr das Buch zu kaufen. Sie habe dem Bildermann ihre großen silbernen Schnallen dafür eingesetzt, und wolle sie, weil es heute Abend so spät geworden, morgen früh wieder einlösen. Es ward ihr bewilligt, und sie fing nun an, dasjenige, was sie wußte, theils herzusagen, theils nach ihrer Art die wunderlichsten Fragen zu thun. Man konnte auch hier wieder bemerken, daß bei einer großen Anstrengung sie nur schwer und mühsam begriff. So

war auch ihre Handschrift, mit der sie sich viele Mühe
gab. Sie sprach noch immer sehr gebrochen Deutsch,
und nur wenn sie den Mund zum Singen aufthat,
wenn sie die Cither rührte, schien sie sich des einzigen
Organs zu bedienen, wodurch sie ihr Innerstes auf= 5
schließen und mittheilen konnte.

Wir müssen, da wir gegenwärtig von ihr sprechen,
auch der Verlegenheit gedenken, in die sie seit einiger
Zeit unsern Freund öfters versetzte. Wenn sie kam
oder ging, guten Morgen, oder gute Nacht sagte, 10
schloß sie ihn so fest in ihre Arme, und küßte ihn
mit solcher Inbrunst, daß ihm die Heftigkeit dieser
aufkeimenden Natur oft angst und bange machte. Die
zuckende Lebhaftigkeit schien sich in ihrem Betragen
täglich zu vermehren, und ihr ganzes Wesen bewegte 15
sich in einer rastlosen Stille. Sie konnte nicht sein,
ohne einen Bindfaden in den Händen zu drehen, ein
Tuch zu kneten, Papier oder Hölzchen zu kauen. Jedes
ihrer Spiele schien nur eine innere heftige Erschütte=
rung abzuleiten. Das Einzige, was ihr einige Heiter= 20
keit zu geben schien, war die Nähe des kleinen Felix,
mit dem sie sich sehr artig abzugeben wußte.

Aurelie, die nach einiger Ruhe gestimmt war, sich
mit ihrem Freunde über einen Gegenstand, der ihr so
sehr am Herzen lag, endlich zu erklären, ward über 25
die Beharrlichkeit der Kleinen dießmal ungeduldig,
und gab ihr zu verstehen, daß sie sich wegbegeben
sollte, und man mußte sie endlich, da alles nicht

helfen wollte, ausdrücklich und wider ihren Willen
fortschicken.

Jetzt oder niemals, sagte Aurelie, muß ich Ihnen
den Rest meiner Geschichte erzählen. Wäre mein
zärtlich geliebter, ungerechter Freund nur wenige
Meilen von hier, ich würde sagen, setzen Sie sich
zu Pferde, suchen Sie auf irgend eine Weise Bekannt=
schaft mit ihm, und wenn Sie zurückkehren, so haben
Sie mir gewiß verziehen, und bedauern mich von
Herzen. Jetzt kann ich Ihnen nur mit Worten sagen,
wie liebenswürdig er war, und wie sehr ich ihn
liebte.

Eben zu der kritischen Zeit, da ich für die Tage
meines Mannes besorgt sein mußte, lernt' ich ihn
kennen. Er war eben aus America zurückgekommen,
wo er in Gesellschaft einiger Franzosen mit vieler
Distinction unter den Fahnen der Vereinigten Staaten
gedient hatte.

Er begegnete mir mit einem gelass'nen Anstande,
mit einer offnen Gutmüthigkeit, sprach über mich
selbst, meine Lage, mein Spiel, wie ein alter Be=
kannter, so theilnehmend und so deutlich, daß ich
mich zum erstenmal freuen konnte, meine Existenz in
einem andern Wesen so klar wieder zu erkennen.
Seine Urtheile waren richtig ohne absprechend, treffend
ohne lieblos zu sein. Er zeigte keine Härte, und sein
Muthwille war zugleich gefällig. Er schien des guten
Glücks bei Frauen gewohnt zu sein, das machte mich

aufmerksam; er war keineswegs schmeichelnd und
andringend, das machte mich sorglos.

In der Stadt ging er mit wenigen um, war meist
zu Pferde, besuchte seine vielen Bekannten in der
Gegend, und besorgte die Geschäfte seines Hauses. Kam
er zurück, so stieg er bei mir ab, behandelte meinen
immer kränkern Mann mit warmer Sorge, schaffte
dem Leidenden durch einen geschickten Arzt Linderung,
und wie er an allem was mich betraf, Theil nahm,
ließ er mich auch an seinem Schicksale Theil nehmen.
Er erzählte mir die Geschichte seiner Campagne, seiner
unüberwindlichen Neigung zum Soldatenstande, seine
Familienverhältnisse; er vertraute mir seine gegen=
wärtigen Beschäftigungen. Genug, er hatte nichts
Geheimes vor mir; er entwickelte mir sein Innerstes,
ließ mich in die verborgensten Winkel seiner Seele
sehen; ich lernte seine Fähigkeiten, seine Leidenschaften
kennen. Es war das erstemal in meinem Leben, daß
ich eines herzlichen geistreichen Umgangs genoß. Ich
war von ihm angezogen, von ihm hingerissen, eh' ich
über mich selbst Betrachtungen anstellen konnte.

Inzwischen verlor ich meinen Mann ungefähr wie
ich ihn genommen hatte. Die Last der theatralischen
Geschäfte fiel nun ganz auf mich. Mein Bruder,
unverbesserlich auf dem Theater, war in der Haus=
haltung niemals nütze; ich besorgte alles, und studirte
dabei meine Rollen fleißiger als jemals. Ich spielte
wieder wie vor Alters, ja mit ganz anderer Kraft

und neuem Leben, zwar durch ihn und um seinet=
willen, doch nicht immer gelang es mir zum besten,
wenn ich meinen edlen Freund im Schauspiel wußte;
aber einigemal behorchte er mich, und wie angenehm
5 mich sein unvermutheter Beifall überraschte, können
Sie denken.

Gewiß, ich bin ein seltsames Geschöpf. Bei jeder
Rolle, die ich spielte, war es mir eigentlich nur immer
zu Muthe, als wenn ich ihn lobte und zu seinen Ehren
10 spräche; denn das war die Stimmung meines Herzens,
die Worte mochten übrigens sein, wie sie wollten.
Wußt' ich ihn unter den Zuhörern, so getraute ich
mich nicht, mit der ganzen Gewalt zu sprechen, eben
als wenn ich ihm meine Liebe, mein Lob nicht geradezu
15 in's Gesicht aufdringen wollte; war er abwesend, dann
hatte ich freies Spiel, ich that mein Bestes mit einer
gewissen Ruhe, mit einer unbeschreiblichen Zufrieden=
heit. Der Beifall freute mich wieder, und wenn ich
dem Publicum Vergnügen machte, hätte ich immer
20 zugleich hinunter rufen mögen: Das seid ihr ihm
schuldig!

Ja, mir war wie durch ein Wunder das Verhält=
niß zum Publicum, zur ganzen Nation verändert.
Sie erschien mir auf einmal wieder in dem vortheil=
25 haftesten Lichte, und ich erstaunte recht über meine
bisherige Verblendung.

Wie unverständig, sagt' ich oft zu mir selbst, war
es, als du ehemals auf eine Nation schaltest, eben

weil es eine Nation ist. Müssen denn, können denn
einzelne Menschen so interessant sein? Keineswegs!
Es fragt sich, ob unter der großen Masse eine Menge
von Anlagen, Kräften und Fähigkeiten vertheilt sei,
die durch günstige Umstände entwickelt, durch vorzüg= 5
liche Menschen zu einem gemeinsamen Endzwecke ge=
leitet werden können. Ich freute mich nun, so wenig
hervorstechende Originalität unter meinen Landsleuten
zu finden; ich freute mich, daß sie eine Richtung von
außen anzunehmen nicht verschmähten; ich freute mich, 10
einen Anführer gefunden zu haben.

Lothar — lassen Sie mich meinen Freund mit
seinem geliebten Vornamen nennen — hatte mir immer
die Deutschen von der Seite der Tapferkeit vorgestellt,
und mir gezeigt, daß keine bravere Nation in der 15
Welt sei, wenn sie recht geführt werde, und ich schämte
mich, an die erste Eigenschaft eines Volks niemals
gedacht zu haben. Ihm war die Geschichte bekannt,
und mit den meisten verdienstvollen Männern seines
Zeitalters stand er in Verhältnissen. So jung er 20
war, hatte er ein Auge auf die hervorkeimende hoff=
nungsvolle Jugend seines Vaterlandes, auf die stillen
Arbeiten in so vielen Fächern beschäftigter und thätiger
Männer. Er ließ mich einen Überblick über Deutsch=
land thun, was es sei, und was es sein könne, und 25
ich schämte mich, eine Nation nach der verworrenen
Menge beurtheilt zu haben, die sich in eine Theater=
garderobe drängen mag. Er machte mir's zur Pflicht,

auch in meinem Fache wahr, geistreich und belebend
zu sein. Nun schien ich mir selbst inspirirt, so oft
ich auf das Theater trat. Mittelmäßige Stellen
wurden zu Gold in meinem Munde, und hätte mir
damals ein Dichter zweckmäßig beigestanden, ich hätte
die wunderbarsten Wirkungen hervorgebracht.

So lebte die junge Wittwe Monate lang fort.
Er konnte mich nicht entbehren, und ich war höchst
unglücklich, wenn er außen blieb. Er zeigte mir
die Briefe seiner Verwandten, seiner vortrefflichen
Schwester. Er nahm an den kleinsten Umständen
meiner Verhältnisse Theil; inniger, vollkommener ist
keine Einigkeit zu denken. Der Name der Liebe ward
nicht genannt. Er ging und kam, kam und ging —
und nun, mein Freund, ist es hohe Zeit, daß Sie
auch gehen.

Siebzehntes Capitel.

Wilhelm konnte nun nicht länger den Besuch bei seinen Handelsfreunden aufschieben. Er ging nicht ohne Verlegenheit dahin; denn er wußte, daß er Briefe von den Seinigen daselbst antreffen werde. Er fürchtete sich vor den Vorwürfen, die sie enthalten mußten; wahrscheinlich hatte man auch dem Handelshause Nachricht von der Verlegenheit gegeben, in der man sich seinetwegen befand. Er scheute sich, nach so vielen ritterlichen Abenteuern, vor dem schülerhaften Ansehen, in dem er erscheinen würde, und nahm sich vor, recht trotzig zu thun, und auf diese Weise seine Verlegenheit zu verbergen.

Allein zu seiner großen Verwunderung und Zufriedenheit ging alles sehr gut und leidlich ab. In dem großen lebhaften und beschäftigten Comptoir hatte man kaum Zeit, seine Briefe aufzusuchen; seines längern Außenbleibens ward nur im Vorbeigehn gedacht. Und als er die Briefe seines Vaters und seines Freundes Werner eröffnete, fand er sie sämmtlich sehr leidlichen Inhalts. Der Alte, in Hoffnung eines weitläufigen Journals, dessen Führung er dem Sohne bei'm Abschiede sorgfältig empfohlen, und wozu

er ihm ein tabellarisches Schema mitgegeben, schien
über das Stillschweigen der ersten Zeit ziemlich be=
ruhigt, so wie er sich nur über das Räthselhafte des
ersten und einzigen vom Schlosse des Grafen noch ab=
gesandten Briefes beschwerte. Werner scherzte nur auf
seine Art, erzählte lustige Stadtgeschichten, und bat
sich Nachricht von Freunden und Bekannten aus, die
Wilhelm nunmehr in der großen Handelsstadt häufig
würde kennen lernen. Unser Freund, der außerordent=
lich erfreut war, um einen so wohlfeilen Preis los=
zukommen, antwortete sogleich in einigen sehr muntern
Briefen, und versprach dem Vater ein ausführliches
Reise=Journal, mit allen verlangten geographischen,
statistischen und mercantilischen Bemerkungen. Er hatte
vieles auf der Reise gesehen, und hoffte daraus ein
leidliches Heft zusammenschreiben zu können. Er merkte
nicht, daß er beinah in eben dem Falle war, in dem
er sich befand, als er, um ein Schauspiel, das weder
geschrieben, noch weniger memorirt war, aufzuführen,
Lichter angezündet und Zuschauer herbei gerufen hatte.
Als er daher wirklich anfing, an seine Composition zu
gehen, ward er leider gewahr, daß er von Empfindun=
gen und Gedanken, von manchen Erfahrungen des
Herzens und Geistes sprechen und erzählen konnte, nur
nicht von äußern Gegenständen, denen er, wie er nun
merkte, nicht die mindeste Aufmerksamkeit geschenkt hatte.

In dieser Verlegenheit kamen die Kenntnisse seines
Freundes Laertes ihm gut zu statten. Die Gewohn=

heit hatte beide jungen Leute, so unähnlich sie sich
waren, zusammen verbunden, und jener war, bei allen
seinen Fehlern, mit seinen Sonderbarkeiten wirklich
ein interessanter Mensch. Mit einer heitern glück=
lichen Sinnlichkeit begabt, hätte er alt werden können, 5
ohne über seinen Zustand irgend nachzudenken. Nun
hatte ihm aber sein Unglück und seine Krankheit das
reine Gefühl der Jugend geraubt, und ihm dagegen
einen Blick auf die Vergänglichkeit, auf das Zer=
stückelte unsers Daseins eröffnet. Daraus war eine 10
launichte rhapsodische Art über die Gegenstände zu
denken, oder vielmehr ihre unmittelbaren Eindrücke zu
äußern, entstanden. Er war nicht gern allein, trieb
sich auf allen Kaffeehäusern, an allen Wirthstischen
herum, und wenn er ja zu Hause blieb, waren Reise= 15
beschreibungen seine liebste, ja seine einzige Lectüre.
Diese konnte er nun, da er eine große Leihbibliothek
fand, nach Wunsch befriedigen, und bald spukte die
halbe Welt in seinem guten Gedächtnisse.

Wie leicht konnte er daher seinem Freunde Muth 20
einsprechen, als dieser ihm den völligen Mangel an
Vorrath zu der von ihm so feierlich versprochenen Rela=
tion entdeckte. Da wollen wir ein Kunststück machen,
sagte jener, das seines Gleichen nicht haben soll.

Ist nicht Deutschland von einem Ende zum andern 25
durchreis't, durchkreuzt, durchzogen, durchkrochen und
durchflogen? Und hat nicht jeder deutsche Reisende den
herrlichen Vortheil, sich seine großen oder kleinen Aus=

gaben vom Publicum wieder erstatten zu lassen? Gib
mir nur deine Reiseroute, ehe du zu uns kamst: das
andere weiß ich. Die Quellen und Hülfsmittel zu
deinem Werke will ich dir aufsuchen; an Quadratmeilen,
die nicht gemessen sind, und an Volksmenge, die nicht
gezählt ist, müssen wir's nicht fehlen lassen. Die Einkünfte der Länder nehmen wir aus Taschenbüchern und
Tabellen, die, wie bekannt, die zuverlässigsten Docu-
mente sind. Darauf gründen wir unsre politischen
Räsonnements; an Seitenblicken auf die Regierungen
soll's nicht fehlen. Ein paar Fürsten beschreiben wir
als wahre Väter des Vaterlandes, damit man uns desto
eher glaubt, wenn wir einigen andern etwas anhängen;
und wenn wir nicht geradezu durch den Wohnort einiger berühmten Leute durchreisen, so begegnen wir ihnen
in einem Wirthshause, lassen sie uns im Vertrauen
das albernste Zeug sagen. Besonders vergessen wir
nicht eine Liebesgeschichte mit irgend einem naiven
Mädchen auf das anmuthigste einzuflechten, und es
soll ein Werk geben, das nicht allein Vater und Mutter
mit Entzücken erfüllen soll, sondern das dir auch jeder
Buchhändler mit Vergnügen bezahlt.

Man schritt zum Werke, und beide Freunde hatten
viel Lust an ihrer Arbeit, indeß Wilhelm Abends im
Schauspiel und in dem Umgange mit Serlo und Aurelien die größte Zufriedenheit fand, und seine Ideen,
die nur zu lange sich in einem engen Kreise herum-
gedreht hatten, täglich weiter ausbreitete.

Achtzehntes Capitel.

—

Nicht ohne das größte Interesse vernahm er stück=
weise den Lebenslauf Serlo's: denn es war nicht die
Art dieses seltnen Mannes, vertraulich zu sein, und
über irgend etwas im Zusammenhange zu sprechen.
Er war, man darf sagen, auf dem Theater geboren
und gesäugt. Schon als stummes Kind mußte er
durch seine bloße Gegenwart die Zuschauer rühren,
weil auch schon damals die Verfasser diese natürlichen
und unschuldigen Hülfsmittel kannten, und sein erstes:
Vater und Mutter, brachte in beliebten Stücken ihm
schon den größten Beifall zuwege, ehe er wußte, was
das Händeklatschen bedeute. Als Amor kam er, zit=
ternd, mehr als einmal, im Flugwerke herunter, ent=
wickelte sich als Harlekin aus dem Ei, und machte als
kleiner Essenkehrer schon früh die artigsten Streiche.

Leider mußte er den Beifall, den er an glänzenden
Abenden erhielt, in den Zwischenzeiten sehr theuer be=
zahlen. Sein Vater, überzeugt, daß nur durch Schläge
die Aufmerksamkeit der Kinder erregt und festgehalten
werden könne, prügelte ihn bei'm Einstudiren einer jeden
Rolle zu abgemessenen Zeiten; nicht, weil das Kind

ungeschickt war, sondern damit es sich desto gewisser und anhaltender geschickt zeigen möge. So gab man ehemals, indem ein Gränzstein gesetzt wurde, den umstehenden Kindern tüchtige Ohrfeigen, und die ältesten Leute erinnern sich noch genau des Ortes und der Stelle. Er wuchs heran, und zeigte außerordentliche Fähigkeiten des Geistes und Fertigkeiten des Körpers, und dabei eine große Biegsamkeit sowohl in seiner Vorstellungsart, als in Handlungen und Gebärden. Seine Nachahmungsgabe überstieg allen Glauben. Schon als Knabe ahmte er Personen nach, so daß man sie zu sehen glaubte, ob sie ihm schon an Gestalt, Alter und Wesen völlig unähnlich und unter einander verschieden waren. Dabei fehlte es ihm nicht an der Gabe, sich in die Welt zu schicken, und sobald er sich einigermaßen seiner Kräfte bewußt war, fand er nichts natürlicher, als seinem Vater zu entfliehen, der, wie die Vernunft des Knaben zunahm, und seine Geschicklichkeit sich vermehrte, ihnen noch durch harte Begegnung nachzuhelfen für nöthig fand.

Wie glücklich fühlte sich der lose Knabe nun in der freien Welt, da ihm seine Eulenspiegelspossen überall eine gute Aufnahme verschafften. Sein guter Stern führte ihn zuerst in der Fastnachtszeit in ein Kloster, wo er, weil eben der Pater, der die Umgänge zu besorgen und durch geistliche Maskeraden die christliche Gemeinde zu ergötzen hatte, gestorben war, als ein hülfreicher Schutzengel auftrat. Auch übernahm er

sogleich die Rolle Gabriels in der Verkündigung, und
mißfiel dem hübschen Mädchen nicht, die als Maria
seinen obligeanten Gruß, mit äußerlicher Demuth und
innerlichem Stolze, sehr zierlich aufnahm. Er spielte
darauf successive in den Mysterien die wichtigsten   5
Rollen, und wußte sich nicht wenig, da er endlich
gar als Heiland der Welt verspottet, geschlagen und
an's Kreuz geheftet wurde.

Einige Kriegsknechte mochten bei dieser Gelegenheit
ihre Rollen gar zu natürlich spielen; daher er sie, um   10
sich auf die schicklichste Weise an ihnen zu rächen, bei
Gelegenheit des jüngsten Gerichts in die prächtigsten
Kleider von Kaisern und Königen steckte, und ihnen
in dem Augenblicke, da sie, mit ihren Rollen sehr
wohl zufrieden, auch in dem Himmel allen andern   15
vorauszugehen den Schritt nahmen, unvermuthet in
Teufelsgestalt begegnete, und sie mit der Ofengabel,
zur herzlichsten Erbauung sämmtlicher Zuschauer und
Bettler, weidlich durchdrosch, und unbarmherzig zu=
rück in die Grube stürzte, wo sie sich von einem her=   20
vordringenden Feuer auf's übelste empfangen sahen.

Er war klug genug einzusehen, daß die gekrönten
Häupter sein freches Unternehmen nicht wohl ver=
merken, und selbst vor seinem privilegirten Ankläger=
und Schergen=Amte keinen Respect haben würden; er   25
machte sich daher, noch ehe das tausendjährige Reich
anging, in aller Stille davon, und ward in einer
benachbarten Stadt von einer Gesellschaft, die man

damals Kinder der Freude nannte, mit offnen Armen
aufgenommen. Es waren verständige, geistreiche, leb=
hafte Menschen, die wohl einsahen, daß die Summe
unsrer Existenz, durch Vernunft dividirt, niemals rein
5 aufgehe, sondern daß immer ein wunderlicher Bruch
übrig bleibe. Diesen hinderlichen, und, wenn er sich
in die ganze Masse vertheilt, gefährlichen Bruch
suchten sie zu bestimmten Zeiten vorsätzlich los zu
werden. Sie waren einen Tag der Woche recht aus=
10 führlich Narren, und straften an demselben wechsel=
seitig durch allegorische Vorstellungen, was sie wäh=
rend der übrigen Tage an sich und andern Närrisches
bemerkt hatten. War diese Art gleich roher als eine
Folge von Ausbildung, in welcher der sittliche Mensch
15 sich täglich zu bemerken, zu warnen und zu strafen
pflegt; so war sie doch lustiger und sicherer: denn
indem man einen gewissen Schoßnarren nicht ver=
leugnete, so tractirte man ihn auch nur für das,
was er war, anstatt daß er auf dem andern Wege,
20 durch Hülfe des Selbstbetrugs, oft im Hause zur
Herrschaft gelangt, und die Vernunft zur heimlichen
Knechtschaft zwingt, die sich einbildet, ihn lange ver=
jagt zu haben. Die Narrenmaske ging in der Gesell=
schaft herum, und jedem war erlaubt, sie an seinem
25 Tage, mit eigenen oder fremden Attributen, charak=
teristisch auszuzieren. In der Carnavalszeit nahm man
sich die größte Freiheit, und wetteiferte mit der Be=
mühung der Geistlichen, das Volk zu unterhalten und

8*

anzuziehen. Die feierlichen und allegorischen Aufzüge
von Tugenden und Lastern, Künsten und Wissen=
schaften, Welttheilen und Jahrszeiten versinnlichten
dem Volke eine Menge Begriffe, und gaben ihm
Ideen entfernter Gegenstände, und so waren diese 5
Scherze nicht ohne Nutzen, da von einer andern Seite
die geistlichen Mummereien nur einen abgeschmackten
Aberglauben noch mehr befestigten.

Der junge Serlo war auch hier wieder ganz in
seinem Elemente; eigentliche Erfindungskraft hatte er 10
nicht, dagegen aber das größte Geschick, was er vor
sich fand zu nutzen, zurecht zu stellen, und scheinbar
zu machen. Seine Einfälle, seine Nachahmungsgabe,
ja sein beißender Witz, den er wenigstens einen Tag
in der Woche völlig frei, selbst gegen seine Wohl= 15
thäter, üben durfte, machte ihn der ganzen Gesell=
schaft werth, ja unentbehrlich.

Doch trieb ihn seine Unruhe bald aus dieser vor=
theilhaften Lage in andere Gegenden seines Vater=
landes, wo er wieder eine neue Schule durchzugehen 20
hatte. Er kam in den gebildeten, aber auch bildlosen
Theil von Deutschland, wo es zur Verehrung des
Guten und Schönen zwar nicht an Wahrheit, aber
oft an Geist gebricht; er konnte mit seinen Masken
nichts mehr ausrichten; er mußte suchen auf Herz 25
und Gemüth zu wirken. Nur kurze Zeit hielt er sich
bei kleinen und großen Gesellschaften auf, und merkte,
bei dieser Gelegenheit, sämmtlichen Stücken und Schau=

spielern ihre Eigenheiten ab. Die Monotonie, die da=
mals auf dem deutschen Theater herrschte, den albernen
Fall und Klang der Alexandriner, den geschraubt=
platten Dialog, die Trockenheit und Gemeinheit der
unmittelbaren Sittenprediger hatte er bald gefaßt,
und zugleich bemerkt was rührte und gefiel.

Nicht Eine Rolle der gangbaren Stücke, sondern
die ganzen Stücke blieben leicht in seinem Gedächtniß,
und zugleich der eigenthümliche Ton des Schauspielers,
der sie mit Beifall vorgetragen hatte. Nun kam er
zufälligerweise auf seinen Streifereien, da ihm das
Geld völlig ausgegangen war, zu dem Einfall, allein
ganze Stücke besonders auf Edelhöfen und in Dörfern
vorzustellen, und sich dadurch überall sogleich Unter=
halt und Nachtquartier zu verschaffen. In jeder Schenke,
jedem Zimmer und Garten war sein Theater gleich
aufgeschlagen; mit einem schelmischen Ernst und an=
scheinenden Enthusiasmus wußte er die Einbildungs=
kraft seiner Zuschauer zu gewinnen, ihre Sinne zu
täuschen, und vor ihren offenen Augen einen alten
Schrank zu einer Burg, und einen Fächer zum Dolche
umzuschaffen. Seine Jugendwärme ersetzte den Mangel
eines tiefen Gefühls; seine Heftigkeit schien Stärke,
und seine Schmeichelei Zärtlichkeit. Diejenigen, die
das Theater schon kannten, erinnerte er an alles, was
sie gesehen und gehört hatten, und in den Übrigen
erregte er eine Ahnung von etwas Wunderbarem, und
den Wunsch, näher damit bekannt zu werden. Was

an einem Orte Wirkung that, verfehlte er nicht am
andern zu wiederholen, und hatte die herzlichste
Schadenfreude, wenn er alle Menschen auf gleiche
Weise aus dem Stegreife zum Besten haben konnte.

Bei seinem lebhaften, freien und durch nichts ge=
hinderten Geist verbesserte er sich, indem er Rollen
und Stücke oft wiederholte, sehr geschwind. Bald
recitirte und spielte er dem Sinne gemäßer, als die
Muster, die er anfangs nur nachgeahmt hatte. Auf
diesem Wege kam er nach und nach dazu, natürlich
zu spielen und doch immer verstellt zu sein. Er schien
hingerissen, und lauerte auf den Effect, und sein
größter Stolz war, die Menschen stufenweise in Be=
wegung zu setzen. Selbst das tolle Handwerk, das
er trieb, nöthigte ihn bald mit einer gewissen Mäßi=
gung zu verfahren, und so lernte er, theils gezwungen,
theils aus Instinct, das, wovon so wenig Schauspieler
einen Begriff zu haben scheinen: mit Organ und Ge=
bärden ökonomisch zu sein.

So wußte er selbst rohe und unfreundliche Menschen
zu bändigen und für sich zu interessiren. Da er über=
all mit Nahrung und Obdach zufrieden war, jedes
Geschenk dankbar annahm, das man ihm reichte, ja
manchmal gar das Geld, wenn er dessen nach seiner
Meinung genug hatte, ausschlug; so schickte man ihn
mit Empfehlungsschreiben einander zu, und so wan=
derte er eine ganze Zeit von einem Edelhofe zum
andern, wo er manches Vergnügen erregte, manches

genoß, und nicht ohne die angenehmsten und artigsten Abenteuer blieb.

Bei der innerlichen Kälte seines Gemüthes liebte er eigentlich niemand; bei der Klarheit seines Blicks ⁵konnte er niemand achten, denn er sah nur immer die äußern Eigenheiten der Menschen, und trug sie in seine mimische Sammlung ein. Dabei aber war seine Selbstigkeit äußerst beleidigt, wenn er nicht jedem gefiel, und wenn er nicht überall Beifall erregte. Wie ¹⁰dieser zu erlangen sei, darauf hatte er nach und nach so genau Acht gegeben, und hatte seinen Sinn so ge= schärft, daß er nicht allein bei seinen Darstellungen, sondern auch im gemeinen Leben nicht mehr anders als schmeicheln konnte. Und so arbeitete seine Ge= ¹⁵müthsart, sein Talent und seine Lebensart dergestalt wechselsweise gegen einander, daß er sich unvermerkt zu einem vollkommnen Schauspieler ausgebildet sah. Ja, durch eine seltsam scheinende, aber ganz natür= liche Wirkung und Gegenwirkung stieg, durch Ein= ²⁰sicht und Übung, seine Recitation, Declamation und sein Gebärdenspiel zu einer hohen Stufe von Wahr= heit, Freiheit und Offenheit, indem er im Leben und Umgang immer heimlicher, künstlicher, ja verstellt und ängstlich zu werden schien.

²⁵   Von seinen Schicksalen und Abenteuern sprechen wir vielleicht an einem andern Orte, und bemerken hier nur so viel: daß er in spätern Zeiten, da er schon ein gemachter Mann, im Besitz von entschiedenem

Namen, und in einer sehr guten obgleich nicht festen
Lage war, sich angewöhnt hatte, im Gespräch auf
eine feine Weise theils ironisch, theils spöttisch den
Sophisten zu machen, und dadurch fast jede ernsthafte
Unterhaltung zu zerstören. Besonders gebrauchte er 5
diese Manier gegen Wilhelm, sobald dieser, wie es ihm
oft begegnete, ein allgemeines theoretisches Gespräch
anzuknüpfen Lust hatte. Dessen ungeachtet waren sie
sehr gern beisammen, indem durch ihre beiderseitige
Denkart die Unterhaltung lebhaft werden mußte. 10
Wilhelm wünschte, alles aus den Begriffen, die er
gefaßt hatte, zu entwickeln, und wollte die Kunst in
einem Zusammenhange behandelt haben. Er wollte
ausgesprochene Regeln festsetzen, bestimmen, was recht,
schön und gut sei, und was Beifall verdiene; genug, 15
er behandelte alles auf das ernstlichste. Serlo hin=
gegen nahm die Sache sehr leicht, und indem er nie=
mals direct auf eine Frage antwortete, wußte er durch
eine Geschichte oder einen Schwank die artigste und
vergnüglichste Erläuterung beizubringen, und die Ge= 20
sellschaft zu unterrichten, indem er sie erheiterte.

Indem nun Wilhelm auf diese Weise sehr an=
genehme Stunden zubrachte, befanden sich Melina und
die Übrigen in einer desto verdrießlichern Lage. Sie
erschienen unserm Freunde manchmal wie böse Geister,
und machten ihm nicht bloß durch ihre Gegenwart,
sondern auch oft durch flämische Gesichter und bittre
Reden einen verdrießlichen Augenblick. Serlo hatte sie
nicht einmal zu Gastrollen gelassen, geschweige daß er
ihnen Hoffnung zum Engagement gemacht hätte, und
hatte dessen ungeachtet nach und nach ihre sämmtlichen
Fähigkeiten kennen gelernt. So oft sich Schauspieler
bei ihm gesellig versammelten, hatte er die Gewohn=
heit lesen zu lassen, und manchmal selbst mitzulesen.
Er nahm Stücke vor, die noch gegeben werden sollten,
die lange nicht gegeben waren, und zwar meistens
nur theilweise. So ließ er auch, nach einer ersten
Aufführung, Stellen, bei denen er etwas zu erinnern
hatte, wiederholen, vermehrte dadurch die Einsicht der
Schauspieler, und verstärkte ihre Sicherheit den rechten
Punct zu treffen. Und wie ein geringer aber richtiger
Verstand mehr als ein verworrenes und ungeläutertes
Genie zur Zufriedenheit anderer wirken kann; so er=

hub er mittelmäßige Talente, durch die deutliche Ein=
sicht, die er ihnen unmerklich verschaffte, zu einer be=
wundernswürdigen Fähigkeit. Nicht wenig trug dazu
bei, daß er auch Gedichte lesen ließ, und in ihnen das
Gefühl jenes Reizes erhielt, den ein wohlvorgetragener 5
Rhythmus in unsrer Seele erregt, anstatt daß man
bei andern Gesellschaften schon anfing, nur diejenige
Prosa vorzutragen, wozu einem jeden der Schnabel
gewachsen war.

Bei solchen Gelegenheiten hatte er auch die sämmt= 10
lichen angekommenen Schauspieler kennen lernen, das
was sie waren, und was sie werden konnten, beur=
theilt, und sich in der Stille vorgenommen, von ihren
Talenten, bei einer Revolution, die seiner Gesellschaft
drohete, sogleich Vortheil zu ziehen. Er ließ die Sache 15
eine Weile auf sich beruhen, lehnte alle Intercessionen
Wilhelms für sie mit Achselzucken ab, bis er seine
Zeit ersah, und seinem jungen Freunde ganz un=
erwartet den Vorschlag that: er solle doch selbst bei
ihm auf's Theater gehen, und unter dieser Bedingung 20
wolle er auch die Übrigen engagiren.

Die Leute müssen also doch so unbrauchbar nicht
sein, wie Sie mir solche bisher geschildert haben, ver=
setzte ihm Wilhelm, wenn sie jetzt auf einmal zusammen
angenommen werden können, und ich dächte, ihre Ta= 25
lente müßten auch ohne mich dieselbigen bleiben.

Serlo eröffnete ihm darauf, unter dem Siegel der
Verschwiegenheit, seine Lage: wie sein erster Liebhaber

Miene mache, ihn bei der Erneuerung des Contracts zu
steigern, und wie er nicht gesinnt sei, ihm nachzugeben,
besonders da die Gunst des Publicums gegen ihn so
groß nicht mehr sei. Ließe er diesen gehen, so würde sein
ganzer Anhang ihm folgen, wodurch denn die Gesell=
schaft einige gute, aber auch einige mittelmäßige Glie=
der verlöre. Hierauf zeigte er Wilhelmen, was er da=
gegen an ihm, an Laertes, dem alten Polterer und
selbst an Frau Melina zu gewinnen hoffe. Ja, er
versprach dem armen Pedanten als Juden, Minister,
und überhaupt als Bösewicht einen entschiedenen Bei=
fall zu verschaffen.

Wilhelm stutzte, und vernahm den Vortrag nicht
ohne Unruhe, und nur, um etwas zu sagen, versetzte
er, nachdem er tief Athem geholt hatte: Sie sprechen
auf eine sehr freundliche Weise nur von dem Guten,
was Sie an uns finden und von uns hoffen: wie
sieht es denn aber mit den schwachen Seiten aus, die
Ihrem Scharfsinne gewiß nicht entgangen sind?

Die wollen wir bald durch Fleiß, Übung und
Nachdenken zu starken Seiten machen, versetzte Serlo.
Es ist unter euch allen, die ihr denn doch nur Natura=
listen und Pfuscher seid, keiner, der nicht mehr oder
weniger Hoffnung von sich gäbe; denn so viel ich alle
beurtheilen kann, so ist kein einziger Stock darunter,
und Stöcke allein sind die Unverbesserlichen, sie mögen
nun aus Eigendünkel, Dummheit oder Hypochondrie
ungelenk und unbiegsam sein.

Serlo legte darauf mit wenigen Worten die Be=
dingungen dar, die er machen könne und wolle, bat
Wilhelmen um schleunige Entscheidung, und verließ
ihn in nicht geringer Unruhe.

Bei der wunderlichen und gleichsam nur zum
Scherz unternommenen Arbeit jener fingirten Reise=
beschreibung, die er mit Laertes zusammensetzte, war
er auf die Zustände und das tägliche Leben der wirk=
lichen Welt aufmerksamer geworden, als er sonst
gewesen war. Er begriff jetzt selbst erst die Absicht
des Vaters, als er ihm die Führung des Journals
so lebhaft empfohlen. Er fühlte zum erstenmale,
wie angenehm und nützlich es sein könne, sich zur
Mittelsperson so vieler Gewerbe und Bedürfnisse zu
machen, und bis in die tiefsten Gebirge und Wälder
des festen Landes Leben und Thätigkeit verbreiten zu
helfen. Die lebhafte Handelsstadt, in der er sich be=
fand, gab ihm bei der Unruhe des Laertes, der ihn
überall mit herumschleppte, den anschaulichsten Be=
griff eines großen Mittelpunctes, woher alles ausfließt,
und wohin alles zurückkehrt, und es war das erstemal,
daß sein Geist im Anschauen dieser Art von Thätigkeit
sich wirklich ergötzte. In diesem Zustande hatte ihm
Serlo den Antrag gethan, und seine Wünsche, seine
Neigung, sein Zutrauen auf ein angebornes Talent,
und seine Verpflichtung gegen die hülflose Gesellschaft
wieder rege gemacht.

Da steh' ich nun, sagte er zu sich selbst, abermals

am Scheidewege zwischen den beiden Frauen, die mir in meiner Jugend erschienen. Die eine sieht nicht mehr so kümmerlich aus, wie damals, und die andere nicht so prächtig. Der einen wie der andern zu folgen fühlst du eine Art von innerm Beruf, und von beiden Seiten sind die äußern Anlässe stark genug; es scheint dir unmöglich, dich zu entscheiden; du wünschest, daß irgend ein Übergewicht von außen deine Wahl bestimmen möge, und doch, wenn du dich recht untersuchst, so sind es nur äußere Umstände, die dir eine Neigung zu Gewerb, Erwerb und Besitz einflößen, aber dein innerstes Bedürfniß erzeugt und nährt den Wunsch, die Anlagen, die in dir zum Guten und Schönen ruhen mögen, sie seien körperlich oder geistig, immer mehr zu entwickeln und auszubilden. Und muß ich nicht das Schicksal verehren, das mich ohne mein Zuthun hierher an das Ziel aller meiner Wünsche führt? Geschieht nicht alles, was ich mir ehemals ausgedacht und vorgesetzt, nun zufällig ohne mein Mitwirken? Sonderbar genug! Der Mensch scheint mit nichts vertrauter zu sein als mit seinen Hoffnungen und Wünschen, die er lange im Herzen nährt und bewahrt, und doch, wenn sie ihm nun begegnen, wenn sie sich ihm gleichsam aufdringen, erkennt er sie nicht und weicht vor ihnen zurück. Alles, was ich mir vor jener unglücklichen Nacht, die mich von Marianen entfernte, nur träumen ließ, steht vor mir, und bietet sich mir selbst an. Hierher wollte ich flüchten, und bin sachte hergeleitet worden; bei Serlo wollte ich unterzukommen suchen, er sucht nun mich, und bietet mir Bedingungen an, die ich als Anfänger nie erwarten konnte. War es denn bloß Liebe zu Marianen, die mich an's Theater fesselte? oder war es Liebe zur Kunst, die mich an das Mäd= chen festknüpfte? War jene Aussicht, jener Ausweg nach der Bühne bloß einem unordentlichen unruhigen Menschen willkommen, der ein Leben fortzusetzen wünschte, das ihm die Verhältnisse der bürgerlichen Welt nicht gestatteten, oder war es alles anders, reiner, würdiger? und was sollte dich bewegen können, deine damaligen Gesinnungen zu ändern? Hast du nicht vielmehr bisher selbst unwissend deinen Plan verfolgt? Ist nicht jetzt der letzte Schritt noch mehr zu billigen, da keine Nebenabsichten dabei im Spiele sind, und da du zugleich ein feierlich gegebenes Wort halten, und dich auf eine edle Weise von einer schweren Schuld befreien kannst?

Alles, was in seinem Herzen und seiner Ein= bildungskraft sich bewegte, wechselte nun auf das lebhafteste gegen einander ab. Daß er seine Mignon behalten könne, daß er den Harfner nicht zu verstoßen brauche, war kein kleines Gewicht auf der Wagschale, und doch schwankte sie noch hin und wieder, als er seine Freundin Aurelie gewohnter Weise zu besuchen ging.

Zwanzigstes Capitel.

Er fand sie auf ihrem Ruhebette; sie schien stille. Glauben Sie noch morgen spielen zu können? fragte er. O ja, versetzte sie lebhaft; Sie wissen, daran hindert mich nichts. — Wenn ich nur ein Mittel wüßte, den Beifall unsers Parterre's von mir ab= zulehnen; sie meinen es gut und werden mich noch umbringen. Vorgestern dacht' ich, das Herz müßte mir reißen! Sonst konnt' ich es wohl leiden, wenn ich mir selbst gefiel; wenn ich lange studirt und mich vorbereitet hatte, dann freute ich mich, wenn das willkommene Zeichen, nun sei es gelungen, von allen Enden widertönte. Jetzo sag' ich nicht, was ich will, nicht wie ich's will; ich werde hingerissen; ich ver= wirre mich, und mein Spiel macht einen weit größern Eindruck. Der Beifall wird lauter, und ich denke: Wüßtet ihr, was euch entzückt! Die dunkeln, heftigen, unbestimmten Anklänge rühren euch, zwingen euch Bewunderung ab, und ihr fühlt nicht, daß es die Schmerzenstöne der Unglücklichen sind, der ihr euer Wohlwollen geschenkt habt.

Heute früh hab' ich gelernt, jetzt wiederholt und

versucht. Ich bin müde, zerbrochen, und morgen geht
es wieder von vorn an. Morgen Abend soll gespielt
werden. So schlepp' ich mich hin und her; es ist mir
langweilig aufzustehen, und verdrießlich zu Bette zu
gehen. Alles macht einen ewigen Cirkel in mir. 5
Dann treten die leidigen Tröstungen vor mir auf,
dann werf' ich sie weg, und verwünsche sie. Ich will
mich nicht ergeben, nicht der Nothwendigkeit ergeben —
warum soll das nothwendig sein, was mich zu Grunde
richtet? Könnte es nicht auch anders sein? Ich muß 10
es eben bezahlen, daß ich eine Deutsche bin; es ist
der Charakter der Deutschen, daß sie über allem schwer
werden, daß alles über ihnen schwer wird.

O, meine Freundin, fiel Wilhelm ein, könnten
Sie doch aufhören, selbst den Dolch zu schärfen, mit 15
dem Sie sich unablässig verwunden! Bleibt Ihnen
denn nichts? Ist denn Ihre Jugend, Ihre Gestalt,
Ihre Gesundheit, sind Ihre Talente nichts? Wenn
Sie ein Gut ohne Ihr Verschulden verloren haben,
müssen Sie denn alles Übrige hinterdrein werfen? 20
Ist das auch nothwendig?

Sie schwieg einige Augenblicke, dann fuhr sie auf:
Ich weiß es wohl, daß es Zeitverderb ist, nichts als
Zeitverderb ist die Liebe! Was hätte ich nicht thun
können! thun sollen! Nun ist alles rein zu nichts 25
geworden. Ich bin ein armes verliebtes Geschöpf,
nichts als verliebt! Haben Sie Mitleiden mit mir,
bei Gott, ich bin ein armes Geschöpf!

Sie versank in sich, und nach einer kurzen Pause
rief sie heftig aus: Ihr seid gewohnt, daß sich euch
alles an den Hals wirft. Nein, ihr könnt es nicht
fühlen, kein Mann ist im Stande, den Werth eines
⁵ Weibes zu fühlen, das sich zu ehren weiß! Bei allen
heiligen Engeln, bei allen Bildern der Seligkeit, die
sich ein reines gutmüthiges Herz erschafft, es ist nichts
Himmlischeres, als ein weibliches Wesen, das sich dem
geliebten Manne hingibt! Wir sind kalt, stolz, hoch,
¹⁰ klar, klug, wenn wir verdienen, Weiber zu heißen,
und alle diese Vorzüge legen wir euch zu Füßen, sobald wir lieben, sobald wir hoffen, Gegenliebe zu
erwerben. O wie hab' ich mein ganzes Dasein so
mit Wissen und Willen weggeworfen! Aber nun will
¹⁵ ich auch verzweifeln, absichtlich verzweifeln. Es soll
kein Blutstropfen in mir sein, der nicht gestraft wird,
keine Faser, die ich nicht peinigen will. Lächeln Sie
nur, lachen Sie nur über den theatralischen Aufwand
von Leidenschaft!

²⁰   Fern war von unserm Freunde jede Anwandlung
des Lachens. Der entsetzliche, halb natürliche, halb
erzwungene Zustand seiner Freundin peinigte ihn nur
zu sehr. Er empfand die Foltern der unglücklichen
Anspannung mit: sein Gehirn zerrüttete sich, und sein
²⁵ Blut war in einer fieberhaften Bewegung.

    Sie war aufgestanden, und ging in der Stube
hin und wieder. Ich sage mir alles vor, rief sie aus,
warum ich ihn nicht lieben sollte. Ich weiß auch,

daß er es nicht werth ist; ich wende mein Gemüth
ab, dahin und dorthin, beschäftige mich, wie es nur
gehen will. Bald nehm' ich eine Rolle vor, wenn
ich sie auch nicht zu spielen habe; ich übe die alten,
die ich durch und durch kenne, fleißiger und fleißiger, 5
in's Einzelne, und übe und übe — mein Freund,
mein Vertrauter, welche entsetzliche Arbeit ist es, sich
mit Gewalt von sich selbst zu entfernen! Mein Ver=
stand leidet, mein Gehirn ist so angespannt; um mich
vom Wahnsinne zu retten, überlaß' ich mich wieder 10
dem Gefühle, daß ich ihn liebe. — Ja, ich liebe ihn,
ich liebe ihn! rief sie unter tausend Thränen, ich liebe
ihn, und so will ich sterben.

Er faßte sie bei der Hand, und bat sie auf das
inständigste, sich nicht selbst aufzureiben. O, sagte 15
er, wie sonderbar ist es, daß dem Menschen nicht
allein so manches Unmögliche, sondern auch so manches
Mögliche versagt ist. Sie waren nicht bestimmt, ein
treues Herz zu finden, das Ihre ganze Glückseligkeit
würde gemacht haben. Ich war dazu bestimmt, das 20
ganze Heil meines Lebens an eine Unglückliche festzu=
knüpfen, die ich durch die Schwere meiner Treue wie
ein Rohr zu Boden zog, ja vielleicht gar zerbrach.

Er hatte Aurelien seine Geschichte mit Marianen
vertraut, und konnte sich also jetzt darauf beziehen. 25
Sie sah ihm starr in die Augen und fragte: Können
Sie sagen, daß Sie noch niemals ein Weib betrogen,
daß Sie keiner mit leichtsinniger Galanterie, mit

frevelhafter Betheurung, mit herzlockenden Schwüren ihre Gunst abzuschmeicheln gesucht?

Das kann ich, versetzte Wilhelm, und zwar ohne Ruhmredigkeit: denn mein Leben war sehr einfach, und ich bin selten in die Versuchung gerathen, zu versuchen. Und welche Warnung, meine schöne, meine edle Freundin, ist mir der traurige Zustand, in den ich Sie versetzt sehe! Nehmen Sie ein Gelübde von mir, das meinem Herzen ganz angemessen ist, das durch die Rührung, die Sie mir einflößten, sich bei mir zur Sprache und Form bestimmt, und durch diesen Augenblick geheiligt wird: jeder flüchtigen Nei- gung will ich widerstehen, und selbst die ernstlichsten in meinem Busen bewahren; kein weibliches Geschöpf soll ein Bekenntniß der Liebe von meinen Lippen vernehmen, dem ich nicht mein ganzes Leben widmen kann!

Sie sah ihn mit einer wilden Gleichgültigkeit an, und entfernte sich, als er ihr die Hand reichte, um einige Schritte. Es ist nichts daran gelegen! rief sie: so viel Weiberthränen mehr oder weniger, die See wird darum doch nicht wachsen. Doch, fuhr sie fort, unter Tausenden Eine gerettet, das ist doch etwas, unter Tausenden Einen Redlichen gefunden, das ist anzunehmen! Wissen Sie auch, was Sie ver- sprechen?

Ich weiß es, versetzte Wilhelm lächelnd, und hielt seine Hand hin.

Ich nehm' es an, versetzte sie, und machte eine
Bewegung mit ihrer Rechten, so daß er glaubte, sie
würde die seine fassen; aber schnell fuhr sie in die
Tasche, riß den Dolch blitzgeschwind heraus, und fuhr
mit Spitze und Schneide ihm rasch über die Hand
weg. Er zog sie schnell zurück, aber schon lief das
Blut herunter.

Man muß euch Männer scharf zeichnen, wenn ihr
merken sollt, rief sie mit einer wilden Heiterkeit aus,
die bald in eine hastige Geschäftigkeit überging. Sie
nahm ihr Schnupftuch und umwickelte seine Hand
damit, um das erste hervorbringende Blut zu stillen.
Verzeihen Sie einer Halbwahnsinnigen, rief sie aus,
und lassen Sie sich diese Tropfen Bluts nicht reuen.
Ich bin versöhnt, ich bin wieder bei mir selber. Auf
meinen Knien will ich Abbitte thun, lassen Sie mir
den Trost, Sie zu heilen.

Sie eilte nach ihrem Schranke, holte Leinwand
und einiges Geräth, stillte das Blut, und besah die
Wunde sorgfältig. Der Schnitt ging durch den Ballen
gerade unter dem Daumen, theilte die Lebenslinie,
und lief gegen den kleinen Finger aus. Sie verband
ihn still, und mit einer nachdenklichen Bedeutsamkeit
in sich gekehrt. Er fragte einigemal: Beste, wie
konnten Sie Ihren Freund verletzen?

Still, erwiederte sie, indem sie den Finger auf
den Mund legte: still!

Wilhelm Meisters Lehrjahre.

Fünftes Buch.

Erstes Capitel.

So hatte Wilhelm zu seinen zwei kaum geheilten
Wunden abermals eine frische dritte, die ihm nicht
wenig unbequem war. Aurelie wollte nicht zugeben,
daß er sich eines Wundarztes bediente; sie selbst ver=
band ihn unter allerlei wunderlichen Reden, Ceremo=
nien und Sprüchen, und setzte ihn dadurch in eine
sehr peinliche Lage. Doch nicht er allein, sondern
alle Personen, die sich in ihrer Nähe befanden, litten
durch ihre Unruhe und Sonderbarkeit; niemand aber
mehr als der kleine Felix. Das lebhafte Kind war
unter einem solchen Druck höchst ungeduldig und
zeigte sich immer unartiger, je mehr sie es tadelte
und zurecht wies.

Der Knabe gefiel sich in gewissen Eigenheiten, die
man auch Unarten zu nennen pflegt, und die sie ihm
keineswegs nachzusehen gedachte. Er trank, zum Bei=
spiel, lieber aus der Flasche als aus dem Glase, und
offenbar schmeckten ihm die Speisen aus der Schüssel
besser als von dem Teller. Eine solche Unschicklichkeit
wurde nicht übersehen, und wenn er nun gar die Thüre
aufließ oder zuschlug, und, wenn ihm etwas befohlen

wurde, entweder nicht von der Stelle wich oder un=
gestüm davon rannte, so mußte er eine große Lection
anhören, ohne daß er darauf je einige Besserung
hätte spüren lassen. Vielmehr schien die Neigung zu
Aurelien sich täglich mehr zu verlieren; in seinem
Tone war nichts Zärtliches, wenn er sie Mutter
nannte, er hing vielmehr leidenschaftlich an der alten
Amme, die ihm denn freilich allen Willen ließ.

Aber auch diese war seit einiger Zeit so krank ge=
worden, daß man sie aus dem Hause in ein stilles
Quartier bringen mußte, und Felix hätte sich ganz
allein gesehen, wäre nicht Mignon auch ihm als ein
liebevoller Schutzgeist erschienen. Auf das artigste
unterhielten sich beide Kinder mit einander; sie lehrte
ihm kleine Lieder, und er, der ein sehr gutes Gedächt=
niß hatte, recitirte sie oft zur Verwunderung der Zu=
hörer. Auch wollte sie ihm die Landkarten erklären,
mit denen sie sich noch immer sehr abgab, wobei sie
jedoch nicht mit der besten Methode verfuhr. Denn
eigentlich schien sie bei den Ländern kein besonderes
Interesse zu haben, als ob sie kalt oder warm seien.
Von den Weltpolen, von dem schrecklichen Eise da=
selbst, und von der zunehmenden Wärme, je mehr man
sich von ihnen entfernte, wußte sie sehr gut Rechen=
schaft zu geben. Wenn jemand reis'te, fragte sie nur,
ob er nach Norden oder nach Süden gehe, und be=
mühte sich die Wege auf ihren kleinen Karten auf=
zufinden. Besonders wenn Wilhelm von Reisen sprach,

war sie sehr aufmerksam, und schien sich immer zu
betrüben, sobald das Gespräch auf eine andere Materie
überging. So wenig man sie bereden konnte, eine
Rolle zu übernehmen, oder auch nur, wenn gespielt
wurde, auf das Theater zu gehen; so gern und fleißig
lernte sie Oden und Lieder auswendig, und erregte,
wenn sie ein solches Gedicht, gewöhnlich von der
ernsten und feierlichen Art, oft unvermuthet wie aus
dem Stegreife declamirte, bei jedermann Erstaunen.

Serlo, der auf jede Spur eines aufkeimenden Ta=
lentes zu achten gewohnt war, suchte sie aufzumun=
tern; am meisten aber empfahl sie sich ihm durch
einen sehr artigen, mannichfaltigen und manchmal
selbst muntern Gesang, und auf eben diesem Wege
hatte sich der Harfenspieler seine Gunst erworben.

Serlo, ohne selbst Genie zur Musik zu haben,
oder irgend ein Instrument zu spielen, wußte ihren
hohen Werth zu schätzen; er suchte sich so oft als
möglich diesen Genuß, der mit keinem andern ver=
glichen werden kann, zu verschaffen. Er hatte wöchent=
lich einmal Concert, und nun hatte sich ihm durch
Mignon, den Harfenspieler und Laertes, der auf der
Violine nicht ungeschickt war, eine wunderliche kleine
Hauscapelle gebildet.

Er pflegte zu sagen: Der Mensch ist so geneigt,
sich mit dem Gemeinsten abzugeben, Geist und Sinne
stumpfen sich so leicht gegen die Eindrücke des Schönen
und Vollkommenen ab, daß man die Fähigkeit, es zu

empfinden, bei sich auf alle Weise erhalten sollte.
Denn einen solchen Genuß kann niemand ganz ent=
behren, und nur die Ungewohntheit etwas Gutes zu
genießen, ist Ursache, daß viele Menschen schon am
Albernen und Abgeschmackten, wenn es nur neu ist,   5
Vergnügen finden. Man sollte, sagte er, alle Tage
wenigstens ein kleines Lied hören, ein gutes Gedicht
lesen, ein treffliches Gemählde sehen, und, wenn es
möglich zu machen wäre, einige vernünftige Worte
sprechen.   10

Bei diesen Gesinnungen, die Serlo gewissermaßen
natürlich waren, konnte es den Personen, die ihn
umgaben, nicht an angenehmer Unterhaltung fehlen.
Mitten in diesem vergnüglichen Zustande brachte man
Wilhelmen eines Tags einen schwarzgesiegelten Brief. 15
Werners Petschaft deutete auf eine traurige Nachricht,
und er erschrak nicht wenig, als er den Tod seines
Vaters nur mit einigen Worten angezeigt fand. Nach
einer unerwarteten kurzen Krankheit war er aus der
Welt gegangen, und hatte seine häuslichen Angelegen= 20
heiten in der besten Ordnung hinterlassen.

Diese unvermuthete Nachricht traf Wilhelmen im
Innersten. Er fühlte tief, wie unempfindlich man
oft Freunde und Verwandte, so lange sie sich mit
uns des irdischen Aufenthaltes erfreuen, vernachlässigt, 25
und nur dann erst die Versäumniß bereut, wenn das
schöne Verhältniß wenigstens für dießmal aufgehoben
ist. Auch konnte der Schmerz über das zeitige Ab=

sterben des braven Mannes nur durch das Gefühl
gelindert werden, daß er auf der Welt wenig geliebt,
und durch die Überzeugung, daß er wenig genossen
habe.

5 Wilhelms Gedanken wandten sich nun bald auf
seine eigenen Verhältnisse, und er fühlte sich nicht
wenig beunruhigt. Der Mensch kann in keine gefähr=
lichere Lage versetzt werden, als wenn durch äußere
Umstände eine große Veränderung seines Zustandes
10 bewirkt wird, ohne daß seine Art zu empfinden und
zu denken darauf vorbereitet ist. Es gibt alsdann
eine Epoche ohne Epoche, und es entsteht nur ein
desto größerer Widerspruch, je weniger der Mensch
bemerkt, daß er zu dem neuen Zustande noch nicht
15 ausgebildet sei.

Wilhelm sah sich in einem Augenblicke frei, in
welchem er mit sich selbst noch nicht einig werden
konnte. Seine Gesinnungen waren edel, seine Ab=
sichten lauter, und seine Vorsätze schienen nicht ver=
20 werflich. Das alles durfte er sich mit einigem Zu=
trauen selbst bekennen; allein er hatte Gelegenheit
genug gehabt zu bemerken, daß es ihm an Erfahrung
fehle, und er legte daher auf die Erfahrung anderer
und auf die Resultate, die sie daraus mit Über=
25 zeugung ableiteten, einen übermäßigen Werth, und
kam dadurch nur immer mehr in die Irre. Was
ihm fehlte, glaubte er am ersten zu erwerben, wenn
er alles Denkwürdige, was ihm in Büchern und im

Gespräch vorkommen mochte, zu erhalten und zu
sammeln unternähme. Er schrieb daher fremde und
eigene Meinungen und Ideen, ja ganze Gespräche, die
ihm interessant waren, auf, und hielt leider auf diese
Weise das Falsche so gut als das Wahre fest, blieb   5
viel zu lange an einer Idee, ja man möchte sagen
an einer Sentenz hängen, und verließ dabei seine
natürliche Denk= und Handelsweise, indem er oft
fremden Lichtern als Leitsternen folgte. Aureliens
Bitterkeit und seines Freundes Laertes kalte Ver=   10
achtung der Menschen bestachen öfter als billig war
sein Urtheil: niemand aber war ihm gefährlicher ge=
wesen als Jarno, ein Mann, dessen heller Verstand
von gegenwärtigen Dingen ein richtiges strenges Ur=
theil fällte, dabei aber den Fehler hatte, daß er diese   15
einzelnen Urtheile mit einer Art von Allgemeinheit
aussprach, da doch die Aussprüche des Verstandes
eigentlich nur einmal und zwar in dem bestimmtesten
Falle gelten, und schon unrichtig werden, wenn man
sie auf den nächsten anwendet.   20

So entfernte sich Wilhelm, indem er mit sich selbst
einig zu werden strebte, immer mehr von der heil=
samen Einheit, und bei dieser Verwirrung ward es
seinen Leidenschaften um so leichter, alle Zurüstungen
zu ihrem Vortheil zu gebrauchen, und ihn über das,   25
was er zu thun hatte, nur noch mehr zu verwirren.

Serlo benutzte die Todespost zu seinem Vortheil,
und wirklich hatte er auch täglich immer mehr Ur=

sache, an eine andere Einrichtung seines Schauspiels
zu denken. Er mußte entweder seine alten Contracte
erneuern, wozu er keine große Lust hatte, indem
mehrere Mitglieder, die sich für unentbehrlich hielten,
täglich unleidlicher wurden; oder er mußte, wohin
auch sein Wunsch ging, der Gesellschaft eine ganz
neue Gestalt geben.

Ohne selbst in Wilhelmen zu dringen, regte er
Aurelien und Philinen auf; und die übrigen Gesellen,
die sich nach Engagement sehnten, ließen unserm
Freunde gleichfalls keine Ruhe, so daß er mit ziem=
licher Verlegenheit an einem Scheidewege stand. Wer
hätte gedacht, daß ein Brief von Wernern, der ganz
im entgegengesetzten Sinne geschrieben war, ihn end=
lich zu einer Entschließung hindrängen sollte. Wir
lassen nur den Eingang weg und geben übrigens das
Schreiben mit weniger Veränderung.

Zweites Capitel.

„— So war es und so muß es denn auch wohl
recht sein, daß jeder bei jeder Gelegenheit seinem Ge=
werbe nachgeht und seine Thätigkeit zeigt. Der gute
Alte war kaum verschieden, als auch in der nächsten ⁵
Viertelstunde schon nichts mehr nach seinem Sinne im
Hause geschah. Freunde, Bekannte und Verwandte
drängten sich zu, besonders aber alle Menschenarten,
die bei solchen Gelegenheiten etwas zu gewinnen haben.
Man brachte, man trug, man zahlte, schrieb und rech= ¹⁰
nete; die einen holten Wein und Kuchen, die andern
tranken und aßen; niemanden sah ich aber ernsthafter
beschäftigt, als die Weiber, indem sie die Trauer aus=
suchten.

Du wirst mir also verzeihen, mein Lieber, wenn ¹⁵
ich bei dieser Gelegenheit auch an meinen Vortheil
dachte, mich deiner Schwester so hülfreich und thätig
als möglich zeigte, und ihr, sobald es nur einiger=
maßen schicklich war, begreiflich machte, daß es nun=
mehr unsre Sache sei, eine Verbindung zu beschleuni= ²⁰
gen, die unsre Väter aus allzugroßer Umständlichkeit
bisher verzögert hatten.

Nun mußt du aber ja nicht denken, daß es uns eingefallen sei, das große leere Haus in Besitz zu nehmen. Wir sind bescheidner und vernünftiger; unsern Plan sollst du hören. Deine Schwester zieht
5 nach der Heirath gleich in unser Haus herüber, und sogar auch deine Mutter mit.

Wie ist das möglich? wirst du sagen; ihr habt ja selbst in dem Neste kaum Platz. Das ist eben die Kunst, mein Freund! Die geschickte Einrichtung macht
10 alles möglich, und du glaubst nicht, wie viel Platz man findet, wenn man wenig Raum braucht. Das große Haus verkaufen wir, wozu sich sogleich eine gute Gelegenheit darbietet; das daraus gelös'te Geld soll hundertfältige Zinsen tragen.

15 Ich hoffe du bist damit einverstanden, und wünsche, daß du nichts von den unfruchtbaren Liebhabereien deines Vaters und Großvaters geerbt haben mögest. Dieser setzte seine höchste Glückseligkeit in eine Anzahl unscheinbarer Kunstwerke, die niemand, ich darf wohl
20 sagen niemand, mit ihm genießen konnte: jener lebte in einer kostbaren Einrichtung, die er niemand mit sich genießen ließ. Wir wollen es anders machen, und ich hoffe deine Beistimmung.

Es ist wahr, ich selbst behalte in unserm ganzen
25 Hause keinen Platz als den an meinem Schreibepulte, und noch seh' ich nicht ab, wo man künftig eine Wiege hinsetzen will; aber dafür ist der Raum außer dem Hause desto größer. Die Kaffeehäuser und Clubs

für den Mann, die Spaziergänge und Spazierfahrten
für die Frau, und die schönen Lustörter auf dem
Lande für beide. Dabei ist der größte Vortheil, daß
auch unser runder Tisch ganz besetzt ist, und es dem
Vater unmöglich wird, Freunde zu sehen, die sich nur
desto leichtfertiger über ihn aufhalten, je mehr er sich
Mühe gegeben hat, sie zu bewirthen.

Nur nichts Überflüssiges im Hause! nur nicht zu
viel Möbeln, Geräthschaften, nur keine Kutsche und
Pferde! Nichts als Geld, und dann auf eine vernünf=
tige Weise jeden Tag gethan, was dir beliebt. Nur
keine Garderobe, immer das Neueste und Beste auf
dem Leibe; der Mann mag seinen Rock abtragen und
die Frau den ihrigen vertrödeln, sobald er nur einiger=
maßen aus der Mode kömmt. Es ist mir nichts un=
erträglicher, als so ein alter Kram von Besitzthum.
Wenn man mir den kostbarsten Edelstein schenken
wollte, mit der Bedingung ihn täglich am Finger zu
tragen, ich würde ihn nicht annehmen; denn wie läßt
sich bei einem todten Capital nur irgend eine Freude
denken? Das ist also mein lustiges Glaubensbekennt=
niß: seine Geschäfte verrichtet, Geld geschafft, sich
mit den Seinigen lustig gemacht, und um die übrige
Welt sich nicht mehr bekümmert, als in sofern man
sie nutzen kann.

Nun wirst du aber sagen: wie ist denn in eurem
saubern Plane an mich gedacht? Wo soll ich unter=
kommen, wenn ihr mir das väterliche Haus verkauft,

und in dem eurigen nicht der mindeste Raum übrig
bleibt?

Das ist freilich der Hauptpunct, Brüderchen, und
auf den werde ich dir gleich dienen können, wenn ich
dir vorher das gebührende Lob über deine vortrefflich
angewendete Zeit werde entrichtet haben.

Sage nur, wie hast du es angefangen, in so wenigen
Wochen ein Kenner aller nützlichen und interessanten
Gegenstände zu werden? So viel Fähigkeiten ich an
dir kenne, hätte ich dir doch solche Aufmerksamkeit
und solchen Fleiß nicht zugetraut. Dein Tagebuch hat
uns überzeugt, mit welchem Nutzen du die Reise ge=
macht hast; die Beschreibung der Eisen= und Kupfer=
hämmer ist vortrefflich und zeigt von vieler Einsicht
in die Sache. Ich habe sie ehemals auch besucht;
aber meine Relation, wenn ich sie dagegen halte, sieht
sehr stümpermäßig aus. Der ganze Brief über die
Leinwandfabrication ist lehrreich, und die Anmerkung
über die Concurrenz sehr treffend. An einigen Orten
hast du Fehler in der Addition gemacht, die jedoch
sehr verzeihlich sind.

Was aber mich und meinen Vater am meisten und
höchsten freut, sind deine gründlichen Einsichten in die
Bewirthschaftung und besonders in die Verbesserung
der Feldgüter. Wir haben Hoffnung, ein großes Gut,
das in Sequestration liegt, in einer sehr fruchtbaren
Gegend zu erkaufen. Wir wenden das Geld, das wir
aus dem väterlichen Hause lösen, dazu an; ein Theil

wird geborgt, und ein Theil kann stehen bleiben; und
wir rechnen auf dich, daß du dahin ziehst, den Ver=
besserungen vorstehst, und so kann, um nicht zu viel zu
sagen, das Gut in einigen Jahren um ein Drittel an
Werth steigen; man verkauft es wieder, sucht ein 5
größeres, verbessert und handelt wieder, und dazu bist
du der Mann. Unsere Federn sollen indeß zu Hause
nicht müßig sein, und wir wollen uns bald in einen
beneidenswerthen Zustand versetzen.

Jetzt lebe wohl! Genieße das Leben auf der Reise, 10
und ziehe hin, wo du es vergnüglich und nützlich
findest. Vor dem ersten halben Jahre bedürfen wir
deiner nicht; du kannst dich also nach Belieben in
der Welt umsehen: denn die beste Bildung findet ein
gescheidter Mensch auf Reisen. Lebe wohl, ich freue 15
mich, so nahe mit dir verbunden, auch nunmehr im
Geist der Thätigkeit mit dir vereint zu werden.“

So gut dieser Brief geschrieben war, und so viel
ökonomische Wahrheiten er enthalten mochte, mißfiel
er doch Wilhelmen auf mehr als eine Weise. Das 20
Lob, das er über seine fingirten statistischen, techno=
logischen und ruralischen Kenntnisse erhielt, war ihm
ein stiller Vorwurf; und das Ideal, das ihm sein
Schwager vom Glück des bürgerlichen Lebens vor=
zeichnete, reizte ihn keineswegs; vielmehr ward er durch 25
einen heimlichen Geist des Widerspruchs mit Heftig=
keit auf die entgegengesetzte Seite getrieben. Er über=
zeugte sich, daß er nur auf dem Theater die Bildung,

die er sich zu geben wünschte, vollenden könne und
schien in seinem Entschlusse nur destomehr bestärkt zu
werden, je lebhafter Werner, ohne es zu wissen, sein
Gegner geworden war. Er faßte darauf alle seine
Argumente zusammen und bestätigte bei sich seine
Meinung nur um destomehr, je mehr er Ursache zu
haben glaubte, sie dem klugen Werner in einem günsti-
gen Lichte darzustellen, und auf diese Weise entstand
eine Antwort, die wir gleichfalls einrücken.

Drittes Capitel.

„Dein Brief ist so wohl geschrieben, und so ge=
scheidt und klug gedacht, daß sich nichts mehr dazu
setzen läßt. Du wirst mir aber verzeihen, wenn ich
sage, daß man gerade das Gegentheil davon meinen,
behaupten und thun, und doch auch Recht haben kann.
Deine Art zu sein und zu denken geht auf einen un=
beschränkten Besitz und auf eine leichte lustige Art zu
genießen hinaus, und ich brauche dir kaum zu sagen,
daß ich daran nichts, was mich reizte, finden kann.

Zuerst muß ich dir leider bekennen, daß mein
Tagebuch aus Noth, um meinem Vater gefällig zu
sein, mit Hülfe eines Freundes aus mehreren Büchern
zusammengeschrieben ist, und daß ich wohl die darin
enthaltenen Sachen und noch mehrere dieser Art weiß,
aber keineswegs verstehe, noch mich damit abgeben
mag. Was hilft es mir, gutes Eisen zu fabriciren,
wenn mein eigenes Inneres voller Schlacken ist? und
was, ein Landgut in Ordnung zu bringen, wenn ich
mit mir selber uneins bin?

Daß ich dir's mit Einem Worte sage, mich selbst,
ganz wie ich da bin, auszubilden, das war dunkel
von Jugend auf mein Wunsch und meine Absicht.
Noch hege ich eben diese Gesinnungen, nur daß mir
5 die Mittel, die mir es möglich machen werden, etwas
deutlicher sind. Ich habe mehr Welt gesehen, als du
glaubst, und sie besser benutzt, als du denkst. Schenke
deßwegen dem, was ich sage, einige Aufmerksamkeit,
wenn es gleich nicht ganz nach deinem Sinne sein
10 sollte.

Wäre ich ein Edelmann, so wäre unser Streit bald
abgethan; da ich aber nur ein Bürger bin, so muß
ich einen eigenen Weg nehmen, und ich wünsche, daß
du mich verstehen mögest. Ich weiß nicht wie es in
15 fremden Ländern ist, aber in Deutschland ist nur dem
Edelmann eine gewisse allgemeine, wenn ich sagen
darf personelle, Ausbildung möglich. Ein Bürger
kann sich Verdienst erwerben und zur höchsten Noth
seinen Geist ausbilden: seine Persönlichkeit geht aber
20 verloren, er mag sich stellen wie er will. Indem es
dem Edelmann, der mit den Vornehmsten umgeht,
zur Pflicht wird, sich selbst einen vornehmen Anstand
zu geben, indem dieser Anstand, da ihm weder Thür
noch Thor verschlossen ist, zu einem freien Anstand
25 wird, da er mit seiner Figur, mit seiner Person, es
sei bei Hofe oder bei der Armee, bezahlen muß: so
hat er Ursache, etwas auf sie zu halten, und zu zeigen,
daß er etwas auf sie hält. Eine gewisse feierliche

Grazie bei gewöhnlichen Dingen, eine Art von leicht=
sinniger Zierlichkeit bei ernsthaften und wichtigen
kleidet ihn wohl, weil er sehen läßt, daß er überall
im Gleichgewicht steht. Er ist eine öffentliche Person,
und je ausgebildeter seine Bewegungen, je sonorer
seine Stimme, je gehaltner und gemessener sein ganzes
Wesen ist, desto vollkommner ist er. Wenn er gegen
Hohe und Niedre, gegen Freunde und Verwandte
immer eben derselbe bleibt, so ist nichts an ihm aus=
zusetzen, man darf ihn nicht anders wünschen. Er
sei kalt, aber verständig; verstellt, aber klug. Wenn
er sich äußerlich in jedem Momente seines Lebens zu
beherrschen weiß, so hat niemand eine weitere Forde=
rung an ihn zu machen, und alles Übrige, was er
an und um sich hat, Fähigkeit, Talent, Reichthum,
alles scheinen nur Zugaben zu sein.

Nun denke dir irgend einen Bürger, der an jene
Vorzüge nur einigen Anspruch zu machen gedächte;
durchaus muß es ihm mißlingen, und er müßte desto
unglücklicher werden, je mehr sein Naturell ihm zu
jener Art zu sein Fähigkeit und Trieb gegeben hätte.

Wenn der Edelmann im gemeinen Leben gar keine
Gränzen kennt, wenn man aus ihm Könige oder könig=
ähnliche Figuren erschaffen kann; so darf er überall
mit einem stillen Bewußtsein vor Seinesgleichen treten;
er darf überall vorwärts dringen, anstatt daß dem
Bürger nichts besser ansteht, als das reine stille Ge=
fühl der Gränzlinie, die ihm gezogen ist. Er darf

nicht fragen: was bist du? sondern nur: was hast
du? welche Einsicht, welche Kenntniß, welche Fähig=
keit, wie viel Vermögen? Wenn der Edelmann durch
die Darstellung seiner Person alles gibt, so gibt der
Bürger durch seine Persönlichkeit nichts und soll nichts
geben. Jener darf und soll scheinen; dieser soll nur
sein, und was er scheinen will, ist lächerlich und ab=
geschmackt. Jener soll thun und wirken, dieser soll
leisten und schaffen; er soll einzelne Fähigkeiten aus=
bilden, um brauchbar zu werden, und es wird schon
vorausgesetzt, daß in seinem Wesen keine Harmonie
sei, noch sein dürfe, weil er, um sich auf eine
Weise brauchbar zu machen, alles Übrige vernach=
lässigen muß.

An diesem Unterschiede ist nicht etwa die Anmaßung
der Edelleute und die Nachgiebigkeit der Bürger, son=
dern die Verfassung der Gesellschaft selbst Schuld; ob
sich daran einmal etwas ändern wird und was sich
ändern wird, bekümmert mich wenig; genug, ich habe,
wie die Sachen jetzt stehen, an mich selbst zu denken,
und wie ich mich selbst und das, was mir ein un=
erläßliches Bedürfniß ist, rette und erreiche.

Ich habe nun einmal gerade zu jener harmoni=
schen Ausbildung meiner Natur, die mir meine Geburt
versagt, eine unwiderstehliche Neigung. Ich habe, seit
ich dich verlassen, durch Leibesübung viel gewonnen;
ich habe viel von meiner gewöhnlichen Verlegenheit
abgelegt und stelle mich so ziemlich dar. Eben so habe

ich meine Sprache und Stimme ausgebildet, und ich
darf ohne Eitelkeit sagen, daß ich in Gesellschaften
nicht mißfalle. Nun läugne ich dir nicht, daß mein
Trieb täglich unüberwindlicher wird, eine öffentliche
Person zu sein, und in einem weitern Kreise zu ge=
fallen und zu wirken. Dazu kömmt meine Neigung
zur Dichtkunst und zu allem, was mit ihr in Ver=
bindung steht, und das Bedürfniß, meinen Geist und
Geschmack auszubilden, damit ich nach und nach auch
bei dem Genuß, den ich nicht entbehren kann, nur
das Gute wirklich für gut und das Schöne für schön
halte. Du siehst wohl, daß das alles für mich nur auf
dem Theater zu finden ist, und daß ich mich in diesem
einzigen Elemente nach Wunsch rühren und ausbilden
kann. Auf den Bretern erscheint der gebildete Mensch
so gut persönlich in seinem Glanz, als in den obern
Classen; Geist und Körper müssen bei jeder Bemühung
gleichen Schritt gehen, und ich werde da so gut sein
und scheinen können, als irgend anderswo. Suche ich
daneben noch Beschäftigungen, so gibt es dort mecha=
nische Quälereien genug, und ich kann meiner Geduld
tägliche Übung verschaffen.

Disputire mit mir nicht darüber; denn eh' du
mir schreibst, ist der Schritt schon geschehen. Wegen
der herrschenden Vorurtheile will ich meinen Namen
verändern, weil ich mich ohnehin schäme als Meister
aufzutreten. Lebe wohl. Unser Vermögen ist in so
guter Hand, daß ich mich darum gar nicht bekümmere;

was ich brauche, verlange ich gelegentlich von dir; es
wird nicht viel sein, denn ich hoffe, daß mich meine
Kunst auch nähren soll.“

Der Brief war kaum abgeschickt, als Wilhelm
auf der Stelle Wort hielt und zu Serlo's und der
Übrigen großen Verwunderung sich auf einmal er=
klärte: daß er sich zum Schauspieler widme und einen
Contract auf billige Bedingungen eingehen wolle.
Man war hierüber bald einig, denn Serlo hatte
schon früher sich so erklärt, daß Wilhelm und die
Übrigen damit gar wohl zufrieden sein konnten. Die
ganze verunglückte Gesellschaft, mit der wir uns so
lange unterhalten haben, ward auf einmal angenom=
men, ohne daß jedoch, außer etwa Laertes, sich einer
gegen Wilhelmen dankbar erzeigt hätte. Wie sie ohne
Zutrauen gefordert hatten, so empfingen sie ohne
Dank. Die meisten wollten lieber ihre Anstellung
dem Einflusse Philinens zuschreiben, und richteten
ihre Danksagungen an sie. Indessen wurden die aus=
gefertigten Contracte unterschrieben, und durch eine
unerklärliche Verknüpfung von Ideen entstand vor
Wilhelms Einbildungskraft, in dem Augenblicke, als
er seinen fingirten Namen unterzeichnete, das Bild jenes
Waldplatzes, wo er verwundet in Philinens Schoß
gelegen. Auf einem Schimmel kam die liebenswürdige
Amazone aus den Büschen, nahte sich ihm und stieg
ab. Ihr menschenfreundliches Bemühen hieß sie gehen
und kommen; endlich stand sie vor ihm. Das Kleid

fiel von ihren Schultern; ihr Gesicht, ihre Gestalt
fing an zu glänzen und sie verschwand. So schrieb
er seinen Namen nur mechanisch hin, ohne zu wissen
was er that, und fühlte erst, nachdem er unterzeichnet
hatte, daß Mignon an seiner Seite stand, ihn am
Arm hielt und ihm die Hand leise wegzuziehen ver=
sucht hatte.

Viertes Capitel.

Eine der Bedingungen, unter denen Wilhelm sich auf's Theater begab, war von Serlo nicht ohne Einschränkung zugestanden worden. Jener verlangte, daß 5 Hamlet ganz und unzerstückt aufgeführt werden sollte, und dieser ließ sich das wunderliche Begehren in so fern gefallen, als es möglich sein würde. Nun hatten sie hierüber bisher manchen Streit gehabt; denn was möglich oder nicht möglich sei, und was man von 10 dem Stück weglassen könne, ohne es zu zerstücken, darüber waren beide sehr verschiedener Meinung.

Wilhelm befand sich noch in den glücklichen Zeiten, da man nicht begreifen kann, daß an einem geliebten Mädchen, an einem verehrten Schriftsteller irgend 15 etwas mangelhaft sein könne. Unsere Empfindung von ihnen ist so ganz, so mit sich selbst übereinstimmend, daß wir uns auch in ihnen eine solche vollkommene Harmonie denken müssen. Serlo hingegen sonderte gern und beinah zu viel; sein scharfer Ver- 20 stand wollte in einem Kunstwerke gewöhnlich nur ein mehr oder weniger unvollkommenes Ganze erkennen. Er glaubte, so wie man die Stücke finde, habe man wenig Ursache mit ihnen so gar bedächtig umzugehen, und so mußte auch Shakespear, so mußte besonders Hamlet vieles leiden.

Wilhelm wollte gar nicht hören, wenn jener von der Absonderung der Spreu von dem Weizen sprach. Es ist nicht Spreu und Weizen durch einander, rief dieser, es ist ein Stamm, Äste, Zweige, Blätter, Knospen, Blüthen und Früchte. Ist nicht eins mit dem andern und durch das andere? Jener behauptete, man bringe nicht den ganzen Stamm auf den Tisch; der Künstler müsse goldene Äpfel in silbernen Schalen seinen Gästen reichen. Sie erschöpften sich in Gleich= nissen, und ihre Meinungen schienen sich immer weiter von einander zu entfernen.

Gar verzweifeln wollte unser Freund, als Serlo ihm einst nach langem Streit das einfachste Mittel anrieth, sich kurz zu resolviren, die Feder zu ergreifen und in dem Trauerspiele, was eben nicht gehen wolle, noch könne, abzustreichen, mehrere Personen in Eine zu drängen, und wenn er mit dieser Art noch nicht bekannt genug sei, oder noch nicht Herz genug dazu habe, so solle er ihm die Arbeit überlassen, und er wolle bald fertig sein.

Das ist nicht unserer Abrede gemäß, versetzte Wil= helm. Wie können Sie bei so viel Geschmack so leicht= sinnig sein?

Mein Freund, rief Serlo aus, Sie werden es auch schon werden. Ich kenne das Abscheuliche dieser Manier

nur zu wohl, die vielleicht noch auf keinem Theater
in der Welt statt gefunden hat. Aber wo ist auch
eins so verwahrlos't, als das unsere? Zu dieser ekel=
haften Verstümmelung zwingen uns die Autoren, und
5 das Publicum erlaubt sie. Wie viel Stücke haben
wir denn, die nicht über das Maß des Personals,
der Decorationen und Theatermechanik, der Zeit, des
Dialogs und der physischen Kräfte des Acteurs hin=
ausschritten? und doch sollen wir spielen, und immer
10 spielen, und immer neu spielen. Sollen wir uns da=
bei nicht unsers Vortheils bedienen, da wir mit zer=
stückelten Werken eben so viel ausrichten als mit
ganzen? Setzt uns das Publicum doch selbst in den
Vortheil! Wenig Deutsche, und vielleicht nur wenige
15 Menschen aller neuern Nationen, haben Gefühl für
ein ästhetisches Ganze; sie loben und tadeln nur
stellenweise; sie entzücken sich nur stellenweise: und
für wen ist das ein größeres Glück als für den
Schauspieler, da das Theater immer nur ein gestop=
20 peltes und gestückeltes Wesen bleibt.

Ist! versetzte Wilhelm; aber muß es denn auch
so bleiben, muß denn alles bleiben was ist? Über=
zeugen Sie mich ja nicht, daß Sie recht haben; denn
keine Macht in der Welt würde mich bewegen können,
25 einen Contract zu halten, den ich nur im gröbsten
Irrthum geschlossen hätte.

Serlo gab der Sache eine lustige Wendung und
ersuchte Wilhelmen, ihre öftern Gespräche über Hamlet

nochmals zu bedenken, und selbst die Mittel zu einer
glücklichen Bearbeitung zu ersinnen.

Nach einigen Tagen, die er in der Einsamkeit zu=
gebracht hatte, kam Wilhelm mit frohem Blicke zu=
rück. Ich müßte mich sehr irren, rief er aus, wenn
ich nicht gefunden hätte, wie dem Ganzen zu helfen
ist; ja ich bin überzeugt, daß Shakespear es selbst so
würde gemacht haben, wenn sein Genie nicht auf die
Hauptsache so sehr gerichtet, und nicht vielleicht durch
die Novellen, nach denen er arbeitete, verführt worden
wäre.

Lassen Sie hören, sagte Serlo, indem er sich gravi=
tätisch auf's Canapee setzte; ich werde ruhig aufhorchen,
aber auch desto strenger richten.

Wilhelm versetzte: Mir ist nicht bange; hören
Sie nur. Ich unterscheide, nach der genausten Unter=
suchung, nach der reiflichsten Überlegung, in der Com=
position dieses Stücks zweierlei: das erste sind die
großen innern Verhältnisse der Personen und der Be=
gebenheiten, die mächtigen Wirkungen, die aus den
Charakteren und Handlungen der Hauptfiguren ent=
stehen, und diese sind einzeln vortrefflich, und die
Folge, in der sie aufgestellt sind, unverbesserlich.
Sie können durch keine Art von Behandlung zerstört,
ja kaum verunstaltet werden. Diese sind's, die jeder=
mann zu sehen verlangt, die niemand anzutasten
wagt, die sich tief in die Seele eindrücken, und die
man, wie ich höre, beinahe alle auf das deutsche

Theater gebracht hat. Nur hat man, wie ich glaube, darin gefehlt, daß man das zweite, was bei diesem Stück zu bemerken ist, ich meine die äußern Verhält= nisse der Personen, wodurch sie von einem Orte zum andern gebracht, oder auf diese und jene Weise durch gewisse zufällige Begebenheiten verbunden werden, für allzu unbedeutend angesehen, nur im Vorbeigehn davon gesprochen, oder sie gar weggelassen hat. Freilich sind diese Fäden nur dünn und lose, aber sie gehen doch durch's ganze Stück, und halten zusammen, was sonst aus einander fiele, auch wirklich aus einander fällt, wenn man sie wegschneidet, und ein Übriges gethan zu haben glaubt, daß man die Enden stehen läßt.

Zu diesen äußern Verhältnissen zähle ich die Un= ruhen in Norwegen, den Krieg mit dem jungen Fortinbras, die Gesandtschaft an den alten Oheim, den geschlichteten Zwist, den Zug des jungen Fortin= bras nach Polen und seine Rückkehr am Ende; in= gleichen die Rückkehr des Horatio von Wittenberg, die Lust Hamlets dahin zu gehen, die Reise des Laertes nach Frankreich, seine Rückkunft, die Ver= schickung Hamlets nach England, seine Gefangenschaft bei'm Seeräuber, der Tod der beiden Hofleute auf den Uriasbrief: alles dieses sind Umstände und Be= gebenheiten, die einen Roman weit und breit machen können, die aber der Einheit dieses Stücks, in dem besonders der Held keinen Plan hat, auf das äußerste schaden und höchst fehlerhaft sind.

So höre ich Sie einmal gerne! rief Serlo.

Fallen Sie mir nicht ein, versetzte Wilhelm, Sie möchten mich nicht immer loben. Diese Fehler sind wie flüchtige Stützen eines Gebäudes, die man nicht wegnehmen darf, ohne vorher eine feste Mauer unter= zuziehen. Mein Vorschlag ist also, an jenen ersten großen Situationen gar nicht zu rühren, sondern sie sowohl im Ganzen als Einzelnen möglichst zu schonen, aber diese äußern, einzelnen, zerstreuten und zer= streuenden Motive alle auf einmal weg zu werfen und ihnen ein einziges zu substituiren.

Und das wäre? fragte Serlo, indem er sich aus seiner ruhigen Stellung aufhob.

Es liegt auch schon im Stücke, erwiederte Wilhelm, nur mache ich den rechten Gebrauch davon. Es sind die Unruhen in Norwegen. Hier haben Sie meinen Plan zur Prüfung.

Nach dem Tode des alten Hamlet werden die erst= eroberten Norweger unruhig. Der dortige Statthalter schickt seinen Sohn Horatio, einen alten Schulfreund Hamlets, der aber an Tapferkeit und Lebensklugheit allen andern vorgelaufen ist, nach Dänemark, auf die Ausrüstung der Flotte zu bringen, welche unter dem neuen, der Schwelgerei ergebenen König nur saum= selig von statten geht. Horatio kennt den alten König, denn er hat seinen letzten Schlachten beige= wohnt, hat bei ihm in Gunsten gestanden, und die erste Geisterscene wird dadurch nicht verlieren. Der

neue König gibt sodann dem Horatio Audienz und schickt
den Laertes nach Norwegen mit der Nachricht, daß die
Flotte bald anlanden werde, indeß Horatio den Auf=
trag erhält, die Rüstung derselben zu beschleunigen; da=
gegen will die Mutter nicht einwilligen, daß Hamlet,
wie er wünschte, mit Horatio zur See gehe.

Gott sei Dank! rief Serlo, so werden wir auch
Wittenberg und die hohe Schule los, die mir immer ein
leidiger Anstoß war. Ich finde Ihren Gedanken recht
gut: denn außer den zwei einzigen fernen Bildern,
Norwegen und der Flotte, braucht der Zuschauer sich
nichts zu denken; das Übrige sieht er alles, das
Übrige geht alles vor, anstatt daß sonst seine Ein=
bildungskraft in der ganzen Welt herumgejagt würde.

Sie sehen leicht, versetzte Wilhelm, wie ich nun=
mehr auch das Übrige zusammenhalten kann. Wenn
Hamlet dem Horatio die Missethat seines Stiefvaters
entdeckt, so räth ihm dieser, mit nach Norwegen zu
gehen, sich der Armee zu versichern und mit gewaff=
neter Hand zurück zu kehren. Da Hamlet dem König
und der Königin zu gefährlich wird, haben sie kein
näheres Mittel, ihn los zu werden, als ihn nach der
Flotte zu schicken, und ihm Rosenkranz und Gülden=
stern zu Beobachtern mitzugeben; und da indeß Laertes
zurück kommt, soll dieser bis zum Meuchelmord er=
hitzte Jüngling ihm nachgeschickt werden. Die Flotte
bleibt wegen ungünstigen Windes liegen; Hamlet kehrt
nochmals zurück, seine Wanderung über den Kirchhof

kann vielleicht glücklich motivirt werden; sein Zu=
sammentreffen mit Laertes in Opheliens Grabe ist
ein großer unentbehrlicher Moment. Hierauf mag
der König bedenken, daß es besser sei, Hamlet auf
der Stelle los zu werden; das Fest der Abreise, der
scheinbaren Versöhnung mit Laertes wird nun feier=
lich begangen, wobei man Ritterspiele hält und auch
Hamlet und Laertes fechten. Ohne die vier Leichen
kann ich das Stück nicht schließen; es darf niemand
übrig bleiben. Hamlet gibt, da nun das Wahlrecht
des Volks wieder eintritt, seine Stimme sterbend dem
Horatio.

Nur geschwind, versetzte Serlo, setzen Sie sich hin
und arbeiten das Stück aus; die Idee hat völlig
meinen Beifall; nur daß die Lust nicht verraucht.

Fünftes Capitel.

Wilhelm hatte sich schon lange mit einer Über=
setzung Hamlets abgegeben; er hatte sich dabei der
geistvollen Wieland'schen Arbeit bedient, durch die er
überhaupt Shakespearn zuerst kennen lernte. Was in
derselben ausgelassen war, fügte er hinzu, und so
war er im Besitz eines vollständigen Exemplars in
dem Augenblicke, da er mit Serlo über die Behand=
lung so ziemlich einig geworden war. Er fing nun
an, nach seinem Plane auszuheben und einzuschieben,
zu trennen und zu verbinden, zu verändern und oft
wiederherzustellen; denn so zufrieden er auch mit seiner
Idee war, so schien ihm doch bei der Ausführung
immer, daß das Original nur verdorben werde.

Sobald er fertig war, las er es Serlo und der
übrigen Gesellschaft vor. Sie bezeugten sich sehr zu=
frieden damit; besonders machte Serlo manche gün=
stige Bemerkung.

Sie haben, sagte er unter andern, sehr richtig
empfunden, daß äußere Umstände dieses Stück be=
gleiten, aber einfacher sein müssen, als sie uns der
große Dichter gegeben hat. Was außer dem Theater

11

vorgeht, was der Zuschauer nicht sieht, was er sich
vorstellen muß, ist wie ein Hintergrund, vor dem die
spielenden Figuren sich bewegen. Die große einfache
Aussicht auf die Flotte und Norwegen wird dem
Stücke sehr gut thun; nähme man sie ganz weg, so
ist es nur eine Familienscene, und der große Begriff,
daß hier ein ganzes königliches Haus durch innere
Verbrechen und Ungeschicklichkeiten zu Grunde geht,
wird nicht in seiner ganzen Würde dargestellt. Bliebe
aber jener Hintergrund selbst mannichfaltig, beweglich,
confus: so thäte er dem Eindrucke der Figuren
Schaden.

Wilhelm nahm nun wieder die Partie Shakespears,
und zeigte, daß er für Insulaner geschrieben habe, für
Engländer, die selbst im Hintergrunde nur Schiffe
und Seereisen, die Küste von Frankreich und Caper zu
sehen gewohnt sind, und daß, was jenen etwas ganz
Gewöhnliches sei, uns schon zerstreue und verwirre.

Serlo mußte nachgeben, und beide stimmten darin
überein, daß, da das Stück nun einmal auf das deutsche
Theater solle, dieser ernstere einfachere Hintergrund
für unsre Vorstellungsart am besten passen werde.

Die Rollen hatte man schon früher ausgetheilt;
den Polonius übernahm Serlo; Aurelie, Ophelien;
Laertes war durch seinen Namen schon bezeichnet; ein
junger, untersetzter, munterer, neuangekommener Jüngling erhielt die Rolle des Horatio; nur wegen des
Königs und des Geistes war man in einiger Ver-

legenheit. Für beide Rollen war nur der alte Polterer da. Serlo schlug den Pedanten zum Könige
vor; wogegen Wilhelm aber auf's äußerste protestirte.
Man konnte sich nicht entschließen.

Ferner hatte Wilhelm in seinem Stücke die beiden
Rollen von Rosenkranz und Güldenstern stehen lassen.
Warum haben Sie diese nicht in Eine verbunden?
fragte Serlo; diese Abbreviatur ist doch so leicht gemacht.

Gott bewahre mich vor solchen Verkürzungen, die
zugleich Sinn und Wirkung aufheben! versetzte Wilhelm. Das, was diese beiden Menschen sind und
thun, kann nicht durch Einen vorgestellt werden. In
solchen Kleinigkeiten zeigt sich Shakespears Größe.
Dieses leise Auftreten, dieses Schmiegen und Biegen,
dieß Jasagen, Streicheln und Schmeicheln, diese Be-
hendigkeit, dieß Schwänzeln, diese Allheit und Leerheit, diese rechtliche Schurkerei, diese Unfähigkeit, wie
kann sie durch Einen Menschen ausgedrückt werden?
Es sollten ihrer wenigstens ein Dutzend sein, wenn
man sie haben könnte; denn sie sind bloß in Gesellschaft etwas, sie sind die Gesellschaft, und Shakespear
war sehr bescheiden und weise, daß er nur zwei solche
Repräsentanten auftreten ließ. Überdieß brauche ich
sie in meiner Bearbeitung als ein Paar, das mit
dem Einen, guten, trefflichen Horatio contrastirt.

Ich verstehe Sie, sagte Serlo, und wir können
uns helfen. Den einen geben wir Elmiren (so nannte

man die älteste Tochter des Polterers); es kann nicht schaden, wenn sie gut aussehen, und ich will die Puppen putzen und dressiren, daß es eine Lust sein soll.

Philine freute sich außerordentlich, daß sie die Herzogin in der kleinen Komödie spielen sollte. Das will ich so natürlich machen, rief sie aus, wie man in der Geschwindigkeit einen Zweiten heirathet, nachdem man den Ersten ganz außerordentlich geliebt hat. Ich hoffe mir den größten Beifall zu erwerben, und jeder Mann soll wünschen, der Dritte zu werden.

Aurelie machte ein verdrießliches Gesicht bei diesen Äußerungen; ihr Widerwille gegen Philinen nahm mit jedem Tage zu.

Es ist recht Schade, sagte Serlo, daß wir kein Ballet haben; sonst sollten Sie mir mit Ihrem ersten und zweiten Manne ein Pas de deux tanzen, und der Alte sollte nach dem Tact einschlafen, und Ihre Füßchen und Wädchen würden sich dort hinten auf dem Kindertheater ganz allerliebst ausnehmen.

Von meinen Wädchen wissen Sie ja wohl nicht viel, versetzte sie schnippisch, und was meine Füßchen betrifft, rief sie, indem sie schnell unter den Tisch reichte, ihre Pantöffelchen herauf holte und neben einander vor Serlo hinstellte: hier sind die Stelzchen, und ich gebe Ihnen auf, niedlichere zu finden.

Es war Ernst! sagte er, als er die zierlichen Halbschuhe betrachtete. Gewiß, man konnte nicht leicht etwas Artigers sehen.

Sie waren Pariser Arbeit; Philine hatte sie von der Gräfin zum Geschenk erhalten, einer Dame, deren schöner Fuß berühmt war.

Ein reizender Gegenstand! rief Serlo; das Herz hüpft mir, wenn ich sie ansehe.

Welche Verzuckungen! sagte Philine.

Es geht nichts über ein Paar Pantöffelchen von so feiner schöner Arbeit, rief Serlo; doch ist ihr Klang noch reizender, als ihr Anblick. Er hub sie auf und ließ sie einigemal hinter einander wechselsweise auf den Tisch fallen.

Was soll das heißen? Nur wieder her damit! rief Philine.

Darf ich sagen, versetzte er mit verstellter Beschei= denheit und schalkhaftem Ernst, wir andern Jung= gesellen, die wir Nachts meist allein sind, und uns doch wie andre Menschen fürchten, und im Dunkeln uns nach Gesellschaft sehnen, besonders in Wirths= häusern und fremden Orten, wo es nicht ganz ge= heuer ist, wir finden es gar tröstlich, wenn ein gut= herziges Kind uns Gesellschaft und Beistand leisten will. Es ist Nacht, man liegt im Bette, es raschelt, man schaudert, die Thüre thut sich auf, man erkennt ein liebes pisperndes Stimmchen, es schleicht was herbei, die Vorhänge rauschen, klipp! klapp! die Pan= toffeln fallen, und husch! man ist nicht mehr allein. Ach der liebe, der einzige Klang, wenn die Absätzchen auf den Boden aufschlagen! Je zierlicher sie sind, je

feiner klingt's. Man spreche mir von Philomelen,
von rauschenden Bächen, vom Säuseln der Winde,
und von allem, was je georgelt und gepfiffen worden
ist, ich halte mich an das Klipp! Klapp! — Klipp!
Klapp! ist das schönste Thema zu einem Rondeau, 5
das man immer wieder von vorne zu hören wünscht.

Philine nahm ihm die Pantoffeln aus den Händen
und sagte: Wie ich sie krumm getreten habe! Sie
sind mir viel zu weit. Dann spielte sie damit und
rieb die Sohlen gegen einander. Was das heiß wird! 10
rief sie aus, indem sie die eine Sohle flach an die
Wange hielt, dann wieder rieb und sie gegen Serlo
hinreichte. Er war gutmüthig genug nach der Wärme
zu fühlen, und Klipp! Klapp! rief sie, indem sie ihm
einen derben Schlag mit dem Absatz versetzte, daß er 15
schreiend die Hand zurück zog. Ich will euch lehren
bei meinen Pantoffeln was anders denken, sagte Philine lachend.

Und ich will dich lehren alte Leute wie Kinder
anführen! rief Serlo dagegen, sprang auf, faßte sie 20
mit Heftigkeit und raubte ihr manchen Kuß, deren
jeden sie sich mit ernstlichem Widerstreben gar künst-
lich abzwingen ließ. Über dem Balgen fielen ihre
langen Haare herunter und wickelten sich um die
Gruppe, der Stuhl schlug an den Boden, und Aurelie, 25
die von diesem Unwesen innerlich beleidigt war, stand
mit Verdruß auf.

Sechstes Capitel.

Obgleich bei der neuen Bearbeitung Hamlets manche Personen weggefallen waren, so blieb die Anzahl derselben doch immer noch groß genug, und fast wollte die Gesellschaft nicht hinreichen.

Wenn das so fort geht, sagte Serlo, wird unser Soufleur auch noch aus dem Loche hervorsteigen müssen, unter uns wandeln, und zur Person werden.

Schon oft habe ich ihn an seiner Stelle bewundert, versetzte Wilhelm.

Ich glaube nicht, daß es einen vollkommenern Einhelfer gibt, sagte Serlo. Kein Zuschauer wird ihn jemals hören; wir auf dem Theater verstehen jede Sylbe. Er hat sich gleichsam ein eigen Organ dazu gemacht, und ist wie ein Genius, der uns in der Noth vernehmlich zulispelt. Er fühlt, welchen Theil seiner Rolle der Schauspieler vollkommen inne hat, und ahnet von weitem, wenn ihn das Gedächtniß verlassen will. In einigen Fällen, da ich die Rolle kaum überlesen konnte, da er sie mir Wort vor Wort vorsagte, spielte ich sie mit Glück; nur hat er Sonderbarkeiten, die jeden andern unbrauchbar machen würden: er nimmt

so herzlichen Antheil an den Stücken, daß er pathetische
Stellen nicht eben declamirt, aber doch affectvoll
recitirt. Mit dieser Unart hat er mich mehr als
einmal irre gemacht.

So wie er mich, sagte Aurelie, mit einer andern
Sonderbarkeit einst an einer sehr gefährlichen Stelle
stecken ließ.

Wie war das bei seiner Aufmerksamkeit möglich?
fragte Wilhelm.

Er wird, versetzte Aurelie, bei gewissen Stellen so
gerührt, daß er heiße Thränen weint, und einige Augen=
blicke ganz aus der Fassung kommt; und es sind eigent=
lich nicht die sogenannten rührenden Stellen, die ihn in
diesen Zustand versetzen; es sind, wenn ich mich deutlich
ausdrücke, die schönen Stellen, aus welchen der reine
Geist des Dichters gleichsam aus hellen offenen Augen
hervorsieht, Stellen, bei denen wir andern uns nur
höchstens freuen, und worüber viele Tausende wegsehen.

Und warum erscheint er mit dieser zarten Seele
nicht auf dem Theater?

Ein heiseres Organ und ein steifes Betragen
schließen ihn von der Bühne, und seine hypochondrische
Natur von der Gesellschaft aus, versetzte Serlo. Wie
viel Mühe habe ich mir gegeben, ihn an mich zu ge=
wöhnen! aber vergebens. Er liest vortrefflich, wie
ich nicht wieder habe lesen hören; niemand hält wie
er die zarte Gränzlinie zwischen Declamation und
affectvoller Recitation.

Gefunden! rief Wilhelm, gefunden! Welch eine glück=
liche Entdeckung! Nun haben wir den Schauspieler, der
uns die Stelle vom rauhen Pyrrhus recitiren soll.

Man muß so viel Leidenschaft haben wie Sie, ver=
setzte Serlo, um alles zu seinem Endzwecke zu nutzen.

Gewiß, ich war in der größten Sorge, rief Wil=
helm, daß vielleicht diese Stelle wegbleiben müßte, und
das ganze Stück würde dadurch gelähmt werden.

Das kann ich doch nicht einsehen, versetzte Aurelie.

Ich hoffe, Sie werden bald meiner Meinung sein,
sagte Wilhelm. Shakespear führt die ankommenden
Schauspieler zu einem doppelten Endzweck herein. Erst
macht der Mann, der den Tod des Priamus mit so viel
eigner Rührung declamirt, tiefen Eindruck auf den
Prinzen selbst; er schärft das Gewissen des jungen
schwankenden Mannes: und so wird diese Scene das
Präludium zu jener, in welcher das kleine Schauspiel
so große Wirkung auf den König thut. Hamlet fühlt
sich durch den Schauspieler beschämt, der an fremden,
an fingirten Leiden so großen Theil nimmt; und der
Gedanke, auf eben die Weise einen Versuch auf das
Gewissen seines Stiefvaters zu machen, wird dadurch
bei ihm sogleich erregt. Welch ein herrlicher Monolog
ist's, der den zweiten Act schließt! Wie freue ich
mich darauf, ihn zu recitiren:

„O! welch ein Schurke, welch ein niedriger Sclave
bin ich! — Ist es nicht ungeheuer, daß dieser Schau=
spieler hier, nur durch Erdichtung, durch einen Traum

von Leidenschaft, seine Seele so nach seinem Willen
zwingt, daß ihre Wirkung sein ganzes Gesicht entfärbt:
— Thränen im Auge! Verwirrung im Betragen!
Gebrochene Stimme! Sein ganzes Wesen von Einem
Gefühl durchdrungen! und das alles um nichts — um ₅
Hekuba! — Was ist Hekuba für ihn oder er für
Hekuba, daß er um sie weinen sollte?"

Wenn wir nur unsern Mann auf das Theater
bringen können, sagte Aurelie.

Wir müssen, versetzte Serlo, ihn nach und nach ₁₀
hineinführen. Bei den Proben mag er die Stelle
lesen, und wir sagen, daß wir einen Schauspieler,
der sie spielen soll, erwarten, und so sehen wir, wie
wir ihm näher kommen.

Nachdem sie darüber einig waren, wendete sich das ₁₅
Gespräch auf den Geist. Wilhelm konnte sich nicht
entschließen, die Rolle des lebenden Königs dem Pe=
danten zu überlassen, damit der Polterer den Geist
spielen könne, und meinte vielmehr, daß man noch
einige Zeit warten sollte, indem sich doch noch einige ₂₀
Schauspieler gemeldet hätten, und sich unter ihnen
der rechte Mann finden könnte.

Man kann sich daher denken, wie verwundert Wil=
helm war, als er unter der Adresse seines Theater=
namens Abends folgendes Billet mit wunderbaren ₂₅
Zügen, versiegelt, auf seinem Tische fand!

„Du bist, o sonderbarer Jüngling, wir wissen es,
in großer Verlegenheit. Du findest kaum Menschen

zu deinem Hamlet, geschweige Geister. Dein Eifer ver=
dient ein Wunder; Wunder können wir nicht thun, aber
etwas Wunderbares soll geschehen. Hast du Vertrauen,
so soll zur rechten Stunde der Geist erscheinen! Habe
Muth und bleibe gefaßt! Es bedarf keiner Antwort;
dein Entschluß wird uns bekannt werden."

Mit diesem seltsamen Blatte eilte er zu Serlo zu=
rück, der es las und wieder las, und endlich mit bedenk=
licher Miene versicherte: die Sache sei von Wichtigkeit;
man müsse wohl überlegen, ob man es wagen dürfe und
könne. Sie sprachen vieles hin und wieder; Aurelie
war still und lächelte von Zeit zu Zeit, und als nach
einigen Tagen wieder davon die Rede war, gab sie nicht
undeutlich zu verstehen, daß sie es für einen Scherz
von Serlo halte. Sie bat Wilhelmen, völlig außer
Sorge zu sein, und den Geist geduldig zu erwarten.

Überhaupt war Serlo von dem besten Humor; denn
die abgehenden Schauspieler gaben sich alle mögliche
Mühe gut zu spielen, damit man sie ja recht vermissen
sollte, und von der Neugierde auf die neue Gesellschaft
konnte er auch die beste Einnahme erwarten.

Sogar hatte der Umgang Wilhelms auf ihn einigen
Einfluß gehabt. Er fing an mehr über Kunst zu
sprechen, denn er war am Ende doch ein Deutscher,
und diese Nation gibt sich gern Rechenschaft von dem,
was sie thut. Wilhelm schrieb sich manche solche Unter=
redung auf; und wir werden, da die Erzählung hier
nicht so oft unterbrochen werden darf, denjenigen unsrer

Leser, die sich dafür interessiren, solche dramaturgische
Versuche bei einer andern Gelegenheit vorlegen.

Besonders war Serlo eines Abends sehr lustig, als
er von der Rolle des Polonius sprach, wie er sie zu fassen
gedachte. Ich verspreche, sagte er, dießmal einen recht
würdigen Mann zum Besten zu geben; ich werde die
gehörige Ruhe und Sicherheit, Leerheit und Bedeut=
samkeit, Annehmlichkeit und geschmackloses Wesen,
Freiheit und Aufpassen, treuherzige Schalkheit und er=
logene Wahrheit, da wo sie hin gehören, recht zierlich
aufstellen. Ich will einen solchen grauen, redlichen,
ausdauernden, der Zeit dienenden Halbschelm auf's
allerhöflichste vorstellen und vortragen, und dazu sollen
mir die etwas rohen und groben Pinselstriche unsers
Autors gute Dienste leisten. Ich will reden wie ein
Buch, wenn ich mich vorbereitet habe, und wie ein Thor,
wenn ich bei guter Laune bin. Ich werde abgeschmackt
sein, um jedem nach dem Maule zu reden, und immer
so fein, es nicht zu merken, wenn mich die Leute zum
Besten haben. Nicht leicht habe ich eine Rolle mit
solcher Lust und Schalkheit übernommen.

Wenn ich nur auch von der meinigen so viel hoffen
könnte, sagte Aurelie. Ich habe weder Jugend noch
Weichheit genug, um mich in diesen Charakter zu finden.
Nur eins weiß ich leider: das Gefühl, das Ophelien
den Kopf verrückt, wird mich nicht verlassen.

Wir wollen es ja nicht so genau nehmen, sagte
Wilhelm: denn eigentlich hat mein Wunsch, den Ham-

let zu spielen, mich bei allem Studium des Stücks, auf's äußerste irre geführt. Je mehr ich mich in die Rolle studire, desto mehr sehe ich, daß in meiner ganzen Gestalt kein Zug der Physiognomie ist, wie Shakespear
5 seinen Hamlet aufstellt. Wenn ich es recht überlege, wie genau in der Rolle alles zusammen hängt, so getraue ich mir kaum, eine leidliche Wirkung hervor zu bringen.

Sie treten mit großer Gewissenhaftigkeit in Ihre
10 Laufbahn, versetzte Serlo. Der Schauspieler schickt sich in die Rolle wie er kann, und die Rolle richtet sich nach ihm wie sie muß. Wie hat aber Shakespear seinen Hamlet vorgezeichnet? Ist er Ihnen denn so ganz unähnlich?

15 Zuvörderst ist Hamlet blond, erwiderte Wilhelm.

Das heiß' ich weit gesucht, sagte Aurelie. Woher schließen Sie das?

Als Däne, als Nordländer, ist er blond von Hause aus, und hat blaue Augen.

20 Sollte Shakespear daran gedacht haben?

Bestimmt find' ich es nicht ausgedrückt, aber in Verbindung mit andern Stellen scheint es mir unwider= sprechlich. Ihm wird das Fechten sauer, der Schweiß läuft ihm vom Gesichte, und die Königin spricht: Er
25 ist fett, laßt ihn zu Athem kommen. Kann man sich ihn da anders als blond und wohlbehäglich vor= stellen: denn braune Leute sind in ihrer Jugend sel= ten in diesem Falle. Paßt nicht auch seine schwankende

Melancholie, seine weiche Trauer, seine thätige Un=
entschlossenheit besser zu einer solchen Gestalt, als
wenn Sie sich einen schlanken braunlockigen Jüng=
ling denken, von dem man mehr Entschlossenheit und
Lebendigkeit erwartet.   5

Sie verderben mir die Imagination, rief Aurelie,
weg mit Ihrem fetten Hamlet! stellen Sie uns ja
nicht Ihren wohlbeleibten Prinzen vor! Geben Sie
uns lieber irgend ein Quiproquo, das uns reizt, das
uns rührt. Die Intention des Autors liegt uns nicht 10
so nahe, als unser Vergnügen, und wir verlangen
einen Reiz, der uns homogen ist.

Siebentes Capitel.

Einen Abend stritt die Gesellschaft, ob der Roman oder das Drama den Vorzug verdiene? Serlo versicherte, es sei ein vergeblicher mißverstandener Streit; beide könnten in ihrer Art vortrefflich sein, nur müßten sie sich in den Gränzen ihrer Gattung halten.

Ich bin selbst noch nicht ganz im Klaren darüber, versetzte Wilhelm.

Wer ist es auch? sagte Serlo, und doch wäre es der Mühe werth, daß man der Sache näher käme.

Sie sprachen viel herüber und hinüber, und endlich war Folgendes ungefähr das Resultat ihrer Unterhaltung:

Im Roman wie im Drama sehen wir menschliche Natur und Handlung. Der Unterschied beider Dichtungsarten liegt nicht bloß in der äußern Form, nicht darin, daß die Personen in dem einen sprechen, und daß in dem andern gewöhnlich von ihnen erzählt wird. Leider viele Dramen sind nur dialogirte Romane, und es wäre nicht unmöglich, ein Drama in Briefen zu schreiben.

Im Roman sollen vorzüglich Gesinnungen und Begebenheiten vorgestellt werden; im Drama Charaktere und Thaten. Der Roman muß langsam gehen, und die Gesinnungen der Hauptfigur müssen, es sei auf welche Weise es wolle, das Vordringen des Ganzen zur Entwickelung aufhalten. Das Drama soll eilen, und der Charakter der Hauptfigur muß sich nach dem Ende drängen, und nur aufgehalten werden. Der Romanheld muß leidend, wenigstens nicht im hohen Grade wirkend sein; von dem dramatischen verlangt man Wirkung und That. Grandison, Clarisse, Pamela, der Landpriester von Wakefield, Tom Jones selbst sind, wo nicht leidende, doch retardirende Personen, und alle Begebenheiten werden gewissermaßen nach ihren Gesinnungen gemodelt. Im Drama modelt der Held nichts nach sich, alles widersteht ihm, und er räumt und rückt die Hindernisse aus dem Wege, oder unterliegt ihnen.

So vereinigte man sich auch darüber, daß man dem Zufall im Roman gar wohl sein Spiel erlauben könne; daß er aber immer durch die Gesinnungen der Personen gelenkt und geleitet werden müsse; daß hingegen das Schicksal, das die Menschen, ohne ihr Zuthun, durch unzusammenhängende äußere Umstände zu einer unvorgesehenen Katastrophe hindrängt, nur im Drama statt habe; daß der Zufall wohl pathetische, niemals aber tragische Situationen hervorbringen dürfe; das Schicksal hingegen müsse immer fürchter-

lich sein, und werde im höchsten Sinne tragisch, wenn
es schuldige und unschuldige, von einander unabhängige
Thaten in eine unglückliche Verknüpfung bringt.

Diese Betrachtungen führten wieder auf den wun=
derlichen Hamlet, und auf die Eigenheiten dieses
Stücks. Der Held, sagte man, hat eigentlich auch
nur Gesinnungen; es sind nur Begebenheiten, die zu
ihm stoßen, und deßwegen hat das Stück etwas von
dem Gedehnten des Romans; weil aber das Schicksal
den Plan gezeichnet hat, weil das Stück von einer
fürchterlichen That ausgeht, und der Held immer vor=
wärts zu einer fürchterlichen That gedrängt wird, so
ist es im höchsten Sinne tragisch, und leidet keinen
andern als einen tragischen Ausgang.

Nun sollte Leseprobe gehalten werden, welche Wil=
helm eigentlich als ein Fest ansah. Er hatte die
Rollen vorher collationirt, daß also von dieser Seite
kein Anstoß sein konnte. Die sämmtlichen Schauspieler
waren mit dem Stücke bekannt, und er suchte sie nur,
ehe sie anfingen, von der Wichtigkeit einer Leseprobe
zu überzeugen. Wie man von jedem Musicus ver=
lange, daß er, bis auf einen gewissen Grad, vom
Blatte spielen könne, so solle auch jeder Schauspieler,
ja jeder wohlerzogene Mensch, sich üben, vom Blatte
zu lesen, einem Drama, einem Gedicht, einer Erzählung
sogleich ihren Charakter abzugewinnen, und sie mit
Fertigkeit vorzutragen. Alles Memoriren helfe nichts,
wenn der Schauspieler nicht vorher in den Geist und

12

Sinn des guten Schriftstellers eingedrungen sei; der
Buchstabe könne nichts wirken.

Serlo versicherte, daß er jeder andern Probe, ja
der Hauptprobe nachsehen wolle, sobald der Leseprobe
ihr Recht widerfahren sei: denn gewöhnlich, sagte er,
ist nichts lustiger, als wenn Schauspieler von Studi=
ren sprechen; es kommt mir eben so vor, als wenn
die Freimäurer von Arbeiten reden.

Die Probe lief nach Wunsch ab, und man kann
sagen, daß der Ruhm und die gute Einnahme der
Gesellschaft sich auf diese wenigen wohlangewandten
Stunden gründete.

Sie haben wohl gethan, mein Freund, sagte Serlo,
nachdem sie wieder allein waren, daß Sie unsern
Mitarbeitern so ernstlich zusprachen, wenn ich gleich
fürchte, daß sie Ihre Wünsche schwerlich erfüllen
werden.

Wie so? versetzte Wilhelm.

Ich habe gefunden, sagte Serlo, daß so leicht man
der Menschen Imagination in Bewegung setzen kann,
so gern sie sich Mährchen erzählen lassen, eben so
selten ist es, eine Art von productiver Imagination
bei ihnen zu finden. Bei den Schauspielern ist dieses
sehr auffallend. Jeder ist sehr wohl zufrieden, eine
schöne, lobenswürdige, brillante Rolle zu übernehmen;
selten aber thut einer mehr, als sich mit Selbst=
gefälligkeit an die Stelle des Helden setzen, ohne sich
im mindesten zu bekümmern, ob ihn auch jemand da=

für halten werde. Aber mit Lebhaftigkeit zu um-
fassen, was sich der Autor bei'm Stück gedacht hat,
was man von seiner Individualität hingeben müsse,
um einer Rolle genug zu thun, wie man durch eigene
Überzeugung, man sei ein ganz anderer Mensch, den
Zuschauer gleichfalls zur Überzeugung hinreiße, wie
man, durch eine innere Wahrheit der Darstellungs-
kraft, diese Breter in Tempel, diese Pappen in Wälder
verwandelt, ist wenigen gegeben. Diese innere Stärke
des Geistes, wodurch ganz allein der Zuschauer getäuscht wird, diese erlogene Wahrheit, die ganz allein
Wirkung hervorbringt, wodurch ganz allein die Illusion erzielt wird, wer hat davon einen Begriff!

Lassen Sie uns daher ja nicht zu sehr auf Geist
und Empfindung dringen! Das sicherste Mittel ist,
wenn wir unsern Freunden mit Gelassenheit zuerst
den Sinn des Buchstabens erklären, und ihnen den
Verstand eröffnen. Wer Anlage hat, eilt alsdann
selbst dem geistreichen und empfindungsvollen Ausdrucke entgegen; und wer sie nicht hat, wird wenigstens niemals ganz falsch spielen und recitiren. Ich
habe aber bei Schauspielern, so wie überhaupt, keine
schlimmere Anmaßung gefunden, als wenn jemand
Ansprüche an Geist macht, so lange ihm der Buchstabe noch nicht deutlich und geläufig ist.

Achtes Capitel.

Wilhelm kam zur ersten Theaterprobe sehr zeitig
und fand sich auf den Bretern allein. Das Local
überraschte ihn, und gab ihm die wunderbarsten Er=
innerungen. Die Wald= und Dorfdecoration stand 5
genau so, wie auf der Bühne seiner Vaterstadt; auch
bei einer Probe, als ihm an jenem Morgen Mariane
lebhaft ihre Liebe bekannte, und ihm die erste glück=
liche Nacht zusagte. Die Bauernhäuser glichen sich auf
dem Theater wie auf dem Lande; die wahre Morgen= 10
sonne beschien, durch einen halb offenen Fensterladen
hereinfallend, einen Theil der Bank, die neben der
Thüre schlecht befestigt war; nur leider schien sie nicht
wie damals auf Marianens Schoß und Busen. Er
setzte sich nieder, dachte dieser wunderbaren Überein= 15
stimmung nach, und glaubte zu ahnen, daß er sie
vielleicht auf diesem Platze bald wieder sehen werde.
Ach, und es war weiter nichts, als daß ein Nachspiel,
zu welchem diese Decoration gehörte, damals auf dem
deutschen Theater sehr oft gegeben wurde. 20

In diesen Betrachtungen störten ihn die übrigen
ankommenden Schauspieler, mit denen zugleich zwei

Theater- und Garderobenfreunde herein traten, und
Wilhelmen mit Enthusiasmus begrüßten. Der eine
war gewissermaßen an Madame Melina attachirt;
der andere aber ein ganz reiner Freund der Schau=
spielkunst, und beide von der Art, wie sich jede gute
Gesellschaft Freunde wünschen sollte. Man wußte
nicht zu sagen, ob sie das Theater mehr kannten oder
liebten. Sie liebten es zu sehr, um es recht zu kennen;
sie kannten es genug, um das Gute zu schätzen und
das Schlechte zu verbannen. Aber bei ihrer Neigung
war ihnen das Mittelmäßige nicht unerträglich, und
der herrliche Genuß, mit dem sie das Gute vor und
nach kosteten, war über allen Ausdruck. Das Mechani=
sche machte ihnen Freude, das Geistige entzückte sie,
und ihre Neigung war so groß, daß auch eine zer=
stückelte Probe sie in eine Art von Illusion versetzte.
Die Mängel schienen ihnen jederzeit in die Ferne zu
treten, das Gute berührte sie wie ein naher Gegen=
stand. Kurz sie waren Liebhaber, wie sie sich der
Künstler in seinem Fache wünscht. Ihre liebste Wan=
derung war von den Coulissen in's Parterre, vom
Parterre in die Coulissen, ihr angenehmster Aufent=
halt in der Garderobe, ihre emsigste Beschäftigung an
der Stellung, Kleidung, Recitation und Declamation
der Schauspieler etwas zuzustutzen, ihr lebhaftestes
Gespräch über den Effect, den man hervorgebracht
hatte, und ihre beständigste Bemühung, den Schau=
spieler aufmerksam, thätig und genau zu erhalten,

ihm etwas zu Gute oder zu Liebe zu thun, und, ohne
Verschwendung, der Gesellschaft manchen Genuß zu
verschaffen. Sie hatten sich beide das ausschließliche
Recht verschafft, bei Proben und Aufführungen auf
dem Theater zu erscheinen. Sie waren, was die Auf=
führung Hamlets betraf, mit Wilhelmen nicht bei
allen Stellen einig; hie und da gab er nach, meistens
aber behauptete er seine Meinung, und im Ganzen
diente diese Unterhaltung sehr zur Bildung seines Ge=
schmacks. Er ließ die beiden Freunde sehen, wie sehr
er sie schätze, und sie dagegen weissagten nichts weniger
von diesen vereinten Bemühungen, als eine neue Epoche
für's deutsche Theater.

Die Gegenwart dieser beiden Männer war bei den
Proben sehr nützlich. Besonders überzeugten sie unsre
Schauspieler, daß man bei der Probe Stellung und
Action, wie man sie bei der Aufführung zu zeigen
gedenke, immerfort mit der Rede verbinden und alles
zusammen durch Gewohnheit mechanisch vereinigen
müsse. Besonders mit den Händen solle man ja bei
der Probe einer Tragödie keine gemeine Bewegung
vornehmen; ein tragischer Schauspieler, der in der
Probe Taback schnupft, mache sie immer bange: denn
höchst wahrscheinlich werde er an einer solchen Stelle,
bei der Aufführung, die Prise vermissen. Ja, sie
hielten dafür, daß niemand in Stiefeln probiren solle,
wenn die Rolle in Schuhen zu spielen sei. Nichts
aber, versicherten sie, schmerze sie mehr, als wenn die

Frauenzimmer in den Proben ihre Hände in die Rock=
falten versteckten.

Außerdem ward durch das Zureden dieser Männer
noch etwas sehr Gutes bewirkt, daß nämlich alle
Mannspersonen exerciren lernten. Da so viele Mili=
tärrollen vorkommen, sagten sie, sieht nichts betrübter
aus, als Menschen, die nicht die mindeste Dressur
zeigen, in Hauptmanns= und Majors=Uniform auf
dem Theater herumschwanken zu sehen.

Wilhelm und Laertes waren die ersten, die sich
der Pädagogik eines Unterofficiers unterwarfen, und
setzten dabei ihre Fechtübungen mit großer Anstren=
gung fort.

So viel Mühe gaben sich beide Männer mit der
Ausbildung einer Gesellschaft, die sich so glücklich
zusammengefunden hatte. Sie sorgten für die künf=
tige Zufriedenheit des Publicums, indeß sich dieses
über ihre entschiedene Liebhaberei gelegentlich aufhielt.
Man wußte nicht, wie viel Ursache man hatte ihnen
dankbar zu sein, besonders da sie nicht versäumten,
den Schauspielern oft den Hauptpunct einzuschärfen,
daß es nämlich ihre Pflicht sei, laut und vernehmlich
zu sprechen. Sie fanden hierbei mehr Widerstand
und Unwillen, als sie anfangs gedacht hatten. Die
meisten wollten so gehört sein, wie sie sprachen, und
wenige bemühten sich so zu sprechen, daß man sie
hören könnte. Einige schoben den Fehler auf's Ge=
bäude, andere sagten, man könne doch nicht schreien,

wenn man natürlich, heimlich oder zärtlich zu sprechen
habe.

Unsre Theaterfreunde, die eine unsägliche Gebuld
hatten, suchten auf alle Weise diese Verwirrung zu
lösen, diesem Eigensinne beizukommen. Sie sparten
weder Gründe noch Schmeicheleien, und erreichten zu=
letzt doch ihren Endzweck, wobei ihnen das gute Bei=
spiel Wilhelms besonders zu statten kam. Er bat
sich aus, daß sie sich bei den Proben in die ent=
fernteften Ecken setzen, und sobald sie nicht vollkommen
verstünden, mit dem Schlüssel auf die Bank pochen
möchten. Er articulirte gut, sprach gemäßigt aus,
steigerte den Ton stufenweise, und überschrie sich nicht
in den heftigsten Stellen. Die pochenden Schlüssel
hörte man bei jeder Probe weniger; nach und nach
ließen sich die andern dieselbe Operation gefallen,
und man konnte hoffen, daß das Stück endlich in
allen Winkeln des Hauses von jedermann würde ver=
standen werden.

Man sieht aus diesem Beispiel, wie gern die Men=
schen ihren Zweck nur auf ihre eigene Weise erreichen
möchten, wie viel Noth man hat, ihnen begreiflich zu
machen, was sich eigentlich von selbst versteht, und
wie schwer es ist, denjenigen, der etwas zu leisten
wünscht, zur Erkenntniß der ersten Bedingungen zu
bringen, unter denen sein Vorhaben allein möglich
wird.

Man fuhr nun fort, die nöthigen Anstalten zu
Decorationen und Kleidern und was sonst erforderlich
war zu machen. Über einige Scenen und Stellen
hatte Wilhelm besondere Grillen, denen Serlo nach-
gab, theils in Rücksicht auf den Contract, theils aus
Überzeugung, und weil er hoffte, Wilhelmen durch
diese Gefälligkeit zu gewinnen, und in der Folge destomehr nach seinen Absichten zu lenken.

So sollte zum Beispiel König und Königin bei
der ersten Audienz auf dem Throne sitzend erscheinen,
die Hofleute an den Seiten und Hamlet unbedeutend
unter ihnen stehen. Hamlet, sagte er, muß sich ruhig
verhalten; seine schwarze Kleidung unterscheidet ihn
schon genug. Er muß sich eher verbergen als zum
Vorschein kommen. Nur dann, wenn die Audienz geendigt ist, wenn der König mit ihm als Sohn spricht,
dann mag er herbei treten und die Scene ihren Gang
gehen.

Noch eine Hauptschwierigkeit machten die beiden
Gemählde, auf die sich Hamlet in der Scene mit seiner
Mutter so heftig bezieht. Wir sollen, sagte Wilhelm,

in Lebensgröße beide im Grunde des Zimmers neben
der Hauptthüre sichtbar sein, und zwar muß der alte
König in völliger Rüstung, wie der Geist, auf eben
der Seite hängen, wo dieser hervortritt. Ich wünsche,
daß die Figur mit der rechten Hand eine befehlende
Stellung annehme, etwas gewandt sei und gleichsam
über die Schulter sehe, damit sie dem Geiste völlig
gleiche, in dem Augenblicke, da dieser zur Thüre hinaus geht. Es wird eine sehr große Wirkung thun,
wenn in diesem Augenblick Hamlet nach dem Geiste
und die Königin nach dem Bilde sieht. Der Stief-
vater mag dann im königlichen Ornat, doch unscheinbarer als jener, vorgestellt werden.

So gab es noch verschiedene Puncte, von denen
wir zu sprechen vielleicht Gelegenheit haben.

Sind Sie auch unerbittlich, daß Hamlet am Ende
sterben muß? fragte Serlo.

Wie kann ich ihn am Leben erhalten, sagte Wilhelm, da ihn das ganze Stück zu Tode drückt? Wir
haben ja schon so weitläufig darüber gesprochen.

Aber das Publicum wünscht ihn lebendig.

Ich will ihm gern jeden andern Gefallen thun,
nur dießmal ist's unmöglich. Wir wünschen auch,
daß ein braver nützlicher Mann, der an einer chroni-
schen Krankheit stirbt, noch länger leben möge. Die
Familie weint und beschwört den Arzt, der ihn nicht
halten kann: und so wenig als dieser einer Natur-
nothwendigkeit zu widerstehen vermag, so wenig können

wir einer anerkannten Kunstnothwendigkeit gebieten.
Es ist eine falsche Nachgiebigkeit gegen die Menge,
wenn man ihnen die Empfindungen erregt, die sie
haben wollen, und nicht die sie haben sollen.

Wer das Geld bringt, kann die Waare nach seinem
Sinne verlangen.

Gewissermaßen; aber ein großes Publicum ver=
dient, daß man es achte, daß man es nicht wie
Kinder, denen man das Geld abnehmen will, be=
handle. Man bringe ihm nach und nach, durch das
Gute, Gefühl und Geschmack für das Gute bei, und
es wird sein Geld mit doppeltem Vergnügen einlegen,
weil ihm der Verstand, ja die Vernunft selbst bei
dieser Ausgabe nichts vorzuwerfen hat. Man kann
ihm schmeicheln wie einem geliebten Kinde, schmeicheln,
um es zu bessern, um es künftig aufzuklären; nicht
wie einem Vornehmen und Reichen, um den Irrthum,
den man nutzt, zu verewigen.

So handelten sie noch manches ab, das sich be=
sonders auf die Frage bezog: was man noch etwa
an dem Stücke verändern dürfe, und was unberührt
bleiben müsse? Wir lassen uns hierauf nicht weiter
ein, sondern legen vielleicht künftig die neue Bearbei=
tung Hamlets selbst demjenigen Theile unsrer Leser
vor, der sich etwa dafür interessiren könnte.

Zehntes Capitel.

Die Hauptprobe war vorbei; sie hatte übermäßig lange gedauert. Serlo und Wilhelm fanden noch manches zu besorgen: denn ungeachtet der vielen Zeit, die man zur Vorbereitung verwendet hatte, waren doch sehr nothwendige Anstalten bis auf den letzten Augenblick verschoben worden.

So waren zum Beispiel die Gemählde der beiden Könige noch nicht fertig, und die Scene zwischen Hamlet und seiner Mutter, von der man einen so großen Effect hoffte, sah noch sehr mager aus, indem weder der Geist noch sein gemahltes Ebenbild dabei gegenwärtig war. Serlo scherzte bei dieser Gelegenheit und sagte: Wir wären doch im Grunde recht übel angeführt, wenn der Geist ausbliebe, die Wache wirklich mit der Luft fechten, und unser Souffleur aus der Coulisse den Vortrag des Geistes suppliren müßte.

Wir wollen den wunderbaren Freund nicht durch unsern Unglauben verscheuchen, versetzte Wilhelm; er kommt gewiß zur rechten Zeit, und wird uns so gut als die Zuschauer überraschen.

Gewiß, rief Serlo, ich werde froh sein, wenn das Stück morgen gegeben ist: es macht uns mehr Um=stände, als ich geglaubt habe.

Aber niemand in der Welt wird froher sein als ich, wenn das Stück morgen gespielt ist, versetzte Philine, so wenig mich meine Rolle drückt. Denn immer und ewig von Einer Sache reden zu hören, wobei doch nichts weiter heraus kommt, als eine Repräsentation, die, wie so viele hundert andere, ver=gessen werden wird, dazu will meine Geduld nicht hinreichen. Macht doch in Gottesnamen nicht so viel Umstände! Die Gäste, die vom Tische aufstehen, haben nachher an jedem Gerichte was auszusetzen; ja wenn man sie zu Hause reden hört, so ist es ihnen kaum begreiflich, wie sie eine solche Noth haben ausstehen können.

Lassen Sie mich Ihr Gleichniß zu meinem Vor=theile brauchen, schönes Kind, versetzte Wilhelm. Be=denken Sie, was Natur und Kunst, was Handel, Gewerke und Gewerbe zusammen schaffen müssen, bis ein Gastmahl gegeben werden kann. Wie viel Jahre muß der Hirsch im Walde, der Fisch im Fluß oder Meere zubringen, bis er unsre Tafel zu besetzen würdig ist, und was hat die Hausfrau, die Köchin nicht alles in der Küche zu thun! Mit welcher Nachlässigkeit schlürft man die Sorge des entferntesten Winzers, des Schiffers, des Kellermeisters bei'm Nachtische hin=unter, als müsse es nur so sein. Und sollten deß-

wegen alle diese Menschen nicht arbeiten, nicht schaffen
und bereiten, sollte der Hausherr das alles nicht sorg=
fältig zusammen bringen und zusammen halten, weil
am Ende der Genuß nur vorübergehend ist? Aber
kein Genuß ist vorübergehend: denn der Eindruck, den
er zurückläßt, ist bleibend, und was man mit Fleiß
und Anstrengung thut, theilt dem Zuschauer selbst
eine verborgene Kraft mit, von der man nicht wissen
kann, wie weit sie wirkt.

Mir ist alles einerlei, versetzte Philine, nur muß
ich auch dießmal erfahren, daß Männer immer im
Widerspruch mit sich selbst sind. Bei all eurer Ge=
wissenhaftigkeit, den großen Autor nicht verstümmeln
zu wollen, laßt ihr doch den schönsten Gedanken aus
dem Stücke.

Den schönsten? rief Wilhelm.

Gewiß den schönsten, auf den sich Hamlet selbst
was zu Gute thut.

Und der wäre? rief Serlo.

Wenn Sie eine Perrücke auf hätten, versetzte Phi=
line, würde ich sie Ihnen ganz säuberlich abnehmen:
denn es scheint nöthig, daß man Ihnen das Ver=
ständniß eröffne.

Die andern dachten nach, und die Unterhaltung
stockte. Man war aufgestanden, es war schon spät, man
schien aus einander gehen zu wollen. Als man so un=
entschlossen da stand, fing Philine ein Liedchen, auf
eine sehr zierliche und gefällige Melodie, zu singen an.

Singet nicht in Trauertönen
Von der Einsamkeit der Nacht;
Nein, sie ist, o holde Schönen,
Zur Geselligkeit gemacht.

5 Wie das Weib dem Mann gegeben
Als die schönste Hälfte war,
Ist die Nacht das halbe Leben,
Und die schönste Hälfte zwar.

Könnt ihr euch des Tages freuen,
10 Der nur Freuden unterbricht?
Er ist gut, sich zu zerstreuen;
Zu was anderm taugt er nicht.

Aber wenn in nächt'ger Stunde
Süßer Lampe Dämmrung fließt,
15 Und vom Mund zum nahen Munde
Scherz und Liebe sich ergießt;

Wenn der rasche lose Knabe,
Der sonst wild und feurig eilt,
Oft bei einer kleinen Gabe
20 Unter leichten Spielen weilt;

Wenn die Nachtigall Verliebten
Liebevoll ein Liedchen singt,
Das Gefangnen und Betrübten
Nur wie Ach und Wehe klingt:

25 Mit wie leichtem Herzensregen
Horchet ihr der Glocke nicht,
Die mit zwölf bedächt'gen Schlägen
Ruh und Sicherheit verspricht!

Darum an dem langen Tage
Merke dir es, liebe Brust:
Jeder Tag hat seine Plage
Und die Nacht hat ihre Lust.

Sie machte eine leichte Verbeugung, als sie ge=
endigt hatte, und Serlo rief ihr ein lautes Bravo
zu. Sie sprang zur Thür hinaus und eilte mit Ge=
lächter fort. Man hörte sie die Treppe hinunter
singen und mit den Absätzen klappern.

Serlo ging in das Seitenzimmer, und Aurelie
blieb vor Wilhelmen, der ihr eine gute Nacht wünschte,
noch einige Augenblicke stehen und sagte:

Wie sie mir zuwider ist! recht meinem innern
Wesen zuwider! bis auf die kleinsten Zufälligkeiten.
Die rechte braune Augenwimper bei den blonden
Haaren, die der Bruder so reizend findet, mag ich
gar nicht ansehn, und die Schramme auf der Stirne
hat mir so was Widriges, so was Niedriges, daß ich
immer zehn Schritte von ihr zurücktreten möchte.
Sie erzählte neulich als einen Scherz, ihr Vater
habe ihr in ihrer Kindheit einen Teller an den Kopf
geworfen, davon sie noch das Zeichen trage. Wohl
ist sie recht an Augen und Stirne gezeichnet, daß
man sich vor ihr hüten möge.

Wilhelm antwortete nichts, und Aurelie schien
mit mehr Unwillen fortzufahren:

Es ist mir beinahe unmöglich, ein freundliches
höfliches Wort mit ihr zu reden, so sehr hasse ich

sie, und doch ist sie so anschmiegend. Ich wollte, wir
wären sie los. Auch Sie, mein Freund, haben eine
gewisse Gefälligkeit gegen dieses Geschöpf, ein Betragen, das mich in der Seele kränkt, eine Aufmerksamkeit, die an Achtung gränzt, und die sie, bei Gott,
nicht verdient!

Wie sie ist, bin ich ihr Dank schuldig, versetzte
Wilhelm; ihre Aufführung ist zu tadeln; ihrem Charakter muß ich Gerechtigkeit widerfahren lassen.

Charakter! rief Aurelie: glauben Sie, daß so eine
Creatur einen Charakter hat? O ihr Männer, daran
erkenne ich euch! Solcher Frauen seid ihr werth!

Sollten Sie mich in Verdacht haben, meine Freundin? versetzte Wilhelm. Ich will von jeder Minute
Rechenschaft geben, die ich mit ihr zugebracht habe.

Nun, nun, sagte Aurelie, es ist spät, wir wollen
nicht streiten. Alle wie einer, einer wie alle! Gute
Nacht, mein Freund! gute Nacht, mein feiner Para-
diesvogel!

Wilhelm fragte, wie er zu diesem Ehrentitel komme?

Ein andermal, versetzte Aurelie, ein andermal.
Man sagt, sie hätten keine Füße, sie schwebten in
der Luft, und nährten sich vom Äther. Es ist aber
ein Mährchen, fuhr sie fort, eine poetische Fiction.
Gute Nacht, laßt euch was Schönes träumen, wenn
ihr Glück habt.

Sie ging in ihr Zimmer und ließ ihn allein; er
eilte auf das seinige.

13*

Halb unwillig ging er auf und nieder. Der scherzende aber entschiedne Ton Aureliens hatte ihn beleidigt: er fühlte tief, wie Unrecht sie ihm that. Philine konnte er nicht widrig, nicht unhold begegnen; sie hatte nichts gegen ihn verbrochen, und dann fühlte er sich so fern von jeder Neigung zu ihr, daß er recht stolz und standhaft vor sich selbst bestehen konnte.

Eben war er im Begriffe sich auszuziehen, nach seinem Lager zu gehen und die Vorhänge aufzuschlagen, als er zu seiner größten Verwunderung ein Paar Frauenpantoffeln vor dem Bett erblickte; der eine stand, der andere lag. -- Es waren Philinens Pantoffeln, die er nur zu gut erkannte; er glaubte auch eine Unordnung an den Vorhängen zu sehen, ja es schien als bewegten sie sich; er stand und sah mit unverwandten Augen hin.

Eine neue Gemüthsbewegung, die er für Verdruß hielt, versetzte ihm den Athem; und nach einer kurzen Pause, in der er sich erholt hatte, rief er gefaßt:

Stehen Sie auf, Philine! Was soll das heißen? Wo ist Ihre Klugheit, Ihr gutes Betragen? Sollen wir morgen das Mährchen des Hauses werden?

Es rührte sich nichts.

Ich scherze nicht, fuhr er fort, diese Neckereien sind bei mir übel angewandt.

Kein Laut! Keine Bewegung!

Entschlossen und unmuthig ging er endlich auf das Bette zu, und riß die Vorhänge von einander. Stehen

Sie auf, sagte er, wenn ich Ihnen nicht das Zimmer
diese Nacht überlassen soll.

Mit großem Erstaunen fand er sein Bette leer,
die Kissen und Decken in schönster Ruhe. Er sah sich
um, suchte nach, suchte alles durch, und fand keine
Spur von dem Schalk. Hinter dem Bette, dem Ofen,
den Schränken war nichts zu sehen; er suchte emsiger
und emsiger; ja, ein boshafter Zuschauer hätte glauben
mögen, er suche um zu finden.

Kein Schlaf stellte sich ein; er setzte die Pantoffeln
auf seinen Tisch, ging auf und nieder, blieb manchmal
bei dem Tische stehen, und ein schelmischer Genius, der
ihn belauschte, will versichern: er habe sich einen
großen Theil der Nacht mit den allerliebsten Stelz=
chen beschäftigt; er habe sie mit einem gewissen Inter=
esse angesehen, behandelt, damit gespielt, und sich erst
gegen Morgen in seinen Kleidern auf's Bette ge=
worfen, wo er unter den seltsamsten Phantasien ein=
schlummerte.

Und wirklich schlief er noch, als Serlo herein trat
und rief: Wo sind Sie? Noch im Bette? Unmöglich!
Ich suchte Sie auf dem Theater, wo noch so mancher=
lei zu thun ist.

Eilftes Capitel.

Vor- und Nachmittag verflossen eilig. Das Haus
war schon voll und Wilhelm eilte, sich anzuziehen.
Nicht mit der Behaglichkeit, mit der er die Maske
zum erstenmal anprobirte, konnte er sie gegenwärtig
anlegen; er zog sich an, um fertig zu werden. Als
er zu den Frauen in's Versammlungszimmer kam,
beriefen sie ihn einstimmig, daß nichts recht sitze; der
schöne Federbusch sei verschoben, die Schnalle passe
nicht; man fing wieder an aufzutrennen, zu nähen,
zusammen zu stecken. Die Symphonie ging an, Philine
hatte etwas gegen die Krause einzuwenden, Aurelie
viel an dem Mantel auszusetzen. Laßt mich, ihr
Kinder! rief er, diese Nachlässigkeit wird mich erst
recht zum Hamlet machen. Die Frauen ließen ihn
nicht los und fuhren fort zu putzen. Die Symphonie
hatte aufgehört und das Stück war angegangen. Er
besah sich im Spiegel, drückte den Hut tiefer in's
Gesicht und erneuerte die Schminke.

In diesem Augenblick stürzte jemand herein und
rief: Der Geist! der Geist!

Wilhelm hatte den ganzen Tag nicht Zeit gehabt, an die Hauptsorge zu denken, ob der Geist auch kommen werde. Nun war sie ganz weggenommen, und man hatte die wunderlichste Gastrolle zu erwarten. Der Theatermeister kam und fragte über dieses und jenes; Wilhelm hatte nicht Zeit, sich nach dem Gespenst um= zusehen, und eilte nur sich am Throne einzufinden, wo König und Königin schon von ihrem Hofe um= geben in aller Herrlichkeit glänzten; er hörte nur noch die letzten Worte des Horatio, der über die Er= scheinung des Geistes ganz verwirrt sprach, und fast seine Rolle vergessen zu haben schien.

Der Zwischenvorhang ging in die Höhe und er sah das volle Haus vor sich. Nachdem Horatio seine Rede gehalten und vom Könige abgefertigt war, drängte er sich an Hamlet, und als ob er sich ihm, dem Prinzen, präsentire, sagte er: Der Teufel steckt in dem Harnische! Er hat uns alle in Furcht gejagt.

In der Zwischenzeit sah man nur zwei große Männer in weißen Mänteln und Capuzen in den Coulissen stehen, und Wilhelm, dem in der Zerstreu= ung, Unruhe und Verlegenheit der erste Monolog, wie er glaubte, mißglückt war, trat, ob ihn gleich ein lebhafter Beifall bei'm Abgehen begleitete, in der schauerlichen dramatischen Winternacht wirklich recht unbehaglich auf. Doch nahm er sich zusammen und sprach die so zweckmäßig angebrachte Stelle, über das Schmausen und Trinken der Nordländer, mit der ge=

hörigen Gleichgültigkeit, vergaß, so wie die Zuschauer,
darüber des Geistes und erschrak wirklich, als Horatio
ausrief: Seht her, es kommt! Er fuhr mit Heftigkeit
herum, und die edle große Gestalt, der leise unhör-
bare Tritt, die leichte Bewegung in der schwerscheinen-
den Rüstung, machten einen so starken Eindruck auf
ihn, daß er wie versteinert da stand, und nur mit
halber Stimme: Ihr Engel und himmlischen Geister
beschützt uns! ausrufen konnte. Er starrte ihn an,
holte einigemal Athem, und brachte die Anrede an
den Geist so verwirrt, zerstückt und gezwungen vor,
daß die größte Kunst sie nicht so trefflich hätte ausdrücken können.

Seine Übersetzung dieser Stelle kam ihm sehr zu
statten. Er hatte sich nahe an das Original gehalten,
dessen Wortstellung ihm die Verfassung eines über-
raschten, erschreckten, von Entsetzen ergriffenen Gemüths einzig auszudrücken schien.

„Sei du ein guter Geist, sei ein verdammter
Kobold, bringe Düfte des Himmels mit dir oder
Dämpfe der Hölle, sei Gutes oder Böses dein Beginnen, du kommst in einer so würdigen Gestalt, ja
ich rede mit dir, ich nenne dich Hamlet, König, Vater,
o antworte mir!" —

Man spürte im Publico die größte Wirkung.
Der Geist winkte, der Prinz folgte ihm unter dem
lautesten Beifall.

Das Theater verwandelte sich, und als sie auf den

entfernten Platz kamen, hielt der Geist unvermuthet inne und wandte sich um; dadurch kam ihm Hamlet etwas zu nahe zu stehen. Mit Verlangen und Neugierde sah Wilhelm sogleich zwischen das niedergelassene Visir hinein, konnte aber nur tiefliegende Augen neben einer wohlgebildeten Nase erblicken. Furchtsam ausspähend stand er vor ihm; allein als die ersten Töne aus dem Helme hervordrangen, als eine wohlklingende, nur ein wenig rauhe Stimme sich in den Worten hören ließ: Ich bin der Geist deines Vaters, trat Wilhelm einige Schritte schaudernd zurück, und das ganze Publicum schauderte. Die Stimme schien jedermann bekannt, und Wilhelm glaubte eine Ähnlichkeit mit der Stimme seines Vaters zu bemerken. Diese wunderbaren Empfindungen und Erinnerungen, die Neugierde, den seltsamen Freund zu entdecken, und die Sorge, ihn zu beleidigen, selbst die Unschicklichkeit, ihm als Schauspieler in dieser Situation zu nahe zu treten, bewegten Wilhelmen nach entgegengesetzten Seiten. Er veränderte während der langen Erzählung des Geistes seine Stellung so oft, schien so unbestimmt und verlegen, so aufmerksam und so zerstreut, daß sein Spiel eine allgemeine Bewunderung, so wie der Geist ein allgemeines Entsetzen erregte. Dieser sprach mehr mit einem tiefen Gefühl des Verdrusses, als des Jammers, aber eines geistigen, langsamen und unübersehlichen Verdrusses. Es war der Mißmuth einer großen Seele, die von allem Irdischen

getrennt ist, und doch unendlichen Leiden unterliegt.
Zuletzt versank der Geist, aber auf eine sonderbare
Art: denn ein leichter, grauer, durchsichtiger Flor, der
wie ein Dampf aus der Versenkung zu steigen schien,
legte sich über ihn weg und zog sich mit ihm hinunter. 5

Nun kamen Hamlets Freunde zurück und schwuren
auf das Schwert. Da war der alte Maulwurf so
geschäftig unter der Erde, daß er ihnen, wo sie auch
stehen mochten, immer unter den Füßen rief: Schwört!
und sie, als ob der Boden unter ihnen brennte, schnell 10
von einem Ort zum andern eilten. Auch erschien da,
wo sie standen, jedesmal eine kleine Flamme aus dem
Boden, vermehrte die Wirkung, und hinterließ bei
allen Zuschauern den tiefsten Eindruck.

Nun ging das Stück unaufhaltsam seinen Gang 15
fort, nichts mißglückte, alles gerieth; das Publicum
bezeigte seine Zufriedenheit; die Lust und der Muth
der Schauspieler schien mit jeder Scene zuzunehmen.

Zwölftes Capitel.

Der Vorhang fiel und der lebhafteste Beifall erscholl aus allen Ecken und Enden. Die vier fürst= lichen Leichen sprangen behend in die Höhe und um= armten sich vor Freuden. Polonius und Ophelia kamen auch aus ihren Gräbern hervor und hörten noch mit lebhaftem Vergnügen, wie Horatio, als er zum Ankündigen heraustrat, auf das heftigste be= klatscht wurde. Man wollte ihn zu keiner Anzeige eines andern Stücks lassen, sondern begehrte mit Ungestüm die Wiederholung des heutigen.

Nun haben wir gewonnen, rief Serlo, aber auch heute Abend kein vernünftig Wort mehr! Alles kommt auf den ersten Eindruck an. Man soll ja keinem Schauspieler übel nehmen, wenn er bei seinen Debüts vorsichtig und eigensinnig ist.

Der Cassier kam und überreichte ihm eine schwere Casse. Wir haben gut debütirt, rief er aus, und das Vorurtheil wird uns zu statten kommen. Wo ist denn nun das versprochene Abendessen? Wir dürfen es uns heute schmecken lassen.

Sie hatten ausgemacht, daß sie in ihren Theater=

Kleidern beisammen bleiben und sich selbst ein Fest
feiern wollten. Wilhelm hatte unternommen das
Local, und Madame Melina das Essen zu besorgen.

Ein Zimmer, worin man sonst zu mahlen pflegte,
war auf's beste gesäubert, mit allerlei kleinen Decora=
tionen umstellt und so herausgeputzt worden, daß es
halb einem Garten, halb einem Säulengange ähnlich
sah. Bei'm Hereintreten wurde die Gesellschaft von
dem Glanz vieler Lichter geblendet, die einen feier=
lichen Schein durch den Dampf des süßesten Räucher=
werks, das man nicht gespart hatte, über eine wohl
geschmückte und bestellte Tafel verbreiteten. Mit
Ausrufungen lobte man die Anstalten und nahm
wirklich mit Anstand Platz; es schien, als wenn eine
königliche Familie im Geisterreiche zusammen käme.
Wilhelm saß zwischen Aurelien und Madame Melina;
Serlo zwischen Philinen und Elmiren; niemand war
mit sich selbst noch mit seinem Platze unzufrieden.

Die beiden Theaterfreunde, die sich gleichfalls ein=
gefunden hatten, vermehrten das Glück der Gesellschaft.
Sie waren einigemal während der Vorstellung auf
die Bühne gekommen, und konnten nicht genug von
ihrer eignen und von des Publicums Zufriedenheit
sprechen; nunmehr ging's aber an's Besondere; jedes
ward für seinen Theil reichlich belohnt.

Mit einer unglaublichen Lebhaftigkeit ward ein
Verdienst nach dem andern, eine Stelle nach der
andern herausgehoben. Dem Souffleur, der bescheiden

am Ende der Tafel saß, ward ein großes Lob über
seinen rauhen Pyrrhus; die Fechtübung Hamlets und
Laertes konnte man nicht genug erheben; Opheliens
Trauer war über allen Ausdruck schön und erhaben;
5 von Polonius Spiel durfte man gar nicht sprechen;
jeder Gegenwärtige hörte sein Lob in dem andern
und durch ihn.

Aber auch der abwesende Geist nahm seinen Theil
Lob und Bewunderung hinweg. Er hatte die Rolle
10 mit einem sehr glücklichen Organ und in einem großen Sinne gesprochen, und man wunderte sich am
meisten, daß er von allem, was bei der Gesellschaft
vorgegangen war, unterrichtet schien. Er glich völlig
dem gemahlten Bilde, als wenn er dem Künstler ge-
15 standen hätte, und die Theaterfreunde konnten nicht
genug rühmen, wie schauerlich es ausgesehen habe, als
er unfern von dem Gemählde hervorgetreten und vor
seinem Ebenbilde vorbeigeschritten sei. Wahrheit und
Irrthum habe sich dabei so sonderbar vermischt, und
20 man habe wirklich sich überzeugt, daß die Königin
die eine Gestalt nicht sehe. Madame Melina ward
bei dieser Gelegenheit sehr gelobt, daß sie bei dieser
Stelle in die Höhe nach dem Bilde gestarrt, indeß
Hamlet nieder auf den Geist gewiesen.

25 Man erkundigte sich, wie das Gespenst habe
hereinschleichen können, und erfuhr vom Theatermeister, daß zu einer hintern Thüre, die sonst immer
mit Decorationen verstellt sei, diesen Abend aber,

weil man den gothischen Saal gebraucht, frei ge=
worden, zwei große Figuren in weißen Mänteln
und Capuzen hereingekommen, die man von einander
nicht unterscheiden können, und so seien sie nach ge=
endigtem dritten Act wahrscheinlich auch wieder hin=
ausgegangen.

Serlo lobte besonders an ihm, daß er nicht so
schneidermäßig gejammert und sogar am Ende eine
Stelle, die einem so großen Helden besser zieme, seinen
Sohn zu befeuern, angebracht habe. Wilhelm hatte
sie im Gedächtniß behalten und versprach sie in's
Manuscript nachzutragen.

Man hatte in der Freude des Gastmahls nicht
bemerkt, daß die Kinder und der Harfenspieler fehlten;
bald aber machten sie eine sehr angenehme Erscheinung.
Denn sie traten zusammen herein, sehr abenteuerlich
ausgeputzt; Felix schlug den Triangel, Mignon das
Tambourin und der Alte hatte die schwere Harfe
umgehangen und spielte sie, indem er sie vor sich
trug. Sie zogen um den Tisch und sangen allerlei
Lieder. Man gab ihnen zu essen, und die Gäste
glaubten den Kindern eine Wohlthat zu erzeigen,
wenn sie ihnen so viel süßen Wein gäben, als sie
nur trinken wollten; denn die Gesellschaft selbst hatte
die köstlichen Flaschen nicht geschont, welche diesen
Abend, als ein Geschenk der Theaterfreunde, in
einigen Körben angekommen waren. Die Kinder
sprangen und sangen fort, und besonders war Mignon

ausgelassen, wie man sie niemals gesehen. Sie schlug das Tambourin mit aller möglichen Zierlichkeit und Lebhaftigkeit, indem sie bald mit druckendem Finger auf dem Felle schnell hin und her schnurrte, bald mit dem Rücken der Hand, bald mit den Knöcheln darauf pochte, ja mit abwechselnden Rhythmen das Pergament bald wider die Knie, bald wider den Kopf schlug, bald schüttelnd die Schellen allein klingen ließ, und so aus dem einfachsten Instrumente gar verschiedene Töne hervorlockte. Nachdem sie lange gelärmt hatten, setzten sie sich in einen Lehnsessel, der gerade Wilhelmen gegenüber am Tische leer geblieben war.

Bleibt von dem Sessel weg! rief Serlo, er steht vermuthlich für den Geist da; wenn er kommt, kann's euch übel gehen.

Ich fürchte ihn nicht, rief Mignon; kommt er, so stehen wir auf. Es ist mein Oheim, er thut mir nichts zu Leide. Diese Rede verstand niemand, als wer wußte, daß sie ihren vermeintlichen Vater den großen Teufel genannt hatte.

Die Gesellschaft sah einander an, und ward noch mehr in dem Verdacht bestärkt, daß Serlo um die Erscheinung des Geistes wisse. Man schwatzte und trank, und die Mädchen sahen von Zeit zu Zeit furchtsam nach der Thüre.

Die Kinder, die, in dem großen Sessel sitzend, nur wie Pulcinellpuppen aus dem Kasten, über den

Tisch hervorragten, fingen an, auf diese Weise ein
Stück aufzuführen. Mignon machte den schnarrenden
Ton sehr artig nach, und sie stießen zuletzt die Köpfe
dergestalt zusammen und auf die Tischkante, wie es
eigentlich nur Holzpuppen aushalten können. Mignon 5
ward bis zur Wuth lustig, und die Gesellschaft, so
sehr sie anfangs über den Scherz gelacht hatte, mußte
zuletzt Einhalt thun. Aber wenig half das Zureden,
denn nun sprang sie auf und ras'te, die Schellen=
trommel in der Hand, um den Tisch herum. Ihre 10
Haare flogen, und indem sie den Kopf zurück und
alle ihre Glieder gleichsam in die Luft warf, schien
sie einer Mänade ähnlich, deren wilde und beinah
unmögliche Stellungen uns auf alten Monumenten
noch oft in Erstaunen setzen.   15

Durch das Talent der Kinder und ihren Lärm
aufgereizt, suchte jedermann zur Unterhaltung der
Gesellschaft etwas beizutragen. Die Frauenzimmer
sangen einige Canons, Laertes ließ eine Nachtigall
hören, und der Pedant gab ein Concert pianissimo 20
auf der Maultrommel. Indessen spielten die Nach=
barn und Nachbarinnen allerlei Spiele, wobei sich
die Hände begegnen und vermischen, und es fehlte
manchem Paare nicht am Ausdruck einer hoffnungs=
vollen Zärtlichkeit. Madame Melina besonders schien 25
eine lebhafte Neigung zu Wilhelmen nicht zu ver=
hehlen. Es war spät in der Nacht, und Aurelie, die
fast allein noch Herrschaft über sich behalten hatte,

ermahnte die Übrigen, indem sie aufstand, aus ein=
ander zu gehen.

Serlo gab noch zum Abschied ein Feuerwerk, in=
dem er mit dem Munde, auf eine fast unbegreifliche
5 Weise, den Ton der Raketen, Schwärmer und Feuer=
räder nachzuahmen wußte. Man durfte die Augen
nur zumachen, so war die Täuschung vollkommen.
Indessen war jedermann aufgestanden, und man reichte
den Frauenzimmern den Arm, sie nach Hause zu füh=
10 ren. Wilhelm ging zuletzt mit Aurelien. Auf der
Treppe begegnete ihnen der Theatermeister, und sagte:
Hier ist der Schleier, worin der Geist verschwand.
Er ist an der Versenkung hängen geblieben und wir
haben ihn eben gefunden. Eine wunderbare Reliquie!
15 rief Wilhelm, und nahm ihn ab.

In dem Augenblicke fühlte er sich am linken
Arme ergriffen und zugleich einen sehr heftigen
Schmerz. Mignon hatte sich versteckt gehabt, hatte
ihn angefaßt und ihn in den Arm gebissen. Sie
20 fuhr an ihm die Treppe hinunter und verschwand.

Als die Gesellschaft in die freie Luft kam, merkte
fast jedes, daß man für diesen Abend des Guten zu
viel genossen hatte. Ohne Abschied zu nehmen verlor
man sich aus einander.

25 Wilhelm hatte kaum seine Stube erreicht, als er
seine Kleider abwarf und nach ausgelöschtem Licht
in's Bett eilte. Der Schlaf wollte sogleich sich seiner
bemeistern; allein ein Geräusch, das in seiner Stube

hinter dem Ofen zu entstehen schien, machte ihn auf=
merksam. Eben schwebte vor seiner erhitzten Phantasie
das Bild des geharnischten Königs; er richtete sich
auf, das Gespenst anzureden, als er sich von zarten
Armen umschlungen, seinen Mund mit lebhaften ₅
Küssen verschlossen, und eine Brust an der seinigen
fühlte, die er wegzustoßen nicht Muth hatte.

Dreizehntes Capitel.

Wilhelm fuhr des andern Morgens mit einer unbehaglichen Empfindung in die Höhe, und fand sein Bett leer. Von dem nicht völlig ausgeschlafenen Rausche war ihm der Kopf düster, und die Erinnerung an den unbekannten nächtlichen Besuch machte ihn unruhig. Sein erster Verdacht fiel auf Philinen, und doch schien der liebliche Körper, den er in seine Arme geschlossen hatte, nicht der ihrige gewesen zu sein. Unter lebhaften Liebkosungen war unser Freund an der Seite dieses seltsamen stummen Besuches eingeschlafen und nun war weiter keine Spur mehr davon zu entdecken. Er sprang auf, und indem er sich anzog, fand er seine Thüre, die er sonst zu verriegeln pflegte, nur angelehnt, und wußte sich nicht zu erinnern, ob er sie gestern Abend zugeschlossen hatte.

Am wunderbarsten aber erschien ihm der Schleier des Geistes, den er auf seinem Bette fand. Er hatte ihn mit herauf gebracht und wahrscheinlich selbst dahin geworfen. Es war ein grauer Flor, an dessen Saum er eine Schrift mit schwarzen Buchstaben gestickt sah. Er entfaltete sie und las die Worte: Zum

14*

erſten und letztenmal! Flieh! Jüngling, flieh!
Er war betroffen und wußte nicht was er ſagen ſollte.

In eben dem Augenblick trat Mignon herein und
brachte ihm das Frühſtück. Wilhelm erſtaunte über
den Anblick des Kindes, ja man kann ſagen, er er=
ſchrak. Sie ſchien dieſe Nacht größer geworden zu
ſein; ſie trat mit einem hohen edlen Anſtand vor ihn
hin und ſah ihm ſehr ernſthaft in die Augen, ſo daß
er den Blick nicht ertragen konnte. Sie rührte ihn
nicht an, wie ſonſt, da ſie gewöhnlich ihm die Hand
drückte, ſeine Wange, ſeinen Mund, ſeinen Arm, oder
ſeine Schulter küßte, ſondern ging, nachdem ſie ſeine
Sachen in Ordnung gebracht, ſtillſchweigend wieder
fort.

Die Zeit einer angeſetzten Leſeprobe kam nun her=
bei; man verſammelte ſich, und alle waren durch
das geſtrige Feſt verſtimmt. Wilhelm nahm ſich zu=
ſammen, ſo gut er konnte, um nicht gleich anfangs
gegen ſeine ſo lebhaft gepredigten Grundſätze zu ver=
ſtoßen. Seine große Übung half ihm durch; denn
Übung und Gewohnheit müſſen in jeder Kunſt die
Lücken ausfüllen, welche Genie und Laune ſo oft
laſſen würden.

Eigentlich aber konnte man bei dieſer Gelegenheit
die Bemerkung recht wahr finden, daß man keinen
Zuſtand, der länger dauern, ja der eigentlich ein Be=
ruf, eine Lebensweiſe werden ſoll, mit einer Feierlich=
keit anfangen dürfe. Man feire nur, was glücklich

zudringen, um ihn vielleicht noch im Anfange zu er=
sticken. Er gab dem Alten das Kind, und befahl
ihm, die steinerne Wendeltreppe hinunter, die durch
ein kleines Gartengewölbe in den Garten führte, zu
eilen, und mit den Kindern im Freien zu bleiben.
Mignon nahm ein Licht, ihm zu leuchten. Wilhelm
bat darauf Aurelien, ihre Sachen auf eben diesem
Wege zu retten. Er selbst drang durch den Rauch
hinauf; aber vergebens setzte er sich der Gefahr aus.
Die Flamme schien von dem benachbarten Hause her=
über zu dringen und hatte schon das Holzwerk des
Bodens und eine leichte Treppe gefaßt; andre, die
zur Rettung herbeieilten, litten, wie er, vom Qualm
und Feuer. Doch sprach er ihnen Muth ein und rief
nach Wasser; er beschwor sie, der Flamme nur Schritt
vor Schritt zu weichen, und versprach, bei ihnen zu
bleiben. In diesem Augenblick sprang Mignon her=
auf und rief: Meister! Rette deinen Felix! Der Alte
ist rasend! der Alte bringt ihn um! Wilhelm sprang,
ohne sich zu besinnen, die Treppe hinab und Mignon
folgte ihm an den Fersen.

Auf den letzten Stufen, die in's Gartengewölbe
führten, blieb er mit Entsetzen stehen. Große Bündel
Stroh und Reisholz, die man daselbst aufgehäuft
hatte, brannten mit heller Flamme; Felix lag am
Boden und schrie; der Alte stand mit niedergesenk=
tem Haupte seitwärts an der Wand. Was machst
du, Unglücklicher? rief Wilhelm. Der Alte schwieg,

Mignon hatte den Felix aufgehoben, und schleppte
mit Mühe den Knaben in den Garten, indeß Wil=
helm das Feuer aus einander zu zerren und zu
dämpfen strebte, aber dadurch nur die Gewalt und
Lebhaftigkeit der Flamme vermehrte. Endlich mußte 5
er mit verbrannten Augenwimpern und Haaren auch
in den Garten fliehen, indem er den Alten mit durch
die Flamme riß, der ihm mit versengtem Barte un=
willig folgte.

Wilhelm eilte sogleich, die Kinder im Garten zu 10
suchen. Auf der Schwelle eines entfernten Lusthäus=
chens fand er sie, und Mignon that ihr Möglichstes,
den Kleinen zu beruhigen. Wilhelm nahm ihn auf
den Schoß, fragte ihn, befühlte ihn und konnte
nichts Zusammenhängendes aus beiden Kindern her= 15
ausbringen.

Indessen hatte das Feuer gewaltsam mehrere Häuser
ergriffen und erhellte die ganze Gegend. Wilhelm be=
sah das Kind bei'm rothen Schein der Flamme; er
konnte keine Wunde, kein Blut, ja keine Beule wahr= 20
nehmen. Er betastete es überall, es gab kein Zeichen
von Schmerz von sich, es beruhigte sich vielmehr nach
und nach, und fing an sich über die Flamme zu ver=
wundern, ja sich über die schönen, der Ordnung nach,
wie eine Illumination, brennenden Sparren und Ge= 25
bälke zu erfreuen.

Wilhelm dachte nicht an die Kleider und was er
sonst verloren haben konnte; er fühlte stark, wie werth

ihm diese beiden menschlichen Geschöpfe seien, die er
einer so großen Gefahr entronnen sah. Er drückte
den Kleinen mit einer ganz neuen Empfindung an
sein Herz, und wollte auch Mignon mit freudiger
5 Zärtlichkeit umarmen, die es aber sanft ablehnte, ihn
bei der Hand nahm und sie fest hielt.

Meister, sagte sie (noch niemals, als diesen Abend,
hatte sie ihm diesen Namen gegeben, denn anfangs
pflegte sie ihn Herr, und nachher Vater zu nennen).
10 Meister! wir sind einer großen Gefahr entronnen:
dein Felix war am Tode.

Durch viele Fragen erfuhr endlich Wilhelm, daß
der Harfenspieler, als sie in das Gewölbe gekommen,
ihr das Licht aus der Hand gerissen und das Stroh
15 sogleich angezündet habe. Darauf habe er den Felix
niedergesetzt, mit wunderlichen Gebärden die Hände
auf des Kindes Kopf gelegt und ein Messer gezogen,
als wenn er ihn opfern wolle. Sie sei zugesprungen
und habe ihm das Messer aus der Hand gerissen; sie
20 habe geschrieen, und einer vom Hause, der einige
Sachen nach dem Garten zu gerettet, sei ihr zu Hülfe
gekommen, der müsse aber in der Verwirrung wieder
weggegangen sein, und den Alten und das Kind allein
gelassen haben.

25 Zwei bis drei Häuser standen in vollen Flammen.
In den Garten hatte sich niemand retten können,
wegen des Brandes im Gartengewölbe. Wilhelm war
verlegen wegen seiner Freunde, weniger wegen seiner

Sachen. Er getraute sich nicht die Kinder zu verlassen, und sah das Unglück sich immer vergrößern.

Er brachte einige Stunden in einer bänglichen
Lage zu. Felix war auf seinem Schoße eingeschlafen,
Mignon lag neben ihm und hielt seine Hand fest.
Endlich hatten die getroffenen Anstalten dem Feuer
Einhalt gethan. Die ausgebrannten Gebäude stürzten
zusammen, der Morgen kam herbei, die Kinder fingen
an zu frieren, und ihm selbst ward in seiner leichten
Kleidung der fallende Thau fast unerträglich. Er
führte sie zu den Trümmern des zusammengestürzten
Gebäudes, und sie fanden neben einem Kohlen= und
Aschenhaufen eine sehr behagliche Wärme.

Der anbrechende Tag brachte nun alle Freunde
und Bekannte nach und nach zusammen. Jedermann
hatte sich gerettet, niemand hatte viel verloren.

Wilhelms Koffer fand sich auch wieder, und Serlo
trieb, als es gegen zehn Uhr ging, zur Probe von
Hamlet, wenigstens einiger Scenen, die mit neuen
Schauspielern besetzt waren. Er hatte darauf noch
einige Debatten mit der Polizei. Die Geistlichkeit verlangte: daß nach einem solchen Strafgerichte Gottes
das Schauspielhaus geschlossen bleiben sollte, und Serlo
behauptete: daß theils zum Ersatz dessen, was er diese
Nacht verloren, theils zur Aufheiterung der erschreckten
Gemüther, die Aufführung eines interessanten Stückes
mehr als jemals am Platz sei. Diese letzte Meinung
drang durch, und das Haus war gefüllt. Die Schau=

spieler spielten mit seltenem Feuer und mit mehr
leidenschaftlicher Freiheit als das erstemal. Die Zu=
schauer, deren Gefühl durch die schreckliche nächtliche
Scene erhöht, und durch die Langeweile eines zer=
streuten und verdorbenen Tages noch mehr auf eine
interessante Unterhaltung gespannt war, hatten mehr
Empfänglichkeit für das Außerordentliche. Der größte
Theil waren neue, durch den Ruf des Stücks herbei=
gezogene Zuschauer, die keine Vergleichung mit dem
ersten Abend anstellen konnten. Der Polterer spielte
ganz im Sinne des unbekannten Geistes, und der
Pedant hatte seinem Vorgänger gleichfalls gut auf=
gepaßt; daneben kam ihm seine Erbärmlichkeit sehr
zu statten, daß ihm Hamlet wirklich nicht Unrecht
that, wenn er ihn, trotz seines Purpurmantels und
Hermelinkragens, einen zusammengeflickten Lumpen=
König schalt.

Sonderbarer als er, war vielleicht niemand zum
Throne gelangt; und obgleich die Übrigen, besonders
aber Philine, sich über seine neue Würde äußerst
lustig machten, so ließ er doch merken, daß der Graf,
als ein großer Kenner, das und noch viel mehr von
ihm bei'm ersten Anblick voraus gesagt habe; dagegen
ermahnte ihn Philine zur Demuth und versicherte: sie
werde ihm gelegentlich die Rockärmel pudern, damit er
sich jener unglücklichen Nacht im Schlosse erinnern,
und die Krone mit Bescheidenheit tragen möge.

Vierzehntes Capitel.

Man hatte sich in der Geschwindigkeit nach Quartieren umgesehen, und die Gesellschaft war dadurch sehr zerstreut worden. Wilhelm hatte das Lusthaus in dem Garten, bei dem er die Nacht zugebracht, liebgewonnen; er erhielt leicht die Schlüssel dazu und richtete sich daselbst ein; da aber Aurelie in ihrer neuen Wohnung sehr eng war, mußte er den Felix bei sich behalten und Mignon wollte den Knaben nicht verlassen.

Die Kinder hatten ein artiges Zimmer in dem ersten Stocke eingenommen, Wilhelm hatte sich in dem untern Saale eingerichtet. Die Kinder schliefen, aber er konnte keine Ruhe finden.

Neben dem anmuthigen Garten, den der eben aufgegangene Vollmond herrlich erleuchtete, standen die traurigen Ruinen, von denen hier und da noch Dampf aufstieg; die Luft war angenehm und die Nacht außerordentlich schön. Philine hatte, bei'm Herausgehen aus dem Theater, ihn mit dem Ellenbogen angestrichen und ihm einige Worte zugelispelt, die er aber nicht verstanden hatte. Er war verwirrt und verdrießlich,

und wußte nicht, was er erwarten oder thun sollte.
Philine hatte ihn einige Tage gemieden und ihm nur
diesen Abend wieder ein Zeichen gegeben. Leider war
nun die Thüre verbrannt, die er nicht zuschließen
sollte, und die Pantöffelchen waren in Rauch auf=
gegangen. Wie die Schöne in den Garten kommen
wollte, wenn es ihre Absicht war, wußte er nicht.
Er wünschte sie nicht zu sehen, und doch hätte er sich
gar zu gern mit ihr erklären mögen.

Was ihm aber noch schwerer auf dem Herzen lag,
war das Schicksal des Harfenspielers, den man nicht
wieder gesehen hatte. Wilhelm fürchtete, man würde
ihn bei'm Aufräumen todt unter dem Schutte finden.
Wilhelm hatte gegen jedermann den Verdacht ver=
borgen, den er hegte, daß der Alte Schuld an dem
Brande sei. Denn er kam ihm zuerst von dem brennen=
den und rauchenden Boden entgegen, und die Ver=
zweiflung im Gartengewölbe schien die Folge eines
solchen unglücklichen Ereignisses zu sein. Doch war
es bei der Untersuchung, welche die Polizei sogleich
anstellte, wahrscheinlich geworden, daß nicht in dem
Hause, wo sie wohnten, sondern in dem dritten da=
von der Brand entstanden sei, der sich auch sogleich
unter den Dächern weggeschlichen hatte.

Wilhelm überlegte das alles in einer Laube sitzend,
als er in einem nahen Gange jemanden schleichen hörte.
An dem traurigen Gesange, der sogleich angestimmt
ward, erkannte er den Harfenspieler. Das Lied, das

er sehr wohl verstehen konnte, enthielt den Trost
eines Unglücklichen, der sich dem Wahnsinne ganz
nahe fühlt. Leider hat Wilhelm davon nur die letzte
Strophe behalten.

> An die Thüren will ich schleichen,
> Still und sittsam will ich stehn,
> Fromme Hand wird Nahrung reichen,
> Und ich werde weiter gehn.
> Jeder wird sich glücklich scheinen,
> Wenn mein Bild vor ihm erscheint,
> Eine Thräne wird er weinen,
> Und ich weiß nicht was er weint.

Unter diesen Worten war er an die Gartenthüre
gekommen, die nach einer entlegenen Straße ging; er
wollte, da er sie verschlossen fand, an den Spalieren
übersteigen; allein Wilhelm hielt ihn zurück und redete
ihn freundlich an. Der Alte bat ihn, aufzuschließen,
weil er fliehen wolle und müsse. Wilhelm stellte ihm
vor: daß er wohl aus dem Garten, aber nicht aus der
Stadt könne, und zeigte ihm, wie sehr er sich durch
einen solchen Schritt verdächtig mache; allein vergebens! Der Alte bestand auf seinem Sinne. Wilhelm
gab nicht nach und drängte ihn endlich halb mit Gewalt in's Gartenhaus, schloß sich daselbst mit ihm
ein und führte ein wunderbares Gespräch mit ihm,
das wir aber, um unsere Leser nicht mit unzusammen-
hängenden Ideen und bänglichen Empfindungen zu
quälen, lieber verschweigen als ausführlich mittheilen.

Funfzehntes Capitel.

Aus der großen Verlegenheit, worin sich Wilhelm befand, was er mit dem unglücklichen Alten beginnen sollte, der so deutliche Spuren des Wahnsinns zeigte, riß ihn Laertes noch am selbigen Morgen. Dieser, der nach seiner alten Gewohnheit überall zu sein pflegte, hatte auf dem Kaffeehaus einen Mann gesehen, der vor einiger Zeit die heftigsten Anfälle von Melancholie erduldete. Man hatte ihn einem Land=geistlichen anvertraut, der sich ein besonders Geschäft daraus machte, dergleichen Leute zu behandeln. Auch dießmal war es ihm gelungen; noch war er in der Stadt, und die Familie des Wiederhergestellten er=zeigte ihm große Ehre.

Wilhelm eilte sogleich den Mann aufzusuchen, ver=traute ihm den Fall und ward mit ihm einig. Man wußte unter gewissen Vorwänden ihm den Alten zu übergeben. Die Scheidung schmerzte Wilhelmen tief, und nur die Hoffnung, ihn wieder hergestellt zu sehen, konnte sie ihm einigermaßen erträglich machen, so sehr war er gewohnt, den Mann um sich zu sehen und seine geistreichen und herzlichen Töne zu vernehmen.

Die Harfe war mit verbrannt; man suchte eine andere, die man ihm auf die Reise mitgab.

Auch hatte das Feuer die kleine Garderobe Mignons verzehrt, und als man ihr wieder etwas Neues schaffen wollte, that Aurelie den Vorschlag, daß man sie doch endlich als Mädchen kleiden solle.

Nun gar nicht! rief Mignon aus und bestand mit großer Lebhaftigkeit auf ihrer alten Tracht, worin man ihr denn auch willfahren mußte.

Die Gesellschaft hatte nicht viel Zeit, sich zu besinnen; die Vorstellungen gingen ihren Gang.

Wilhelm horchte oft in's Publicum, und nur selten kam ihm eine Stimme entgegen, wie er sie zu hören wünschte, ja öfters vernahm er, was ihn betrübte oder verdroß. So erzählte zum Beispiel, gleich nach der ersten Aufführung Hamlets, ein junger Mensch mit großer Lebhaftigkeit, wie zufrieden er an jenem Abend im Schauspielhause gewesen. Wilhelm lauschte und hörte, zu seiner großen Beschämung, daß der junge Mann zum Verdruß seiner Hintermänner den Hut aufbehalten und ihn hartnäckig das ganze Stück hindurch nicht abgethan hatte, welcher Heldenthat er sich mit dem größten Vergnügen erinnerte.

Ein anderer versicherte: Wilhelm habe die Rolle des Laertes sehr gut gespielt; hingegen mit dem Schauspieler, der den Hamlet unternommen, könne man nicht eben so zufrieden sein. Diese Verwechs=

lung war nicht ganz unnatürlich, denn Wilhelm und Laertes glichen sich, wiewohl in einem sehr entfernten Sinne.

Ein dritter lobte sein Spiel, besonders in der Scene mit der Mutter, auf's lebhafteste, und bedauerte nur: daß eben in diesem feurigen Augenblick ein weißes Band unter der Weste hervorgesehen habe, wodurch die Illusion äußerst gestört worden sei.

In dem Innern der Gesellschaft gingen indessen allerlei Veränderungen vor. Philine hatte seit jenem Abend nach dem Brande Wilhelmen auch nicht das geringste Zeichen einer Annäherung gegeben. Sie hatte, wie es schien vorsätzlich, ein entfernteres Quartier gemiethet, vertrug sich mit Elmiren und kam seltener zu Serlo, womit Aurelie wohl zufrieden war. Serlo, der ihr immer gewogen blieb, besuchte sie manchmal, besonders da er Elmiren bei ihr zu finden hoffte, und nahm eines Abends Wilhelmen mit sich. Beide waren im Hereintreten sehr verwundert, als sie Philinen in dem zweiten Zimmer in den Armen eines jungen Officiers sahen, der eine rothe Uniform und weiße Unterkleider an hatte, dessen abgewendetes Gesicht sie aber nicht sehen konnten. Philine kam ihren besuchenden Freunden in das Vorzimmer entgegen und verschloß das andere. Sie überraschen mich bei einem wunderbaren Abenteuer! rief sie aus.

So wunderbar ist es nicht, sagte Serlo: lassen Sie uns den hübschen, jungen, beneidenswerthen Freund

sehen; Sie haben uns ohnedem schon so zugestutzt,
daß wir nicht eifersüchtig sein dürfen.

Ich muß Ihnen diesen Verdacht noch eine Zeit=
lang lassen, sagte Philine scherzend; doch kann ich
Sie versichern, daß es nur eine gute Freundin ist, 5
die sich einige Tage unbekannt bei mir aufhalten
will. Sie sollen ihre Schicksale künftig erfahren, ja
vielleicht das interessante Mädchen selbst kennen lernen,
und ich werde wahrscheinlich alsdann Ursache haben,
meine Bescheidenheit und Nachsicht zu üben; denn ich 10
fürchte, die Herren werden über ihre neue Bekannt=
schaft ihre alte Freundin vergessen.

Wilhelm stand versteinert da; denn gleich bei'm
ersten Anblick hatte ihn die rothe Uniform an den
so sehr geliebten Rock Marianens erinnert; es war 15
ihre Gestalt, es waren ihre blonden Haare, nur
schien ihm der gegenwärtige Officier etwas größer
zu sein.

Um des Himmels Willen! rief er aus, lassen Sie
uns mehr von Ihrer Freundin wissen, lassen Sie 20
uns das verkleidete Mädchen sehen. Wir sind nun
einmal Theilnehmer des Geheimnisses; wir wollen
versprechen, wir wollen schwören, aber lassen Sie uns
das Mädchen sehen!

O wie er in Feuer ist! rief Philine, nur gelassen, 25
nur geduldig, heute wird einmal nichts draus.

So lassen Sie uns nur ihren Namen wissen! rief
Wilhelm.

Das wäre alsdann ein schönes Geheimniß, ver=
setzte Philine.

Wenigstens nur den Vornamen.

Wenn Sie ihn rathen, meinetwegen. Dreimal
⁵ dürfen Sie rathen, aber nicht öfter; Sie könnten
mich sonst durch den ganzen Kalender durchführen.

Gut, sagte Wilhelm: Cecilie also?

Nichts von Cecilien!

Henriette?

¹⁰ Keineswegs! Nehmen Sie sich in Acht! Ihre Neu=
gierde wird ausschlafen müssen.

Wilhelm zauderte und zitterte; er wollte seinen
Mund aufthun, aber die Sprache versagte ihm.
Mariane? stammelte er endlich, Mariane!

¹⁵ Bravo! rief Philine, getroffen! indem sie sich nach
ihrer Gewohnheit auf dem Absatze herum drehte.

Wilhelm konnte kein Wort hervorbringen, und
Serlo, der seine Gemüthsbewegung nicht bemerkte,
fuhr fort in Philinen zu dringen, daß sie die Thüre
²⁰ öffnen sollte.

Wie verwundert waren daher beide, als Wilhelm
auf einmal heftig ihre Neckerei unterbrach, sich Phili=
nen zu Füßen warf und sie mit dem lebhaftesten
Ausdrucke der Leidenschaft bat und beschwor. Lassen
²⁵ Sie mich das Mädchen sehen, rief er aus, sie ist
mein, es ist meine Mariane! Sie, nach der ich mich
alle Tage meines Lebens gesehnt habe, sie, die mir
noch immer statt aller andern Weiber in der Welt

ist! Gehen Sie wenigstens zu ihr hinein, sagen Sie
ihr, daß ich hier bin, daß der Mensch hier ist, der
seine erste Liebe und das ganze Glück seiner Jugend
an sie knüpfte. Er will sich rechtfertigen, daß er sie
unfreundlich verließ, er will sie um Verzeihung bitten,   5
er will ihr vergeben, was sie auch gegen ihn gefehlt
haben mag, er will sogar keine Ansprüche an sie
mehr machen, wenn er sie nur noch einmal sehen
kann, wenn er nur sehen kann, daß sie lebt und
glücklich ist!   10

Philine schüttelte den Kopf und sagte: Mein
Freund, reden Sie leise! Betrügen wir uns nicht;
und ist das Frauenzimmer wirklich Ihre Freundin,
so müssen wir sie schonen, denn sie vermuthet keines=
weges, Sie hier zu sehen. Ganz andere Angelegen=   15
heiten führen sie hierher, und das wissen Sie doch,
man möchte oft lieber ein Gespenst als einen alten
Liebhaber zur unrechten Zeit vor Augen sehen. Ich
will sie fragen, ich will sie vorbereiten und wir wollen
überlegen, was zu thun ist. Ich schreibe Ihnen   20
morgen ein Billet, zu welcher Stunde Sie kommen
sollen, oder ob Sie kommen dürfen; gehorchen Sie
mir pünctlich, denn ich schwöre, niemand soll gegen
meinen und meiner Freundin Willen dieses liebens=
würdige Geschöpf mit Augen sehen. Meine Thüren   25
werde ich besser verschlossen halten, und mit Axt und
Beil werden Sie mich nicht besuchen wollen.

Wilhelm beschwor sie, Serlo redete ihr zu; ver=

gebens! Beide Freunde mußten zuletzt nachgeben, das
Zimmer und das Haus räumen.

Welche unruhige Nacht Wilhelm zubrachte, wird
sich jedermann denken. Wie langsam die Stunden des
5 Tages dahinzogen, in denen er Philinens Billet er=
wartete, läßt sich begreifen. Unglücklicherweise mußte
er selbigen Abend spielen; er hatte niemals eine größere
Pein ausgestanden. Nach geendigtem Stücke eilte er
zu Philinen, ohne nur zu fragen, ob er eingeladen
10 worden. Er fand ihre Thüre verschlossen, und die
Hausleute sagten: Mademoiselle sei heute früh mit
einem jungen Officier weggefahren; sie habe zwar ge=
sagt, daß sie in einigen Tagen wiederkomme, man
glaube es aber nicht, weil sie alles bezahlt und ihre
15 Sachen mitgenommen habe.

Wilhelm war außer sich über diese Nachricht. Er
eilte zu Laertes, und schlug ihm vor, ihr nachzusetzen,
und, es koste was es wolle, über ihren Begleiter Ge=
wißheit zu erlangen. Laertes dagegen verwies seinem
20 Freunde seine Leidenschaft und Leichtgläubigkeit. Ich
will wetten, sagte er, es ist niemand anders als
Friedrich. Der Junge ist von gutem Hause, ich weiß
es recht wohl; er ist unsinnig in das Mädchen ver=
liebt, und hat wahrscheinlich seinen Verwandten so
25 viel Geld abgelockt, daß er wieder eine Zeitlang mit
ihr leben kann.

Durch diese Einwendungen ward Wilhelm nicht
überzeugt, doch zweifelhaft. Laertes stellte ihm vor,

wie unwahrscheinlich das Mährchen sei, das Philine
ihnen vorgespiegelt hatte, wie Figur und Haar sehr
gut auf Friedrichen passe, wie sie bei zwölf Stunden
Vorsprung so leicht nicht einzuholen sein würden,
und hauptsächlich wie Serlo keinen von ihnen beiden
bei'm Schauspiele entbehren könne.

Durch alle diese Gründe wurde Wilhelm endlich
nur so weit gebracht, daß er Verzicht darauf that,
selbst nachzusetzen. Laertes wußte noch in selbiger
Nacht einen tüchtigen Mann zu schaffen, dem man
den Auftrag geben konnte. Es war ein gesetzter
Mann, der mehreren Herrschaften auf Reisen als
Courier und Führer gedient hatte, und eben jetzt ohne
Beschäftigung stille lag. Man gab ihm Geld, man
unterrichtete ihn von der ganzen Sache, mit dem
Auftrage, daß er die Flüchtlinge aufsuchen und ein=
holen, sie alsdann nicht aus den Augen lassen und
die Freunde sogleich, wo und wie er sie fände, benach=
richtigen solle. Er setzte sich in derselbigen Stunde
zu Pferde und ritt dem zweideutigen Paare nach,
und Wilhelm war durch diese Anstalt wenigstens
einigermaßen beruhigt.

———

Die Entfernung Philinens machte keine auffallende
Sensation weder auf dem Theater noch im Publico.
Es war ihr mit allem wenig Ernst; die Frauen
haßten sie durchgängig, und die Männer hätten sie
lieber unter vier Augen als auf dem Theater gesehen,
und so war ihr schönes und für die Bühne selbst
glückliches Talent verloren. Die übrigen Glieder der
Gesellschaft gaben sich desto mehr Mühe; Madame
Melina besonders that sich durch Fleiß und Aufmerk=
samkeit sehr hervor. Sie merkte, wie sonst, Wilhelmen
seine Grundsätze ab, richtete sich nach seiner Theorie
und seinem Beispiel, und hatte zeither ein ich weiß
nicht was in ihrem Wesen, das sie interessanter machte.
Sie erlangte bald ein richtiges Spiel und gewann
den natürlichen Ton der Unterhaltung vollkommen,
und den der Empfindung bis auf einen gewissen Grad.
Sie wußte sich in Serlo's Launen zu schicken, und
befliß sich des Singens ihm zu Gefallen, worin sie
auch bald so weit kam, als man dessen zur geselligen
Unterhaltung bedarf.

Durch einige neu angenommene Schauspieler ward die Gesellschaft noch vollständiger, und indem Wilhelm und Serlo jeder in seiner Art wirkte, jener bei jedem Stücke auf den Sinn und Ton des Ganzen drang, dieser die einzelnen Theile gewissenhaft durcharbeitete, belebte ein lobenswürdiger Eifer auch die Schauspieler, und das Publicum nahm an ihnen einen lebhaften Antheil.

Wir sind auf einem guten Wege, sagte Serlo einst, und wenn wir so fortfahren, wird das Publicum auch bald auf dem rechten seyn. Man kann die Menschen sehr leicht durch tolle und unschickliche Darstellungen irre machen; aber man lege ihnen das Vernünftige und Schickliche auf eine interessante Weise vor, so werden sie gewiß darnach greifen.

Was unserm Theater hauptsächlich fehlt, und warum weder Schauspieler noch Zuschauer zur Besinnung kommen, ist, daß es darauf im Ganzen zu bunt aussieht, und daß man nirgends eine Gränze hat, woran man sein Urtheil anlehnen könnte. Es scheint mir kein Vortheil zu sein, daß wir unser Theater gleichsam zu einem unendlichen Naturschauplatze ausgeweitet haben; doch kann jetzt weder Director noch Schauspieler sich in die Enge ziehen, bis vielleicht der Geschmack der Nation in der Folge den rechten Kreis selbst bezeichnet. Eine jede gute Societät existirt nur unter gewissen Bedingungen, so auch ein gutes Theater. Gewisse Manieren und Redensarten, gewisse Gegen-

stände und Arten des Betragens müssen ausgeschlossen
sein. Man wird nicht ärmer, wenn man sein Haus=
wesen zusammen zieht.

Sie waren hierüber mehr oder weniger einig und
5 uneinig. Wilhelm und die meisten waren auf der
Seite des englischen, Serlo und einige auf der Seite
des französischen Theaters.

Man ward einig in leeren Stunden, deren ein
Schauspieler leider so viele hat, in Gesellschaft die
10 berühmtesten Schauspiele beider Theater durchzugehen,
und das Beste und Nachahmenswerthe derselben zu
bemerken. Man machte auch wirklich einen Anfang
mit einigen französischen Stücken. Aurelie entfernte
sich jedesmal, sobald die Vorlesung anging. Anfangs
15 hielt man sie für krank; einst aber fragte sie Wilhelm
darüber, dem es aufgefallen war.

Ich werde bei keiner solchen Vorlesung gegen=
wärtig sein, sagte sie, denn wie soll ich hören und
urtheilen, wenn mir das Herz zerrissen ist? Ich hasse
20 die französische Sprache von ganzer Seele.

Wie kann man einer Sprache feind sein, rief Wil=
helm aus, der man den größten Theil seiner Bildung
schuldig ist, und der wir noch viel schuldig werden
müssen, ehe unser Wesen eine Gestalt gewinnen kann?

25 Es ist kein Vorurtheil! versetzte Aurelie: ein unglücklicher Eindruck, eine verhaßte Erinnerung an
meinen treulosen Freund hat mir die Lust an dieser
schönen und ausgebildeten Sprache geraubt. Wie ich

sie jetzt von ganzem Herzen hasse! Während der Zeit
unserer freundschaftlichen Verbindung schrieb er Deutsch,
und welch ein herzliches, wahres, kräftiges Deutsch!
Nun da er mich los sein wollte, fing er an Französisch
zu schreiben, das vorher manchmal nur im Scherze
geschehen war. Ich fühlte, ich merkte, was es bedeuten
sollte. Was er in seiner Muttersprache zu sagen
erröthete, konnte er nun mit gutem Gewissen hin=
schreiben. Zu Reservationen, Halbheiten und Lügen
ist es eine treffliche Sprache; sie ist eine perfide Sprache!
ich finde, Gott sei Dank! kein deutsches Wort, um
perfid in seinem ganzen Umfange auszudrücken. Unser
armseliges treulos ist ein unschuldiges Kind dagegen.
Perfid ist treulos mit Genuß, mit Übermuth und
Schadenfreude. O, die Ausbildung einer Nation ist
zu beneiden, die so feine Schattirungen in Einem
Worte auszudrücken weiß! Französisch ist recht die
Sprache der Welt, werth, die allgemeine Sprache zu
sein, damit sie sich nur alle unter einander recht
betrügen und belügen können! Seine französischen
Briefe ließen sich noch immer gut genug lesen. Wenn
man sich's einbilden wollte, klangen sie warm und
selbst leidenschaftlich; doch genau besehen, waren es
Phrasen, vermaledeite Phrasen! Er hat mir alle
Freude an der ganzen Sprache, an der französischen
Literatur, selbst an dem schönen und köstlichen Aus=
druck edler Seelen in dieser Mundart verdorben; mich
schaudert, wenn ich ein französisches Wort höre!

Auf diese Weise konnte sie stundenlang fortfahren ihren Unmuth zu zeigen und jede andere Unterhaltung zu unterbrechen oder zu verstimmen. Serlo machte früher oder später ihren launischen Äußerungen mit einiger Bitterkeit ein Ende; aber gewöhnlich war für diesen Abend das Gespräch zerstört.

Überhaupt ist es leider der Fall, daß alles was durch mehrere zusammentreffende Menschen und Umstände hervorgebracht werden soll, keine lange Zeit sich vollkommen erhalten kann. Von einer Theatergesellschaft so gut wie von einem Reiche, von einem Cirkel Freunde so gut wie von einer Armee, läßt sich gewöhnlich der Moment angeben, wenn sie auf der höchsten Stufe ihrer Vollkommenheit, ihrer Übereinstimmung, ihrer Zufriedenheit und Thätigkeit standen; oft aber verändert sich schnell das Personal, neue Glieder treten hinzu, die Personen passen nicht mehr zu den Umständen, die Umstände nicht mehr zu den Personen; es wird alles anders, und was vorher verbunden war, fällt nunmehr bald aus einander. So konnte man sagen, daß Serlo's Gesellschaft eine Zeitlang so vollkommen war, als irgend eine deutsche sich hätte rühmen können. Die meisten Schauspieler standen an ihrem Platze; alle hatten genug zu thun, und alle thaten gern was zu thun war. Ihre persönlichen Verhältnisse waren leidlich, und jedes schien in seiner Kunst viel zu versprechen, weil jedes die ersten Schritte mit Feuer und Munterkeit that. Bald aber

entdeckte sich, daß ein Theil doch nur Automaten
waren, die nur das erreichen konnten, wohin man
ohne Gefühl gelangen kann, und bald mischten sich
die Leidenschaften dazwischen, die gewöhnlich jeder
guten Einrichtung im Wege stehen und alles so leicht
aus einander zerren, was vernünftige und wohldenkende
Menschen zusammen zu halten wünschen.

Philinens Abgang war nicht so unbedeutend als
man anfangs glaubte. Sie hatte mit großer Geschick=
lichkeit Serlo zu unterhalten, und die Übrigen mehr
oder weniger zu reizen gewußt. Sie ertrug Aureliens
Heftigkeit mit großer Geduld, und ihr eigenstes Geschäft
war, Wilhelmen zu schmeicheln. So war sie eine
Art von Bindungsmittel für's Ganze, und ihr Verlust
mußte bald fühlbar werden.

Serlo konnte ohne eine kleine Liebschaft nicht leben.
Elmire, die in weniger Zeit herangewachsen und man
könnte beinahe sagen schön geworden war, hatte schon
lange seine Aufmerksamkeit erregt, und Philine war
klug genug, diese Leidenschaft, die sie merkte, zu
begünstigen. Man muß sich, pflegte sie zu sagen,
bei Zeiten auf's Kuppeln legen; es bleibt uns doch
weiter nichts übrig, wenn wir alt werden. Dadurch
hatten sich Serlo und Elmire dergestalt genähert, daß
sie nach Philinens Abschiede bald einig wurden, und
der kleine Roman interessirte sie beide um so mehr,
als sie ihn vor dem Alten, der über eine solche Unregel=
mäßigkeit keinen Scherz verstanden hätte, geheim zu

halten alle Ursache hatten. Elmirens Schwester war
mit im Verständniß, und Serlo mußte beiden Mädchen
daher vieles nachsehen. Eine ihrer größten Untugenden
war eine unmäßige Näscherei, ja wenn man will,
eine unleidliche Gefräßigkeit, worin sie Philinen keines-
weges glichen, die dadurch einen neuen Schein von
Liebenswürdigkeit erhielt, daß sie gleichsam nur von
der Luft lebte, sehr wenig aß, und nur den Schaum
eines Champagnerglases mit der größten Zierlichkeit
wegschlürfte.

Nun aber mußte Serlo, wenn er seiner Schönen
gefallen wollte, das Frühstück mit dem Mittagessen
verbinden, und an dieses durch ein Vesperbrot das
Abendessen anknüpfen. Dabei hatte Serlo einen
Plan, dessen Ausführung ihn beunruhigte. Er glaubte
eine gewisse Neigung zwischen Wilhelmen und Aurelien
zu entdecken, und wünschte sehr, daß sie ernstlich werden
möchte. Er hoffte den ganzen mechanischen Theil der
Theaterwirthschaft Wilhelmen aufzubürden, und an
ihm, wie an seinem ersten Schwager, ein treues und
fleißiges Werkzeug zu finden. Schon hatte er ihm
nach und nach den größten Theil der Besorgung unmerklich übertragen, Aurelie führte die Casse, und
Serlo lebte wieder wie in früheren Zeiten ganz nach
seinem Sinne. Doch war etwas, was sowohl ihn als
seine Schwester heimlich kränkte.

Das Publicum hat eine eigene Art, gegen öffentliche Menschen von anerkanntem Verdienste zu ver-

fahren; es fängt nach und nach an gleichgültig gegen
sie zu werden, und begünstigt viel geringere aber
neu erscheinende Talente; es macht an jene über=
triebene Forderungen, und läßt sich von diesen alles
gefallen.

Serlo und Aurelie hatten Gelegenheit genug hier=
über Betrachtungen anzustellen. Die neuen Ankömm=
linge, besonders die jungen und wohlgebildeten, hatten
alle Aufmerksamkeit, allen Beifall auf sich gezogen,
und beide Geschwister mußten die meiste Zeit, nach
ihren eifrigsten Bemühungen, ohne den willkommenen
Klang der zusammenschlagenden Hände abtreten. Frei=
lich kamen dazu noch besondere Ursachen. Aureliens
Stolz war auffallend, und von ihrer Verachtung des
Publicums waren viele unterrichtet. Serlo schmei=
chelte zwar jedermann im Einzelnen, aber seine spitzen
Reden über das Ganze waren doch auch öfters herum=
getragen und wiederholt worden. Die neuen Glieder
hingegen waren theils fremd und unbekannt, theils
jung, liebenswürdig und hülfsbedürftig, und hatten
also auch sämmtlich Gönner gefunden.

Nun gab es auch bald innerliche Unruhen und
manches Mißvergnügen; denn kaum bemerkte man,
daß Wilhelm die Beschäftigung eines Regisseurs über=
nommen hatte, so fingen die meisten Schauspieler um
desto mehr an unartig zu werden, als er nach seiner
Weise etwas mehr Ordnung und Genauigkeit in das
Ganze zu bringen wünschte, und besonders darauf

bestand, daß alles Mechanische vor allen Dingen
pünctlich und ordentlich gehen solle.

In kurzer Zeit war das ganze Verhältniß, das
wirklich eine Zeitlang beinahe idealisch gehalten hatte,
so gemein, als man es nur irgend bei einem herum=
reisenden Theater finden mag. Und leider in dem
Augenblicke, als Wilhelm durch Mühe, Fleiß und
Anstrengung sich mit allen Erfordernissen des Metiers
bekannt gemacht und seine Person sowohl als seine
Geschäftigkeit vollkommen dazu gebildet hatte, schien
es ihm endlich in trüben Stunden, daß dieses Hand=
werk weniger, als irgend ein andres, den nöthigen
Aufwand von Zeit und Kräften verdiene. Das Ge=
schäft war lästig und die Belohnung gering. Er
hätte jedes andere lieber übernommen, bei dem man
doch, wenn es vorbei ist, der Ruhe des Geistes ge=
nießen kann, als dieses, wo man nach überstandenen
mechanischen Mühseligkeiten noch durch die höchste
Anstrengung des Geistes und der Empfindung erst
das Ziel seiner Thätigkeit erreichen soll. Er mußte
die Klagen Aureliens über die Verschwendung des
Bruders hören, er mußte die Winke Serlo's miß=
verstehen, wenn dieser ihn zu einer Heirath mit
der Schwester von ferne zu leiten suchte. Er hatte
dabei seinen Kummer zu verbergen, der ihn auf das
tiefste drückte, indem der nach dem zweideutigen
Officier fortgeschickte Bote nicht zurückkam, auch
nichts von sich hören ließ, und unser Freund daher

seine Mariane zum zweitenmal verloren zu haben
fürchten mußte.

Zu eben der Zeit fiel eine allgemeine Trauer
ein, wodurch man genöthigt ward, das Theater auf
einige Wochen zu schließen. Er ergriff diese Zwischen- 5
zeit, um jenen Geistlichen zu besuchen, bei welchem
der Harfenspieler in der Kost war. Er fand ihn in
einer angenehmen Gegend, und das Erste, was er in
dem Pfarrhofe erblickte, war der Alte, der einem
Knaben auf seinem Instrumente Lection gab. Er be- 10
zeugte viel Freude, Wilhelmen wieder zu sehen, stand
auf und reichte ihm die Hand und sagte: Sie sehen,
daß ich in der Welt doch noch zu etwas nütze bin;
Sie erlauben, daß ich fortfahre, denn die Stunden
sind eingetheilt.   15

Der Geistliche begrüßte Wilhelmen auf das freund-
lichste und erzählte ihm, daß der Alte sich schon recht
gut anlasse, und daß man Hoffnung zu seiner völligen
Genesung habe.

Ihr Gespräch fiel natürlich auf die Methode, 20
Wahnsinnige zu curiren.

Außer dem Physischen, sagte der Geistliche, das
uns oft unüberwindliche Schwierigkeiten in den Weg
legt und worüber ich einen denkenden Arzt zu Rathe
ziehe, finde ich die Mittel vom Wahnsinne zu heilen 25
sehr einfach. Es sind eben dieselben, wodurch man
gesunde Menschen hindert, wahnsinnig zu werden.
Man errege ihre Selbstthätigkeit, man gewöhne sie

an Ordnung, man gebe ihnen einen Begriff, daß sie
ihr Sein und Schicksal mit so vielen gemein haben,
daß das außerordentliche Talent, das größte Glück
und das höchste Unglück nur kleine Abweichungen
von dem gewöhnlichen sind; so wird sich kein Wahnsinn einschleichen, und wenn er da ist, nach und nach
wieder verschwinden. Ich habe des alten Mannes
Stunden eingetheilt, er unterrichtet einige Kinder auf
der Harfe, er hilft im Garten arbeiten, und ist schon
viel heiterer. Er wünscht von dem Kohle zu genießen,
den er pflanzt, und wünscht meinen Sohn, dem er
die Harfe auf den Todesfall geschenkt hat, recht emsig
zu unterrichten, damit sie der Knabe ja auch brauchen
könne. Als Geistlicher suche ich ihm über seine wunderbaren Scrupel nur wenig zu sagen, aber ein thätiges
Leben führt so viele Ereignisse herbei, daß er bald
fühlen muß, daß jede Art von Zweifel nur durch
Wirksamkeit gehoben werden kann. Ich gehe sachte zu
Werke; wenn ich ihm aber noch seinen Bart und seine
Kutte wegnehmen kann, so habe ich viel gewonnen:
denn es bringt uns nichts näher dem Wahnsinn, als
wenn wir uns vor andern auszeichnen, und nichts
erhält so sehr den gemeinen Verstand, als im allgemeinen Sinne mit vielen Menschen zu leben. Wie
vieles ist leider nicht in unserer Erziehung und in
unsern bürgerlichen Einrichtungen, wodurch wir uns
und unsere Kinder zur Tollheit vorbereiten.

Wilhelm verweilte bei diesem vernünftigen Manne

einige Tage, und erfuhr die interessantesten Geschichten,
nicht allein von verrückten Menschen, sondern auch
von solchen, die man für klug, ja für weise zu halten
pflegt, und deren Eigenthümlichkeiten nahe an den
Wahnsinn gränzen.

Dreifach belebt aber ward die Unterhaltung, als
der Medicus eintrat, der den Geistlichen, seinen Freund,
öfters zu besuchen, und ihm bei seinen menschenfreund-
lichen Bemühungen beizustehen pflegte. Es war ein
ältlicher Mann, der bei einer schwächlichen Gesundheit viele Jahre in Ausübung der edelsten Pflichten
zugebracht hatte. Er war ein großer Freund vom
Landleben und konnte fast nicht anders als in freier
Luft sein; dabei war er äußerst gesellig und thätig,
und hatte seit vielen Jahren eine besondere Neigung,
mit allen Landgeistlichen Freundschaft zu stiften.
Jedem, an dem er eine nützliche Beschäftigung kannte,
suchte er auf alle Weise beizustehen; andern, die noch
unbestimmt waren, suchte er eine Liebhaberei einzureden; und da er zugleich mit den Edelleuten, Amt-
männern und Gerichtshaltern in Verbindung stand,
so hatte er in Zeit von zwanzig Jahren sehr viel im
Stillen zur Cultur mancher Zweige der Landwirth-
schaft beigetragen, und alles, was dem Felde, Thieren
und Menschen ersprießlich ist, in Bewegung gebracht,
und so die wahrste Aufklärung befördert. Für den
Menschen, sagte er, sei nur das Eine ein Unglück,
wenn sich irgend eine Idee bei ihm festsetze, die keinen

Einfluß in's thätige Leben habe oder ihn wohl gar vom thätigen Leben abziehe. Ich habe, sagte er, gegenwärtig einen solchen Fall an einem vornehmen und reichen Ehepaar, wo mir bis jetzt noch alle Kunst mißglückt ist; fast gehört der Fall in Ihr Fach, lieber Pastor, und dieser junge Mann wird ihn nicht weiter erzählen.

In der Abwesenheit eines vornehmen Mannes verkleidete man, mit einem nicht ganz lobenswürdigen Scherze, einen jungen Menschen in die Hauskleidung dieses Herrn. Seine Gemahlin sollte dadurch angeführt werden, und ob man mir es gleich nur als eine Posse erzählt hat, so fürchte ich doch sehr, man hatte die Absicht, die edle, liebenswürdige Dame vom rechten Wege abzuleiten. Der Gemahl kommt unvermuthet zurück, tritt in sein Zimmer, glaubt sich selbst zu sehen, und fällt von der Zeit an in eine Melancholie, in der er die Überzeugung nährt, daß er bald sterben werde.

Er überläßt sich Personen, die ihm mit religiösen Ideen schmeicheln, und ich sehe nicht, wie er abzuhalten ist, mit seiner Gemahlin unter die Herrenhuter zu gehen, und den größten Theil seines Vermögens, da er keine Kinder hat, seinen Verwandten zu entziehen.

Mit seiner Gemahlin? rief Wilhelm, den diese Erzählung nicht wenig erschreckt hatte, ungestüm aus.

Und leider, versetzte der Arzt, der in Wilhelms Ausrufung nur eine menschenfreundliche Theilnahme

16*

zu hören glaubte, ist diese Dame mit einem noch
tiefern Kummer behaftet, der ihr eine Entfernung
von der Welt nicht widerlich macht. Eben dieser
junge Mensch nimmt Abschied von ihr, sie ist nicht
vorsichtig genug, eine aufkeimende Neigung zu ver= 5
bergen; er wird kühn, schließt sie in seine Arme, und
drückt ihr das große mit Brillanten besetzte Portrait
ihres Gemahls gewaltsam wider die Brust. Sie empfindet einen heftigen Schmerz, der nach und nach
vergeht, erst eine kleine Röthe und dann keine Spur 10
zurück läßt. Ich bin als Mensch überzeugt, daß sie sich
nichts weiter vorzuwerfen hat; ich bin als Arzt gewiß,
daß dieser Druck keine üblen Folgen haben werde,
aber sie läßt sich nicht ausreden, es sei eine Ver=
härtung da, und wenn man ihr durch das Gefühl 15
den Wahn benehmen will, so behauptet sie, nur in
diesem Augenblick sei nichts zu fühlen; sie hat sich fest
eingebildet, es werde dieses Übel mit einem Krebsschaden
sich endigen, und so ist ihre Jugend, ihre Liebens=
würdigkeit für sie und andere völlig verloren. 20

Ich Unglückseliger! rief Wilhelm, indem er sich
vor die Stirne schlug und aus der Gesellschaft in's
Feld lief. Er hatte sich noch nie in einem solchen
Zustande befunden.

Der Arzt und der Geistliche, über diese seltsame 25
Entdeckung höchlich erstaunt, hatten Abends genug mit
ihm zu thun, als er zurückkam und bei dem umständ=
lichern Bekenntniß dieser Begebenheit sich auf's leb=

hafteste anklagte. Beide Männer nahmen den größten
Antheil an ihm, besonders da er ihnen seine übrige
Lage nun auch mit schwarzen Farben der augenblick=
lichen Stimmung mahlte.

Den andern Tag ließ sich der Arzt nicht lange
bitten, mit ihm nach der Stadt zu gehen, um ihm
Gesellschaft zu leisten, um Aurelien, die ihr Freund
in bedenklichen Umständen zurückgelassen hatte, wo
möglich Hülfe zu verschaffen.

Sie fanden sie auch wirklich schlimmer, als sie
vermutheten. Sie hatte eine Art von überspringendem
Fieber, dem um so weniger beizukommen war, als
sie die Anfälle nach ihrer Art vorsätzlich unterhielt
und verstärkte. Der Fremde ward nicht als Arzt
eingeführt, und betrug sich sehr gefällig und klug.
Man sprach über den Zustand ihres Körpers und
ihres Geistes, und der neue Freund erzählte manche
Geschichten, wie Personen, ungeachtet einer solchen
Kränklichkeit, ein hohes Alter erreichen könnten; nichts
aber sei schädlicher in solchen Fällen, als eine vor=
sätzliche Erneuerung leidenschaftlicher Empfindungen.
Besonders verbarg er nicht, daß er diejenigen Per=
sonen sehr glücklich gefunden habe, die bei einer nicht
ganz herzustellenden kränklichen Anlage wahrhaft reli=
giöse Gesinnungen bei sich zu nähren bestimmt ge=
wesen wären. Er sagte das auf eine sehr bescheidene
Weise und gleichsam historisch, und versprach dabei
seinen neuen Freunden eine sehr interessante Lectüre

an einem Manuscript zu verschaffen, das er aus den
Händen einer nunmehr abgeschiedenen vortrefflichen
Freundin erhalten habe. Es ist mir unendlich werth,
sagte er, und ich vertraue Ihnen das Original selbst
an. Nur der Titel ist von meiner Hand: Bekennt= 5
nisse einer schönen Seele.

Über diätetische und medicinische Behandlung der
unglücklichen aufgespannten Aurelie vertraute der Arzt
Wilhelmen noch seinen besten Rath, versprach zu schrei=
ben und wo möglich selbst wieder zu kommen. 10

Inzwischen hatte sich in Wilhelms Abwesenheit
eine Veränderung vorbereitet, die er nicht vermuthen
konnte. Wilhelm hatte während der Zeit seiner Regie
das ganze Geschäft mit einer gewissen Freiheit und
Liberalität behandelt, vorzüglich auf die Sache ge= 15
sehen, und besonders bei Kleidungen, Decorationen
und Requisiten alles reichlich und anständig ange=
schafft, auch, um den guten Willen der Leute zu er=
halten, ihrem Eigennutze geschmeichelt, da er ihnen
durch edlere Motive nicht beikommen konnte; und er 20
fand sich hierzu um so mehr berechtigt, als Serlo
selbst keine Ansprüche machte, ein genauer Wirth zu
sein, den Glanz seines Theaters gerne loben hörte
und zufrieden war, wenn Aurelie, welche die ganze
Haushaltung führte, nach Abzug aller Kosten, ver= 25
sicherte, daß sie keine Schulden habe, und noch so
viel hergab, als nöthig war, die Schulden abzutragen,
die Serlo unterdessen durch außerordentliche Freigebig=

keit gegen seine Schönen und sonst etwa auf sich ge=
laden haben mochte.

Melina, der indessen die Garderobe besorgte, hatte,
kalt und heimtückisch wie er war, der Sache im
5 Stillen zugesehen, und wußte, bei der Entfernung
Wilhelms und bei der zunehmenden Krankheit Aure=
liens, Serlo fühlbar zu machen, daß man eigentlich
mehr einnehmen, weniger ausgeben, und entweder
etwas zurücklegen oder doch am Ende nach Willkür
10 noch lustiger leben könne. Serlo hörte das gern und
Melina wagte sich mit seinem Plane hervor.

Ich will, sagte er, nicht behaupten, daß einer von
den Schauspielern gegenwärtig zu viel Gage hat: es
sind verdienstvolle Leute, und sie würden an jedem
15 Orte willkommen sein; allein für die Einnahme, die
sie uns verschaffen, erhalten sie doch zu viel. Mein
Vorschlag wäre eine Oper einzurichten, und was das
Schauspiel betrifft, so muß ich Ihnen sagen, Sie
sind der Mann, allein ein ganzes Schauspiel aus=
20 zumachen. Müssen Sie jetzt nicht selbst erfahren, daß
man Ihre Verdienste verkennt. Nicht, weil Ihre Mit=
spieler vortrefflich, sondern weil sie gut sind, läßt
man Ihrem außerordentlichen Talente keine Gerechtig=
keit mehr widerfahren.

25 Stellen Sie sich, wie wohl sonst geschehen ist, nur
allein hin, suchen Sie mittelmäßige, ja ich darf sagen
schlechte Leute für geringe Gage an sich zu ziehen,
stutzen Sie das Volk, wie Sie es so sehr verstehen,

im Mechanischen zu, wenden Sie das Übrige an die
Oper, und Sie werden sehen, daß Sie mit derselben
Mühe und mit denselben Kosten mehr Zufriedenheit
erregen, und ungleich mehr Geld als bisher gewinnen
werden.

Serlo war zu sehr geschmeichelt, als daß seine Ein=
wendungen einige Stärke hätten haben sollen. Er ge=
stand Melina'n gern zu, daß er bei seiner Liebhaberei
zur Musik längst so etwas gewünscht habe; doch sehe
er freilich ein, daß die Neigung des Publicums da=
durch noch mehr auf Abwege geleitet, und daß bei so
einer Vermischung eines Theaters, das nicht recht Oper
nicht recht Schauspiel sei, nothwendig der Überrest
von Geschmack an einem bestimmten und ausführ=
lichen Kunstwerke sich völlig verlieren müsse.

Melina scherzte nicht ganz fein über Wilhelms
pedantische Ideale dieser Art, über die Anmaßung
das Publicum zu bilden, statt sich von ihm bilden
zu lassen, und beide vereinigten sich mit großer Über=
zeugung, daß man nur Geld einnehmen, reich werden
oder sich lustig machen solle, und verbargen sich kaum,
daß sie nur jener Personen los zu sein wünschten,
die ihrem Plane im Wege standen. Melina bedauerte,
daß die schwächliche Gesundheit Aureliens ihr kein
langes Leben verspreche, dachte aber gerade das Gegen=
theil. Serlo schien zu beklagen, daß Wilhelm nicht
Sänger sei, und gab dadurch zu verstehen, daß er ihn
für bald entbehrlich halte. Melina trat mit einem

ganzen Register von Ersparnissen, die zu machen seien,
hervor, und Serlo sah in ihm seinen ersten Schwager
dreifach ersetzt. Sie fühlten wohl, daß sie sich über
diese Unterredung das Geheimniß zuzusagen hatten, ,
5 wurden dadurch nur noch mehr an einander geknüpft
und nahmen Gelegenheit, insgeheim über alles, was
vorkam, sich zu besprechen, was Aurelie und Wilhelm
unternahmen zu tadeln, und ihr neues Project in
Gedanken immer mehr auszuarbeiten.

10   So verschwiegen auch beide über ihren Plan sein
mochten, und so wenig sie durch Worte sich verriethen,
so waren sie doch nicht politisch genug, in dem Betragen ihre Gesinnungen zu verbergen. Melina widersetzte sich Wilhelmen in manchen Fällen, die in seinem
15 Kreise lagen, und Serlo, der niemals glimpflich mit
seiner Schwester umgegangen war, ward nur bitterer,
jemehr ihre Kränklichkeit zunahm, und jemehr sie bei
ihren ungleichen leidenschaftlichen Launen Schonung
verdient hätte.

20   Zu eben dieser Zeit nahm man Emilie Galotti
vor. Dieses Stück war sehr glücklich besetzt, und alle
konnten in dem beschränkten Kreise dieses Trauerspiels
die ganze Mannichfaltigkeit ihres Spieles zeigen. Serlo
war als Marinelli an seinem Platze, Odoardo ward
25 sehr gut vorgetragen, Madame Melina spielte die
Mutter mit vieler Einsicht, Elmire zeichnete sich in
der Rolle Emiliens zu ihrem Vortheil aus, Laertes trat
als Appiani mit vielem Anstand auf, und Wilhelm

hatte ein Studium von mehreren Monaten auf die
Rolle des Prinzen verwendet. Bei dieser Gelegenheit
hatte er, sowohl mit sich selbst als mit Serlo und
Aurelien, die Frage oft abgehandelt: welch ein Unter=
schied sich zwischen einem edlen und vornehmen Be= 5
tragen zeige, und in wiefern jenes in diesem, dieses
aber nicht in jenem enthalten zu sein brauche?

Serlo, der selbst als Marinelli den Hofmann rein,
ohne Carricatur vorstellte, äußerte über diesen Punct
manchen guten Gedanken. Der vornehme Anstand, 10
sagte er, ist schwer nachzuahmen, weil er eigentlich
negativ ist, und eine lange anhaltende Übung voraus=
setzt. Denn man soll nicht etwa in seinem Benehmen
etwas darstellen, das Würde anzeigt: denn leicht fällt
man dadurch in ein förmliches stolzes Wesen; man 15
soll vielmehr nur alles vermeiden, was unwürdig,
was gemein ist; man soll sich nie vergessen, immer
auf sich und andere Acht haben, sich nichts vergeben,
andern nicht zu viel, nicht zu wenig thun, durch
nichts gerührt scheinen, durch nichts bewegt werden, 20
sich niemals übereilen, sich in jedem Momente zu
fassen wissen, und so ein äußeres Gleichgewicht er=
halten, innerlich mag es stürmen wie es will. Der
edle Mensch kann sich in Momenten vernachläßigen,
der vornehme nie. Dieser ist wie ein sehr wohl= 25
gekleideter Mann: er wird sich nirgends anlehnen,
und jedermann wird sich hüten, an ihn zu streichen;
er unterscheidet sich vor andern, und doch darf er

nicht allein stehen bleiben; denn wie in jeder Kunst,
also auch in dieser, soll zuletzt das Schwerste mit
Leichtigkeit ausgeführt werden; so soll der Vornehme,
ungeachtet aller Absonderung, immer mit andern ver=
bunden scheinen, nirgends steif, überall gewandt sein,
immer als der erste erscheinen, und sich nie als ein
solcher aufdringen.

Man sieht also, daß man, um vornehm zu schei=
nen, wirklich vornehm sein müsse; man sieht, warum
Frauen im Durchschnitt sich eher dieses Ansehen geben
können als Männer, warum Hofleute und Soldaten
am schnellsten zu diesem Anstande gelangen.

Wilhelm verzweifelte nun fast an seiner Rolle,
allein Serlo half ihm wieder auf, indem er ihm über
das Einzelne die feinsten Bemerkungen mittheilte, und
ihn dergestalt ausstattete, daß er bei der Aufführung,
wenigstens in den Augen der Menge, einen recht feinen
Prinzen darstellte.

Serlo hatte versprochen ihm nach der Vorstellung
die Bemerkungen mitzutheilen, die er noch allenfalls
über ihn machen würde; allein ein unangenehmer
Streit zwischen Bruder und Schwester hinderte jede
kritische Unterhaltung. Aurelie hatte die Rolle der
Orsina auf eine Weise gespielt, wie man sie wohl
niemals wieder sehen wird. Sie war mit der Rolle
überhaupt sehr bekannt, und hatte sie in den Proben
gleichgültig behandelt; bei der Aufführung selbst aber
zog sie, möchte man sagen, alle Schleusen ihres indi=

viduellen Kummers auf, und es ward dadurch eine
Darstellung, wie sie sich kein Dichter in dem ersten
Feuer der Empfindung hätte denken können. Ein un=
mäßiger Beifall des Publicums belohnte ihre schmerz=
lichen Bemühungen, aber sie lag auch halb ohnmächtig
in einem Sessel, als man sie nach der Aufführung
aufsuchte.

Serlo hatte schon über ihr übertriebenes Spiel,
wie er es nannte, und über die Entblößung ihres
innersten Herzens vor dem Publicum, das doch mehr
oder weniger mit jener fatalen Geschichte bekannt war,
seinen Unwillen zu erkennen gegeben, und, wie er es
im Zorn zu thun pflegte, mit den Zähnen geknirscht
und mit den Füßen gestampft. Laßt sie, sagte er,
als er sie von den übrigen umgeben in dem Sessel
fand, sie wird noch eh'stens ganz nackt auf das Theater
treten, und dann wird erst der Beifall recht voll=
kommen sein.

Undankbarer! rief sie aus, Unmenschlicher! Man
wird mich bald nackt dahin tragen, wo kein Beifall
mehr zu unsern Ohren kommt! Mit diesen Worten
sprang sie auf und eilte nach der Thüre. Die Magd
hatte versäumt, ihr den Mantel zu bringen, die Porte=
chaise war nicht da; es hatte geregnet und ein sehr
rauher Wind zog durch die Straßen. Man redete ihr
vergebens zu, denn sie war übermäßig erhitzt; sie ging
vorsätzlich langsam und lobte die Kühlung, die sie
recht begierig einzusaugen schien. Kaum war sie zu

Hause, als sie vor Heiserkeit kaum ein Wort mehr
sprechen konnte; sie gestand aber nicht, daß sie im
Nacken und den Rücken hinab eine völlige Steifigkeit
fühlte. Nicht lange, so überfiel sie eine Art von
Lähmung der Zunge, so daß sie ein Wort für's
andere sprach; man brachte sie zu Bette, durch häufig
angewandte Mittel legte sich ein Übel, indem sich das
andere zeigte. Das Fieber ward stark und ihr Zustand
gefährlich.

Den andern Morgen hatte sie eine ruhige Stunde.
Sie ließ Wilhelm rufen und übergab ihm einen Brief.
Dieses Blatt, sagte sie, wartet schon lange auf diesen
Augenblick. Ich fühle, daß das Ende meines Lebens
bald heran naht; versprechen Sie mir, daß Sie es
selbst abgeben und daß Sie durch wenige Worte meine
Leiden an dem Ungetreuen rächen wollen. Er ist
nicht fühllos, und wenigstens soll ihn mein Tod
einen Augenblick schmerzen.

Wilhelm übernahm den Brief, indem er sie jedoch
tröstete und den Gedanken des Todes von ihr ent=
fernen wollte.

Nein, versetzte sie, benehmen Sie mir nicht meine
nächste Hoffnung. Ich habe ihn lange erwartet und
will ihn freudig in die Arme schließen.

Kurz darauf kam das vom Arzt versprochene
Manuscript an. Sie ersuchte Wilhelmen, ihr daraus
vorzulesen, und die Wirkung, die es that, wird der
Leser am besten beurtheilen können, wenn er sich mit

dem folgenden Buche bekannt gemacht hat. Das heftige und trotzige Wesen unsrer armen Freundin ward auf einmal gelindert. Sie nahm den Brief zurück und schrieb einen andern, wie es schien in sehr sanfter Stimmung; auch forderte sie Wilhelmen auf, ihren Freund, wenn er irgend durch die Nachricht ihres Todes betrübt werden sollte, zu trösten, ihn zu ver= sichern, daß sie ihm verziehen habe, und daß sie ihm alles Glück wünsche.

Von dieser Zeit an war sie sehr still und schien sich nur mit wenigen Ideen zu beschäftigen, die sie sich aus dem Manuscript eigen zu machen suchte, woraus ihr Wilhelm von Zeit zu Zeit vorlesen mußte. Die Abnahme ihrer Kräfte war nicht sicht= bar, und unvermuthet fand sie Wilhelm eines Mor= gens todt, als er sie besuchen wollte.

Bei der Achtung, die er für sie gehabt, und bei der Gewohnheit, mit ihr zu leben, war ihm ihr Ver= lust sehr schmerzlich. Sie war die einzige Person, die es eigentlich gut mit ihm meinte, und die Kälte Serlo's in der letzten Zeit hatte er nur allzusehr gefühlt. Er eilte daher, die aufgetragene Botschaft auszurichten und wünschte sich auf einige Zeit zu entfernen. Von der andern Seite war für Melina diese Abreise sehr erwünscht: denn dieser hatte sich bei der weitläufigen Correspondenz, die er unterhielt, gleich mit einem Sänger und einer Sängerin eingelassen, die das Pu= blicum einstweilen durch Zwischenspiele zur künftigen

Oper vorbereiten sollten. Der Verlust Aureliens und Wilhelms Entfernung sollten auf diese Weise in der ersten Zeit übertragen werden, und unser Freund war mit allem zufrieden, was ihm seinen Urlaub auf einige Wochen erleichterte.

Er hatte sich eine sonderbar wichtige Idee von seinem Auftrage gemacht. Der Tod seiner Freundin hatte ihn tief gerührt, und da er sie so frühzeitig von dem Schau= platze abtreten sah, mußte er nothwendig gegen den, der ihr Leben verkürzt, und dieses kurze Leben ihr so qualvoll gemacht, feindselig gesinnt sein.

Ungeachtet der letzten gelinden Worte der Sterben= den, nahm er sich doch vor, bei Überreichung des Briefs ein strenges Gericht über den ungetreuen Freund ergehen zu lassen, und da er sich nicht einer zufälligen Stim= mung vertrauen wollte, dachte er an eine Rede, die in der Ausarbeitung pathetischer als billig ward. Nach= dem er sich völlig von der guten Composition seines Aufsatzes überzeugt hatte, machte er, indem er ihn aus= wendig lernte, Anstalt zu seiner Abreise. Mignon war bei'm Einpacken gegenwärtig und fragte ihn, ob er nach Süden oder nach Norden reise? und als sie das letzte von ihm erfuhr, sagte sie: So will ich dich hier wieder erwarten. Sie bat ihn um die Perlenschnur Marianens, die er dem lieben Geschöpf nicht versagen konnte; das Halstuch hatte sie schon. Dagegen steckte sie ihm den Schleier des Geistes in den Mantelsack, ob er ihr gleich sagte, daß ihm dieser Flor zu keinem Gebrauch sei.

Melina übernahm die Regie, und seine Frau ver=
sprach auf die Kinder ein mütterliches Auge zu haben,
von denen sich Wilhelm ungern losriß. Felix war sehr
lustig bei'm Abschied, und als man ihn fragte: was
er wolle mitgebracht haben, sagte er: Höre! bringe   5
mir einen Vater mit. Mignon nahm den Scheidenden
bei der Hand, und indem sie, auf die Zehen gehoben,
ihm einen treuherzigen und lebhaften Kuß, doch ohne
Zärtlichkeit, auf die Lippen drückte, sagte sie: Meister!
vergiß uns nicht und komm bald wieder.   10

Und so lassen wir unsern Freund unter tausend
Gedanken und Empfindungen seine Reise antreten, und
zeichnen hier noch zum Schlusse ein Gedicht auf, das
Mignon mit großem Ausdruck einigemal recitirt hatte,
und das wir früher mitzutheilen durch den Drang so   15
mancher sonderbaren Ereignisse verhindert wurden.

> Heiß mich nicht reden, heiß mich schweigen,
> Denn mein Geheimniß ist mir Pflicht;
> Ich möchte dir mein ganzes Innre zeigen,
> Allein das Schicksal will es nicht.   20
>
> Zur rechten Zeit vertreibt der Sonne Lauf
> Die finstre Nacht, und sie muß sich erhellen,
> Der harte Fels schließt seinen Busen auf,
> Mißgönnt der Erde nicht die tiefverborgnen Quellen.
>
> Ein jeder sucht im Arm des Freundes Ruh,   25
> Dort kann die Brust in Klagen sich ergießen;
> Allein ein Schwur drückt mir die Lippen zu,
> Und nur ein Gott vermag sie aufzuschließen.

Wilhelm Meisters Lehrjahre.

Sechstes Buch.

Bekenntnisse
einer schönen Seele.

Bis in mein achtes Jahr war ich ein ganz ge=
sundes Kind, weiß mich aber von dieser Zeit so wenig
zu erinnern, als von dem Tage meiner Geburt. Mit
dem Anfange des achten Jahres bekam ich einen Blut=
sturz, und in dem Augenblick war meine Seele ganz
Empfindung und Gedächtniß. Die kleinsten Umstände
dieses Zufalls stehn mir noch vor Augen, als hätte
er sich gestern ereignet.

Während des neunmonatlichen Krankenlagers, das
ich mit Geduld aushielt, ward, so wie mich dünkt,
der Grund zu meiner ganzen Denkart gelegt, indem
meinem Geiste die ersten Hülfsmittel gereicht wurden,
sich nach seiner eigenen Art zu entwickeln.

Ich litt und liebte, das war die eigentliche Gestalt
meines Herzens. In dem heftigsten Husten und ab=
mattenden Fieber war ich stille wie eine Schnecke, die
sich in ihr Haus zieht; sobald ich ein wenig Luft
hatte, wollte ich etwas Angenehmes fühlen, und da
mir aller übrige Genuß versagt war, suchte ich mich
durch Augen und Ohren schadlos zu halten. Man

17*

brachte mir Puppenwerk und Bilderbücher, und wer
Sitz an meinem Bette haben wollte, mußte mir etwas
erzählen.

Von meiner Mutter hörte ich die biblischen Ge=
schichten gern an; der Vater unterhielt mich mit Ge=
genständen der Natur. Er besaß ein artiges Kabinett.
Davon brachte er gelegentlich eine Schublade nach der
andern herunter, zeigte mir die Dinge und erklärte sie
mir nach der Wahrheit. Getrocknete Pflanzen und
Insecten und manche Arten von anatomischen Prä=
paraten, Menschenhaut, Knochen, Mumien und der=
gleichen kamen auf das Krankenbette der Kleinen;
Vögel und Thiere, die er auf der Jagd erlegte, wur=
den mir vorgezeigt, ehe sie nach der Küche gingen;
und damit doch auch der Fürst der Welt eine Stimme
in dieser Versammlung behielte, erzählte mir die Tante
Liebesgeschichten und Feenmährchen. Alles ward an=
genommen, und alles faßte Wurzel. Ich hatte Stun=
den, in denen ich mich lebhaft mit dem unsichtbaren
Wesen unterhielt; ich weiß noch einige Verse, die ich
der Mutter damals in die Feder dictirte.

Oft erzählte ich dem Vater wieder, was ich von
ihm gelernt hatte. Ich nahm nicht leicht eine Arzenei,
ohne zu fragen, wo wachsen die Dinge, aus denen sie
gemacht ist? wie sehen sie aus? wie heißen sie? Aber
die Erzählungen meiner Tante waren auch nicht auf
einen Stein gefallen. Ich dachte mich in schöne Kleider
und begegnete den allerliebsten Prinzen, die nicht ruhen

noch raſten konnten, bis ſie wußten, wer die un=
bekannte Schöne war. Ein ähnliches Abenteuer mit
einem reizenden kleinen Engel, der in weißem Gewand
und goldnen Flügeln ſich ſehr um mich bemühte,
ſetzte ich ſo lange fort, daß meine Einbildungskraft
ſein Bild faſt bis zur Erſcheinung erhöhte.

Nach Jahresfriſt war ich ziemlich wieder herge=
ſtellt; aber es war mir aus der Kindheit nichts Wil=
des übrig geblieben. Ich konnte nicht einmal mit
Puppen ſpielen, ich verlangte nach Weſen, die meine
Liebe erwiderten. Hunde, Katzen und Vögel, der=
gleichen mein Vater von allen Arten ernährte, ver=
gnügten mich ſehr; aber was hätte ich nicht gegeben,
ein Geſchöpf zu beſitzen, das in einem der Mährchen
meiner Tante eine ſehr wichtige Rolle ſpielte. Es
war ein Schäfchen,. das von einem Bauermädchen
in dem Walde aufgefangen und ernährt worden war,
aber in dieſem artigen Thiere ſtak ein verwünſchter
Prinz, der ſich endlich wieder als ſchöner Jüngling
zeigte und ſeine Wohlthäterin durch ſeine Hand be=
lohnte. So ein Schäfchen hätte ich gar zu gerne
beſeſſen!

Nun wollte ſich aber keines finden, und da alles
neben mir ſo ganz natürlich zuging, mußte mir nach
und nach die Hoffnung auf einen ſo köſtlichen Beſitz
faſt vergehen. Unterdeſſen tröſtete ich mich, indem ich
ſolche Bücher las, in denen wunderbare Begebenheiten
beſchrieben wurden. Unter allen war mir der Chriſt=

liche deutsche Herkules der liebste; die andächtige Liebesgeschichte war ganz nach meinem Sinne. Begegnete
seiner Valiska irgend etwas, und es begegneten ihr
grausame Dinge, so betete er erst, eh' er ihr zu Hülfe
eilte, und die Gebete standen ausführlich im Buche. 5
Wie wohl gefiel mir das! Mein Hang zu dem Unsichtbaren, den ich immer auf eine dunkle Weise fühlte,
ward dadurch nur vermehrt; denn ein für allemal
sollte Gott auch mein Vertrauter sein.

Als ich weiter heran wuchs, las ich, der Himmel 10
weiß was, alles durch einander; aber die Römische
Octavia behielt vor allen den Preis. Die Verfol-
gungen der ersten Christen, in einen Roman gekleidet,
erregten bei mir das lebhafteste Interesse.

Nun fing die Mutter an, über das stete Lesen zu 15
schmälen; der Vater nahm ihr zu Liebe mir einen
Tag die Bücher aus der Hand und gab sie mir den
andern wieder. Sie war klug genug zu bemerken,
daß hier nichts auszurichten war, und drang nur
darauf, daß auch die Bibel eben so fleißig gelesen 20
wurde. Auch dazu ließ ich mich nicht treiben, und
ich las die heiligen Bücher mit vielem Antheil. Dabei war meine Mutter immer sorgfältig, daß keine
verführerischen Bücher in meine Hände kämen, und
ich selbst würde jede schändliche Schrift aus der Hand 25
geworfen haben; denn meine Prinzen und Prinzessin-
nen waren alle äußerst tugendhaft, und ich wußte
übrigens von der natürlichen Geschichte des mensch-

lichen Geschlechts mehr, als ich merken ließ, und hatte
es meistens aus der Bibel gelernt. Bedenkliche Stellen
hielt ich mit Worten und Dingen, die mir vor Augen
kamen, zusammen, und brachte bei meiner Wißbegierde
und Combinationsgabe die Wahrheit glücklich heraus.
Hätte ich von Hexen gehört, so hätte ich auch mit der
Hexerei bekannt werden müssen.

Meiner Mutter und dieser Wißbegierde hatte ich
es zu danken, daß ich bei dem heftigen Hang zu
Büchern doch kochen lernte; aber dabei war etwas zu
sehen. Ein Huhn, ein Ferkel aufzuschneiden war für
mich ein Fest. Dem Vater brachte ich die Eingeweide,
und er redete mit mir darüber, wie mit einem jungen
Studenten, und pflegte mich oft mit inniger Freude
seinen mißrathenen Sohn zu nennen.

Nun war das zwölfte Jahr zurückgelegt. Ich lernte
Französisch, Tanzen und Zeichnen, und erhielt den ge=
wöhnlichen Religionsunterricht. Bei dem letzten wurden
manche Empfindungen und Gedanken rege, aber nichts
was sich auf meinen Zustand bezogen hätte. Ich hörte
gern von Gott reden, ich war stolz darauf, besser als
Meinesgleichen von ihm reden zu können; ich las nun
mit Eifer manche Bücher, die mich in den Stand setzten,
von Religion zu schwatzen, aber nie fiel es mir ein zu
denken, wie es denn mit mir stehe, ob meine Seele
auch so gestaltet sei, ob sie einem Spiegel gleiche, von
dem die ewige Sonne widerglänzen könnte; das hatte
ich ein für allemal schon vorausgesetzt.

Französisch lernte ich mit vieler Begierde. Mein Sprachmeister war ein wackerer Mann. Er war nicht ein leichtsinniger Empiriker, nicht ein trockner Grammatiker; er hatte Wissenschaften, er hatte die Welt gesehen. Zugleich mit dem Sprachunterrichte sättigte er meine Wißbegierde auf mancherlei Weise. Ich liebte ihn so sehr, daß ich seine Ankunft immer mit Herzklopfen erwartete. Das Zeichnen fiel mir nicht schwer, und ich würde es weiter gebracht haben, wenn mein Meister Kopf und Kenntnisse gehabt hätte; er hatte aber nur Hände und Übung.

Tanzen war anfangs nur meine geringste Freude; mein Körper war zu empfindlich und ich lernte nur in der Gesellschaft meiner Schwester. Durch den Einfall unsers Tanzmeisters, allen seinen Schülern und Schülerinnen einen Ball zu geben, ward aber die Lust zu dieser Übung ganz anders belebt.

Unter vielen Knaben und Mädchen zeichneten sich zwei Söhne des Hofmarschalls aus: der jüngste so alt wie ich, der andere zwei Jahr älter, Kinder von einer solchen Schönheit, daß sie nach dem allgemeinen Geständniß alles übertrafen, was man je von schönen Kindern gesehen hatte. Auch ich hatte sie kaum erblickt, so sah ich niemand mehr vom ganzen Haufen. In dem Augenblicke tanzte ich mit Aufmerksamkeit und wünschte schön zu tanzen. Wie es kam, daß auch diese Knaben unter allen andern mich vorzüglich bemerkten? — Genug, in der ersten Stunde waren wir

die besten Freunde, und die kleine Luftbarkeit ging noch
nicht zu Ende, so hatten wir schon ausgemacht, wo
wir uns nächstens wieder sehen wollten. Eine große
Freude für mich! Aber ganz entzückt war ich, als
beide den andern Morgen, jeder in einem galanten
Billet, das mit einem Blumenstrauß begleitet war,
sich nach meinem Befinden erkundigten. So fühlte
ich nie mehr, wie ich da fühlte! Artigkeiten wurden
mit Artigkeiten, Briefchen mit Briefchen erwidert.
Kirche und Promenaden wurden von nun an zu
Rendezvous; unsre jungen Bekannten luden uns schon
jederzeit zusammen ein, wir aber waren schlau genug,
die Sache dergestalt zu verdecken, daß die Eltern nicht
mehr davon einsahen, als wir für gut hielten.

Nun hatte ich auf einmal zwei Liebhaber bekommen. Ich war für keinen entschieden; sie gefielen
mir beide, und wir standen auf's beste zusammen.
Auf einmal ward der ältere sehr krank; ich war
selbst schon oft sehr krank gewesen, und wußte den
Leidenden durch Übersendung mancher Artigkeiten und
für einen Kranken schicklicher Leckerbissen zu erfreuen,
daß seine Eltern die Aufmerksamkeit dankbar erkannten, der Bitte des lieben Sohns Gehör gaben
und mich sammt meinen Schwestern, sobald er nur
das Bette verlassen hatte, zu ihm einluden. Die
Zärtlichkeit, womit er mich empfing, war nicht kin-
disch, und von dem Tage an war ich für ihn entschieden. Er warnte mich gleich, vor seinem Bruder

geheim zu sein; allein das Feuer war nicht mehr zu verbergen, und die Eifersucht des jüngern machte den Roman vollkommen. Er spielte uns tausend Streiche; mit Lust vernichtete er unsre Freude, und vermehrte dadurch die Leidenschaft, die er zu zerstören suchte.

Nun hatte ich denn wirklich das gewünschte Schäfchen gefunden, und diese Leidenschaft hatte, wie sonst eine Krankheit, die Wirkung auf mich, daß sie mich still machte und mich von der schwärmenden Freude zurückzog. Ich war einsam und gerührt und Gott fiel mir wieder ein. Er blieb mein Vertrauter, und ich weiß wohl, mit welchen Thränen ich für den Knaben, der fortkränkelte, zu beten anhielt.

So viel Kindisches in dem Vorgang war, so viel trug er zur Bildung meines Herzens bei. Unserm französischen Sprachmeister mußten wir täglich, statt der sonst gewöhnlichen Übersetzung, Briefe von unsrer eignen Erfindung schreiben. Ich brachte meine Liebes= geschichte unter dem Namen Phyllis und Damon zu Markte. Der Alte sah bald durch, und um mich treuherzig zu machen, lobte er meine Arbeit gar sehr. Ich wurde immer kühner, ging offenherzig heraus und war bis in's Detail der Wahrheit getreu. Ich weiß nicht mehr, bei welcher Stelle er einst Gelegen= heit nahm, zu sagen: Wie das artig, wie das natür= lich ist! Aber die gute Phyllis mag sich in Acht nehmen, es kann bald ernsthaft werden.

Mich verdroß, daß er die Sache nicht schon für

ernsthaft hielt, und fragte ihn piquirt, was er unter
ernsthaft verstehe? Er ließ sich nicht zweimal fragen,
und erklärte sich so deutlich, daß ich meinen Schrecken
kaum verbergen konnte. Doch da sich gleich darauf
5 bei mir der Verdruß einstellte, und ich ihm übel
nahm, daß er solche Gedanken hegen könne, faßte ich
mich, wollte meine Schöne rechtfertigen und sagte mit
feuerrothen Wangen: Aber, mein Herr, Phyllis ist
ein ehrbares Mädchen!

10 Nun war er boshaft genug, mich mit meiner ehr=
baren Heldin aufzuziehen, und, indem wir Französisch
sprachen, mit dem „honnête" zu spielen, um die Ehr=
barkeit der Phyllis durch alle Bedeutungen durch=
zuführen. Ich fühlte das Lächerliche und war äußerst
15 verwirrt. Er, der mich nicht furchtsam machen wollte,
brach ab, brachte aber das Gespräch bei andern Ge=
legenheiten wieder auf die Bahn. Schauspiele und
kleine Geschichten, die ich bei ihm las und übersetzte,
gaben ihm oft Anlaß zu zeigen, was für ein schwacher
20 Schutz die sogenannte Tugend gegen die Aufforde=
rungen eines Affects sei. Ich widersprach nicht mehr,
ärgerte mich aber immer heimlich, und seine Anmer=
kungen wurden mir zur Last.

Mit meinem guten Damon kam ich auch nach und
25 nach aus aller Verbindung. Die Chikanen des jüngern
hatten unsern Umgang zerrissen. Nicht lange Zeit da=
rauf starben beide blühende Jünglinge. Es that mir
weh, aber bald waren sie vergessen.

Phyllis wuchs nun schnell heran, war ganz gesund und fing an die Welt zu sehen. Der Erbprinz ver= mählte sich und trat bald darauf nach dem Tode seines Vaters die Regierung an. Hof und Stadt waren in lebhafter Bewegung. Nun hatte meine Neugierde mancherlei Nahrung. Nun gab es Komö= dien, Bälle und was sich daran anschließt, und ob uns gleich die Eltern so viel als möglich zurück hielten, so mußte man doch bei Hof, wo ich einge= führt war, erscheinen. Die Fremden strömten herbei, in allen Häusern war große Welt, an uns selbst waren einige Cavaliere empfohlen und andre intro= ducirt, und bei meinem Oheim waren alle Nationen anzutreffen.

Mein ehrlicher Mentor fuhr fort mich auf eine bescheidene und doch treffende Weise zu warnen, und ich nahm es ihm immer heimlich übel. Ich war keineswegs von der Wahrheit seiner Behauptung über= zeugt, und vielleicht hatte ich auch damals Recht, viel= leicht hatte er Unrecht, die Frauen unter allen Um= ständen für so schwach zu halten; aber er redete zu= gleich so zudringlich, daß mir einst bange wurde, er möchte Recht haben, da ich denn sehr lebhaft zu ihm sagte: Weil die Gefahr so groß und das menschliche Herz so schwach ist, so will ich Gott bitten, daß er mich bewahre.

Die naive Antwort schien ihn zu freuen, er lobte meinen Vorsatz; aber es war bei mir nichts weniger

als ernstlich gemeint; dießmal war es nur ein leeres
Wort: denn die Empfindungen für den Unsichtbaren
waren bei mir fast ganz verloschen. Der große
Schwarm, mit dem ich umgeben war, zerstreute mich
und riß mich wie ein starker Strom mit fort. Es
waren die leersten Jahre meines Lebens. Tagelang
von nichts zu reden, keinen gesunden Gedanken zu
haben, und nur zu schwärmen, das war meine Sache.
Nicht einmal der geliebten Bücher wurde gedacht. Die
Leute, mit denen ich umgeben war, hatten keine Ahnung von Wissenschaften; es waren deutsche Hofleute,
und diese Classe hatte damals nicht die mindeste
Cultur.

Ein solcher Umgang, sollte man denken, hätte
mich an den Rand des Verderbens führen müssen.
Ich lebte in sinnlicher Munterkeit nur so hin, ich
sammelte mich nicht, ich betete nicht, ich dachte nicht
an mich noch an Gott; aber ich seh' es als eine
Führung an, daß mir keiner von den vielen schönen,
reichen und wohlgekleideten Männern gefiel. Sie
waren liederlich und versteckten es nicht, das schreckte
mich zurück; ihr Gespräch zierten sie mit Zweideutigkeiten, das beleidigte mich, und ich hielt mich kalt
gegen sie; ihre Unart überstieg manchmal allen
Glauben, und ich erlaubte mir grob zu sein.

Überdieß hatte mir mein Alter einmal vertraulich eröffnet, daß mit den meisten dieser leidigen
Bursche nicht allein die Tugend, sondern auch die

Gefundheit eines Mädchens in Gefahr fei. Nun
graute mir erft vor ihnen, und ich war fchon be=
forgt, wenn mir einer auf irgend eine Weife zu
nahe kam. Ich hütete mich vor Gläfern und Taffen,
wie vor dem Stuhle, von dem einer aufgeftanden
war. Auf diefe Weife war ich moralifch und phyfifch
fehr ifolirt, und alle die Artigkeiten, die fie mir fagten,
nahm ich ftolz für fchuldigen Weihrauch auf.

Unter den Fremden, die fich damals bei uns auf=
hielten, zeichnete fich ein junger Mann befonders aus,
den wir im Scherz Narciß nannten. Er hatte fich
in der diplomatifchen Laufbahn guten Ruf erworben,
und hoffte bei verfchiedenen Veränderungen, die an
unferm neuen Hofe vorgingen, vortheilhaft placirt
zu werden. Er ward mit meinem Vater bald be=
kannt, und feine Kenntniffe und fein Betragen öffne=
ten ihm den Weg in eine gefchloffene Gefellfchaft der
würdigften Männer. Mein Vater fprach viel zu
feinem Lobe, und feine fchöne Geftalt hätte noch
mehr Eindruck gemacht, wenn fein ganzes Wefen
nicht eine Art von Selbftgefälligkeit gezeigt hätte.
Ich hatte ihn gefehen, dachte gut von ihm, aber wir
hatten uns nie gefprochen.

Auf einem großen Balle, auf dem er fich auch be=
fand, tanzten wir eine Mennett zufammen; auch das
ging ohne nähere Bekanntfchaft ab. Als die heftigen
Tänze angingen, die ich meinem Vater zu Liebe, der
für meine Gefundheit beforgt war, zu vermeiden

pflegte, begab ich mich in ein Nebenzimmer, und unterhielt mich mit ältern Freundinnen, die sich zum Spiele gesetzt hatten.

Narciß, der eine Weile mit herumgesprungen war, kam auch einmal in das Zimmer, in dem ich mich befand, und fing, nachdem er sich von einem Nasen= bluten, das ihn bei'm Tanzen überfiel, erholt hatte, mit mir über mancherlei zu sprechen an. Binnen einer halben Stunde war der Discurs so interessant, ob sich gleich keine Spur von Zärtlichkeit drein mischte, daß wir nun beide das Tanzen nicht mehr vertragen konnten. Wir wurden bald von den andern darüber geneckt, ohne daß wir uns dadurch irre machen ließen. Den andern Abend konnten wir unser Gespräch wieder anknüpfen und schonten unsre Gesundheit sehr.

Nun war die Bekanntschaft gemacht. Narciß war= tete mir und meinen Schwestern auf, und nun fing ich erst wieder an, gewahr zu werden, was ich alles wußte, worüber ich gedacht, was ich empfunden hatte, und worüber ich mich im Gespräche auszudrücken ver= stand. Mein neuer Freund, der von jeher in der besten Gesellschaft gewesen war, hatte außer dem historischen und politischen Fache, das er ganz über= sah, sehr ausgebreitete literarische Kenntnisse, und ihm blieb nichts Neues, besonders was in Frank= reich herauskam, unbekannt. Er brachte und sendete mir manch angenehmes Buch, doch das mußte ge=

heimer als ein verbotenes Liebesverständniß gehalten
werden. Man hatte die gelehrten Weiber lächerlich
gemacht, und man wollte auch die unterrichteten nicht
leiden, wahrscheinlich weil man für unhöflich hielt, so
viel unwissende Männer beschämen zu lassen. Selbst
mein Vater, dem diese neue Gelegenheit, meinen Geist
auszubilden, sehr erwünscht war, verlangte ausdrück=
lich, daß dieses literarische Commerz ein Geheimniß
bleiben sollte.

So währte unser Umgang beinahe Jahr und Tag,
und ich konnte nicht sagen, daß Narciß auf irgend
eine Weise Liebe oder Zärtlichkeit gegen mich ge=
äußert hätte. Er blieb artig und verbindlich, aber
zeigte keinen Affect; vielmehr schien der Reiz meiner
jüngsten Schwester, die damals außerordentlich schön
war, ihn nicht gleichgültig zu lassen. Er gab ihr
im Scherze allerlei freundliche Namen aus fremden
Sprachen, deren mehrere er sehr gut sprach, und
deren eigenthümliche Redensarten er gern in's deutsche
Gespräch mischte. Sie erwiderte seine Artigkeiten
nicht sonderlich; sie war von einem andern Fädchen
gebunden, und da sie überhaupt sehr rasch und er
empfindlich war, so wurden sie nicht selten über Klei=
nigkeiten uneins. Mit der Mutter und den Tanten
wußte er sich gut zu halten, und so war er nach
und nach ein Glied der Familie geworden.

Wer weiß wie lange wir noch auf diese Weise
fortgelebt hätten, wären durch einen sonderbaren Zu=

fall unsere Verhältnisse nicht auf einmal verändert worden. Ich ward mit meinen Schwestern in ein gewisses Haus gebeten, wohin ich nicht gerne ging. Die Gesellschaft war zu gemischt, und es fanden sich dort oft Menschen wo nicht vom rohsten doch vom plattsten Schlage mit ein. Dießmal war Narciß auch mit geladen, und um seinetwillen war ich geneigt hin zu gehen: denn ich war doch gewiß, jemanden zu finden, mit dem ich mich auf meine Weise unterhalten konnte. Schon bei Tafel hatten wir manches auszustehen, denn einige Männer hatten stark getrunken; nach Tische sollten und mußten Pfänder gespielt werden. Es ging dabei sehr rauschend und lebhaft zu. Narciß hatte ein Pfand zu lösen; man gab ihm auf, der ganzen Gesellschaft etwas in's Ohr zu sagen, das jedermann angenehm wäre. Er mochte sich bei meiner Nachbarin, der Frau eines Hauptmanns, zu lange verweilen. Auf einmal gab ihm dieser eine Ohrfeige, daß mir, die ich gleich daran saß, der Puder in die Augen flog. Als ich die Augen ausgewischt und mich vom Schrecken einigermaßen erholt hatte, sah ich beide Männer mit bloßen Degen. Narciß blutete, und der andere, außer sich von Wein, Zorn und Eifersucht, konnte kaum von der ganzen übrigen Gesellschaft zurück gehalten werden. Ich nahm Narcissen bei'm Arm und führte ihn zur Thüre hinaus eine Treppe hinauf in ein ander Zimmer, und weil ich meinen Freund vor seinem

tollen Gegner nicht sicher glaubte, riegelte ich die
Thüre sogleich zu.

Wir hielten beide die Wunde nicht für ernsthaft,
denn wir sahen nur einen leichten Hieb über die
Hand; bald aber wurden wir einen Strom von
Blut, der den Rücken hinunterfloß, gewahr, und es
zeigte sich eine große Wunde auf dem Kopfe. Nun
ward mir bange. Ich eilte auf den Vorplatz, um
nach Hülfe zu schicken, konnte aber niemand ansichtig
werden, denn alles war unten geblieben, den rasenden
Menschen zu bändigen. Endlich kam eine Tochter
des Hauses heraufgesprungen, und ihre Munterkeit
ängstigte mich nicht wenig, da sie sich über den tollen
Spectakel und über die verfluchte Komödie fast zu
Tode lachen wollte. Ich bat sie dringend, mir einen
Wundarzt zu schaffen, und sie, nach ihrer wilden
Art, sprang gleich die Treppe hinunter, selbst einen
zu holen.

Ich ging wieder zu meinem Verwundeten, band
ihm mein Schnupftuch um die Hand, und ein Hand=
tuch, das an der Thüre hing, um den Kopf. Er blutete
noch immer heftig: der Verwundete erblaßte und schien
in Ohnmacht zu sinken. Niemand war in der Nähe,
der mir hätte beistehen können; ich nahm ihn sehr
ungezwungen in den Arm und suchte ihn durch
Streicheln und Schmeicheln aufzumuntern. Es schien
die Wirkung eines geistigen Heilmittels zu thun; er
blieb bei sich, aber saß todtenbleich da.

Nun kam endlich die thätige Hausfrau und wie
erschrak sie, als sie den Freund in dieser Gestalt in
meinen Armen liegen und uns alle beide mit Blut
überströmt sah: denn niemand hatte sich vorgestellt,
daß Narciß verwundet sei; alle meinten, ich habe ihn
glücklich hinaus gebracht.

Nun war Wein, wohlriechendes Wasser und was
nur erquicken und erfrischen konnte, im Überfluß da,
nun kam auch der Wundarzt und ich hätte wohl ab=
treten können; allein Narciß hielt mich fest bei der
Hand, und ich wäre ohne gehalten zu werden stehen
geblieben. Ich fuhr während des Verbandes fort,
ihn mit Wein anzustreichen und achtete es wenig,
daß die ganze Gesellschaft nunmehr umher stand.
Der Wundarzt hatte geendigt, der Verwundete nahm
einen stummen verbindlichen Abschied von mir und
wurde nach Hause getragen.

Nun führte mich die Hausfrau in ihr Schlaf=
zimmer; sie mußte mich ganz auskleiden, und ich
darf nicht verschweigen, daß ich, da man sein Blut
von meinem Körper abwusch, zum erstenmal zufällig
im Spiegel gewahr wurde, daß ich mich auch ohne
Hülle für schön halten durfte. Ich konnte keines
meiner Kleidungsstücke wieder anziehn, und da die
Personen im Hause alle kleiner oder stärker waren
als ich, so kam ich in einer seltsamen Verkleidung
zum größten Erstaunen meiner Eltern nach Hause.
Sie waren über mein Schrecken, über die Wunden

18*

des Freundes, über den Unsinn des Hauptmanns,
über den ganzen Vorfall äußerst verdrießlich. Wenig
fehlte, so hätte mein Vater selbst, seinen Freund auf
der Stelle zu rächen, den Hauptmann herausgefordert.
Er schalt die anwesenden Herren, daß sie ein solches
meuchlerisches Beginnen nicht auf der Stelle geahndet;
denn es war nur zu offenbar, daß der Hauptmann
sogleich, nachdem er geschlagen, den Degen gezogen
und Narcissen von hinten verwundet habe; der Hieb
über die Hand war erst geführt worden, als Narciß
selbst zum Degen griff. Ich war unbeschreiblich
alterirt und afficirt, oder wie soll ich es ausdrücken;
der Affect, der im tiefsten Grunde des Herzens ruhte,
war auf einmal losgebrochen, wie eine Flamme,
welche Luft bekömmt. Und wenn Luft und Freude
sehr geschickt sind, die Liebe zuerst zu erzeugen und
im Stillen zu nähren, so wird sie, die von Natur
herzhaft ist, durch den Schrecken am leichtesten an=
getrieben, sich zu entscheiden und zu erklären. Man
gab dem Töchterchen Arznei ein und legte es zu
Bette. Mit dem frühesten Morgen eilte mein Vater
zu dem verwundeten Freund, der an einem starken
Wundfieber recht krank darnieder lag.

Mein Vater sagte mir wenig von dem, was er
mit ihm geredet hatte, und suchte mich wegen der
Folgen, die dieser Vorfall haben könnte, zu beruhigen.
Es war die Rede, ob man sich mit einer Abbitte be=
gnügen könne, ob die Sache gerichtlich werden müsse

und was dergleichen mehr war. Ich kannte meinen
Vater zu wohl, als daß ich ihm geglaubt hätte, daß
er diese Sache ohne Zweikampf geendigt zu sehen
wünschte; allein ich blieb still, denn ich hatte von
5 meinem Vater früh gelernt, daß Weiber in solche
Händel sich nicht zu mischen hätten. Übrigens schien
es nicht, als wenn zwischen den beiden Freunden
etwas vorgefallen wäre, das mich betroffen hätte;
doch bald vertraute mein Vater den Inhalt seiner
10 weitern Unterredung meiner Mutter. Narciß, sagte
er, sei äußerst gerührt von meinem geleisteten Bei=
stand, habe ihn umarmt, sich für meinen ewigen
Schuldner erklärt, bezeigt, er verlange kein Glück,
wenn er es nicht mit mir theilen sollte; er habe sich
15 die Erlaubniß ausgebeten, ihn als Vater ansehn zu
dürfen. Mama sagte mir das alles treulich wieder,
hängte aber die wohlmeinende Erinnerung daran, auf
so etwas, das in der ersten Bewegung gesagt worden,
dürfe man so sehr nicht achten. Ja freilich, ant=
20 wortete ich mit angenommener Kälte, und fühlte der
Himmel weiß was und wieviel dabei.

Narciß blieb zwei Monate krank, konnte wegen der
Wunde an der rechten Hand nicht einmal schreiben,
bezeigte mir aber inzwischen sein Andenken durch die
25 verbindlichste Aufmerksamkeit. Alle diese mehr als
gewöhnlichen Höflichkeiten hielt ich mit dem, was ich
von der Mutter erfahren hatte, zusammen, und be=
ständig war mein Kopf voller Grillen. Die ganze

Stadt unterhielt sich von der Begebenheit. Man sprach mit mir davon in einem besondern Tone, man zog Folgerungen daraus, die, so sehr ich sie abzulehnen suchte, mir immer sehr nahe gingen. Was vorher Tändelei und Gewohnheit gewesen war, ward nun Ernst und Neigung. Die Unruhe, in der ich lebte, war um so heftiger, je sorgfältiger ich sie vor allen Menschen zu verbergen suchte. Der Gedanke, ihn zu verlieren, erschreckte mich, und die Möglichkeit einer nähern Verbindung machte mich zittern. Der Gedanke des Ehestandes hat für ein halbkluges Mädchen gewiß etwas Schreckhaftes.

Durch diese heftigen Erschütterungen ward ich wieder an mich selbst erinnert. Die bunten Bilder eines zerstreuten Lebens, die mir sonst Tag und Nacht vor den Augen schwebten, waren auf einmal weggeblasen. Meine Seele fing wieder an sich zu regen; allein die sehr unterbrochene Bekanntschaft mit dem unsichtbaren Freunde war so leicht nicht wieder hergestellt. Wir blieben noch immer in ziemlicher Entfernung; es war wieder etwas, aber gegen sonst ein großer Unterschied.

Ein Zweikampf, worin der Hauptmann stark verwundet wurde, war vorüber, ohne daß ich etwas davon erfahren hatte, und die öffentliche Meinung war in jedem Sinne auf der Seite meines Geliebten, der endlich wieder auf dem Schauplatze erschien. Vor allen Dingen ließ er sich mit verbundnem Haupt

und eingewickelter Hand in unser Haus tragen. Wie
klopfte mir das Herz bei diesem Besuche! Die ganze
Familie war gegenwärtig; es blieb auf beiden Seiten
nur bei allgemeinen Danksagungen und Höflichkeiten;
doch fand er Gelegenheit, mir einige geheime Zeichen
seiner Zärtlichkeit zu geben, wodurch meine Unruhe
nur zu sehr vermehrt ward. Nachdem er sich völlig
wieder erholt, besuchte er uns den ganzen Winter auf
eben dem Fuß wie ehemals, und bei allen leisen
Zeichen von Empfindung und Liebe, die er mir gab,
blieb alles unerörtert.

Auf diese Weise ward ich in steter Übung gehalten.
Ich konnte mich keinem Menschen vertrauen und von
Gott war ich zu weit entfernt. Ich hatte diesen wäh=
rend vier wilder Jahre ganz vergessen; nun dachte
ich dann und wann wieder an ihn, aber die Be=
kanntschaft war erkaltet; es waren nur Ceremonien=
visiten, die ich ihm machte, und da ich überdieß,
wenn ich vor ihm erschien, immer schöne Kleider an=
legte, meine Tugend, Ehrbarkeit und Vorzüge, die
ich vor andern zu haben glaubte, ihm mit Zufrieden=
heit vorwies; so schien er mich in dem Schmucke gar
nicht zu bemerken.

Ein Höfling würde, wenn sein Fürst, von dem er
sein Glück erwartet, sich so gegen ihn betrüge, sehr
beunruhigt werden; mir aber war nicht übel dabei zu
Muthe. Ich hatte was ich brauchte, Gesundheit und
Bequemlichkeit; wollte sich Gott mein Andenken ge=

fallen laſſen, ſo war es gut; wo nicht, ſo glaubte
ich doch meine Schuldigkeit gethan zu haben.

So dachte ich freilich damals nicht von mir; aber
es war doch die wahrhafte Geſtalt meiner Seele. Meine
Geſinnungen zu ändern und zu reinigen, waren aber
auch ſchon Anſtalten gemacht.

Der Frühling kam heran, und Narciß beſuchte
mich unangemeldet zu einer Zeit, da ich ganz allein
zu Hauſe war. Nun erſchien er als Liebhaber und
fragte mich, ob ich ihm mein Herz, und, wenn er
eine ehrenvolle wohlbeſoldete Stelle erhielte, auch der-
einſt meine Hand ſchenken wollte?

Man hatte ihn zwar in unſre Dienſte genommen;
allein anfangs hielt man ihn, weil man ſich vor
ſeinem Ehrgeiz fürchtete, mehr zurück, als daß man
ihn ſchnell empor gehoben hätte, und ließ ihn, weil
er eignes Vermögen hatte, bei einer kleinen Be-
ſoldung.

Bei aller meiner Neigung zu ihm wußte ich, daß
er der Mann nicht war, mit dem man ganz gerade
handeln konnte. Ich nahm mich daher zuſammen
und verwies ihn an meinen Vater, an deſſen Ein-
willigung er nicht zu zweifeln ſchien, und mit mir
erſt auf der Stelle einig ſein wollte. Endlich ſagte
ich Ja, indem ich die Beiſtimmung meiner Eltern
zur nothwendigen Bedingung machte. Er ſprach alsdann mit beiden förmlich; ſie zeigten ihre Zufriedenheit, man gab ſich das Wort auf den bald zu hoffenden

Fall, daß man ihn weiter avanciren werde. Schwestern
und Tanten wurden davon benachrichtigt, und ihnen
das Geheimniß auf das strengste anbefohlen.

Nun war aus einem Liebhaber ein Bräutigam
geworden. Die Verschiedenheit zwischen beiden zeigte
sich sehr groß. Könnte jemand die Liebhaber aller
wohldenkenden Mädchen in Bräutigame verwandeln,
so wäre es eine große Wohlthat für unser Geschlecht,
selbst wenn auf dieses Verhältniß keine Ehe erfolgen
sollte. Die Liebe zwischen beiden Personen nimmt
dadurch nicht ab, aber sie wird vernünftiger. Un=
zählige kleine Thorheiten, alle Koketterien und Launen
fallen gleich hinweg. Äußert uns der Bräutigam,
daß wir ihm in einer Morgenhaube besser als in dem
schönsten Aufsatze gefallen, dann wird einem wohl=
denkenden Mädchen gewiß die Frisur gleichgültig, und
es ist nichts natürlicher, als daß er auch solid denkt,
und lieber sich eine Hausfrau, als der Welt eine
Putzdocke zu bilden wünscht. Und so geht es durch
alle Fächer durch.

Hat ein solches Mädchen dabei das Glück, daß
ihr Bräutigam Verstand und Kenntnisse besitzt, so
lernt sie mehr, als hohe Schulen und fremde Länder
geben können. Sie nimmt nicht nur alle Bildung
gern an, die er ihr gibt, sondern sie sucht sich auch
auf diesem Wege so immer weiter zu bringen. Die
Liebe macht vieles Unmögliche möglich, und endlich
geht die dem weiblichen Geschlecht so nöthige und an=

ständige Unterwerfung sogleich an; der Bräutigam
herrscht nicht wie der Ehemann; er bittet nur, und
seine Geliebte sucht ihm abzumerken, was er wünscht,
um es noch eher zu vollbringen als er bittet.

So hat mich die Erfahrung gelehrt, was ich nicht
um vieles missen möchte. Ich war glücklich, wahr=
haft glücklich, wie man es in der Welt sein kann,
das heißt, auf kurze Zeit.

Ein Sommer ging unter diesen stillen Freuden
hin. Narciß gab mir nicht die mindeste Gelegenheit
zu Beschwerden; er ward mir immer lieber, meine
ganze Seele hing an ihm, das wußte er wohl und
wußte es zu schätzen. Inzwischen entspann sich aus
anscheinenden Kleinigkeiten etwas, das unserm Ver=
hältnisse nach und nach schädlich wurde.

Narciß ging als Bräutigam mit mir um, und
nie wagte er es, das von mir zu begehren, was uns
noch verboten war. Allein über die Gränzen der
Tugend und Sittsamkeit waren wir sehr verschiedener
Meinung. Ich wollte sicher gehen und erlaubte durch=
aus keine Freiheit, als welche allenfalls die ganze
Welt hätte wissen dürfen. Er, an Näschereien ge=
wöhnt, fand diese Diät sehr streng, hier setzte es nun
beständigen Widerspruch; er lobte mein Verhalten und
suchte meinen Entschluß zu untergraben.

Mir fiel das ernsthaft meines alten Sprach=
meisters wieder ein, und zugleich das Hülfsmittel,
das ich damals dagegen angegeben hatte.

Mit Gott war ich wieder ein wenig bekannter ge=
worden. Er hatte mir so einen lieben Bräutigam
gegeben und dafür wußte ich ihm Dank. Die irdische
Liebe selbst concentrirte meinen Geist und setzte ihn
in Bewegung, und meine Beschäftigung mit Gott
widersprach ihr nicht. Ganz natürlich klagte ich ihm,
was mich bange machte, und bemerkte nicht, daß ich
selbst das, was mich bange machte, wünschte und be=
gehrte. Ich kam mir sehr stark vor und betete nicht
etwa: Bewahre mich vor Versuchung! über die Ver=
suchung war ich meinen Gedanken nach weit hinaus.
In diesem losen Flitterschmuck eigner Tugend erschien
ich dreist vor Gott; er stieß mich nicht weg; auf die
geringste Bewegung zu ihm hinterließ er einen sanften
Eindruck in meiner Seele, und dieser Eindruck be=
wegte mich, ihn immer wieder aufzusuchen.

Die ganze Welt war mir außer Narcissen todt,
nichts hatte außer ihm einen Reiz für mich. Selbst
meine Liebe zum Putz hatte nur den Zweck, ihm zu
gefallen; wußte ich, daß er mich nicht sah, so konnte
ich keine Sorgfalt darauf wenden. Ich tanzte gern;
wenn er aber nicht dabei war, so schien mir, als
wenn ich die Bewegung nicht vertragen könnte. Auf
ein brillantes Fest, bei dem er nicht zugegen war,
konnte ich mir weder etwas Neues anschaffen, noch
das Alte der Mode gemäß aufstutzen. Einer war
mir so lieb als der andere, doch möchte ich lieber
sagen, einer so lästig als der andere. Ich glaubte

meinen Abend recht gut zugebracht zu haben, wenn
ich mir mit ältern Personen ein Spiel ausmachen
konnte, wozu ich sonst nicht die mindeste Lust hatte,
und wenn ein alter guter Freund mich etwa scherz=
haft darüber aufzog, lächelte ich vielleicht das erste= 5
mal den ganzen Abend. So ging es mit Promenaden
und allen gesellschaftlichen Vergnügungen, die sich nur
denken lassen.

> Ich hatt' ihn einzig mir erkoren;
> Ich schien mir nur für ihn geboren, 10
> Begehrte nichts als seine Gunst.

So war ich oft in der Gesellschaft einsam, und
die völlige Einsamkeit war mir meistens lieber. Allein
mein geschäftiger Geist konnte weder schlafen noch
träumen; ich fühlte und dachte, und erlangte nach 15
und nach eine Fertigkeit, von meinen Empfindungen
und Gedanken mit Gott zu reden. Da entwickelten
sich Empfindungen anderer Art in meiner Seele, die
jenen nicht widersprachen. Denn meine Liebe zu Narciß
war dem ganzen Schöpfungsplane gemäß und stieß 20
nirgend gegen meine Pflichten an. Sie widersprachen
sich nicht und waren doch unendlich verschieden. Nar=
ciß war das einzige Bild, das mir vorschwebte, auf
das sich meine ganze Liebe bezog; aber das andere
Gefühl bezog sich auf kein Bild und war unaus= 25
sprechlich angenehm. Ich habe es nicht mehr und
kann es mir nicht mehr geben.

Mein Geliebter, der sonst alle meine Geheimnisse

wußte, erfuhr nichts hiervon. Ich merkte bald, daß
er anders dachte; er gab mir öfters Schriften, die
alles, was man Zusammenhang mit dem Unsicht=
baren heißen kann, mit leichten und schweren Waffen
5 bestritten. Ich las die Bücher, weil sie von ihm
kamen, und wußte am Ende kein Wort von allem
dem, was darin gestanden hatte.

Über Wissenschaften und Kenntnisse ging es auch
nicht ohne Widerspruch ab; er machte es wie alle
10 Männer, spottete über gelehrte Frauen und bildete
unaufhörlich an mir. Über alle Gegenstände, die
Rechtsgelehrsamkeit ausgenommen, pflegte er mit mir
zu sprechen, und indem er mir Schriften von allerlei
Art beständig zubrachte, wiederholte er oft die be=
15 denkliche Lehre: daß ein Frauenzimmer sein Wissen
heimlicher halten müsse, als der Calvinist seinen
Glauben im katholischen Lande; und indem ich wirk=
lich auf eine ganz natürliche Weise vor der Welt
mich nicht klüger und unterrichteter als sonst zu
20 zeigen pflegte, war er der erste, der gelegentlich der
Eitelkeit nicht widerstehen konnte, von meinen Vor=
zügen zu sprechen.

Ein berühmter und damals wegen seines Ein=
flusses, seiner Talente und seines Geistes sehr ge=
25 schätzter Weltmann fand an unserm Hofe großen Bei=
fall. Er zeichnete Narcissen besonders aus und hatte
ihn beständig um sich. Sie stritten auch über die
Tugend der Frauen. Narciß vertraute mir weit-

läufig ihre Unterredung; ich blieb mit meinen An=
merkungen nicht dahinten, und mein Freund ver=
langte von mir einen schriftlichen Aufsatz. Ich schrieb
ziemlich geläufig Französisch: ich hatte bei meinem
Alten einen guten Grund gelegt. Die Correspondenz 5
mit meinem Freunde war in dieser Sprache geführt,
und eine feinere Bildung konnte man überhaupt da=
mals nur aus französischen Büchern nehmen. Mein
Aufsatz hatte dem Grafen gefallen; ich mußte einige
kleine Lieder hergeben, die ich vor kurzem gedichtet 10
hatte. Genug, Narciß schien sich auf seine Geliebte
ohne Rückhalt etwas zu Gute zu thun, und die Ge=
schichte endigte zu seiner großen Zufriedenheit mit
einer geistreichen Epistel in französischen Versen, die
ihm der Graf bei seiner Abreise zusandte, worin 15
ihres freundschaftlichen Streites gedacht war, und
mein Freund am Ende glücklich gepriesen wurde, daß
er nach so manchen Zweifeln und Irrthümern in
den Armen einer reizenden und tugendhaften Gattin
was Tugend sei am sichersten erfahren würde. 20

Dieses Gedicht ward mir vor allen und dann
aber auch fast jedermann gezeigt, und jeder dachte
dabei, was er wollte. So ging es in mehreren
Fällen, und so mußten alle Fremden, die er schätzte,
in unserm Hause bekannt werden. 25

Eine gräfliche Familie hielt sich wegen unsres
geschickten Arztes eine Zeitlang hier auf. Auch in
diesem Hause war Narciß wie ein Sohn gehalten;

er führte mich daselbst ein, man fand bei diesen
würdigen Personen eine angenehme Unterhaltung für
Geist und Herz, und selbst die gewöhnlichen Zeitver=
treibe der Gesellschaft schienen in diesem Hause nicht
so leer wie anderwärts. Jedermann wußte wie wir
zusammen standen; man behandelte uns, wie es die
Umstände mit sich brachten, und ließ das Hauptver=
hältniß unberührt. Ich erwähne dieser einen Be=
kanntschaft, weil sie in der Folge meines Lebens
manchen Einfluß auf mich hatte.

Nun war fast ein Jahr unserer Verbindung ver=
strichen, und mit ihm war auch unser Frühling da=
hin. Der Sommer kam und alles wurde ernsthafter
und heißer.

Durch einige unerwartete Todesfälle waren Ämter
erledigt, auf die Narciß Anspruch machen konnte.
Der Augenblick war nahe, in dem sich mein ganzes
Schicksal entscheiden sollte, und indeß Narciß und
alle Freunde sich bei Hofe die möglichste Mühe gaben,
gewisse Eindrücke, die ihm ungünstig waren, zu ver=
tilgen, und ihm den erwünschten Platz zu verschaffen,
wendete ich mich mit meinem Anliegen zu dem un=
sichtbaren Freunde. Ich ward so freundlich aufge=
nommen, daß ich gern wiederkam. Ganz frei gestand
ich meinen Wunsch, Narciß möchte zu der Stelle ge=
langen; allein meine Bitte war nicht ungestüm, und
ich forderte nicht, daß es um meines Gebets willen
geschehen sollte.

Die Stelle ward durch einen viel geringern Con-
currenten besetzt. Ich erschrak heftig über die Zeitung,
und eilte in mein Zimmer, das ich fest hinter mir
zumachte. Der erste Schmerz lös'te sich in Thränen
auf; der nächste Gedanke war: Es ist aber doch nicht   5
von ungefähr geschehen, und sogleich folgte die Entschließung, es mir recht wohl gefallen zu lassen, weil
auch dieses anscheinende Übel zu meinem wahren
Besten gereichen würde. Nun drangen die sanftesten
Empfindungen, die alle Wolken des Kummers zer-   10
theilten, herbei; ich fühlte, daß sich mit dieser Hülfe
alles ausstehen ließ. Ich ging heiter zu Tische, zum
Erstaunen meiner Hausgenossen.

Narciß hatte weniger Kraft als ich, und ich mußte
ihn trösten. Auch in seiner Familie begegneten ihm   15
Widerwärtigkeiten, die ihn sehr drückten, und bei dem
wahren Vertrauen, das unter uns statt hatte, vertraute er mir alles. Seine Negociationen in fremde
Dienste zu gehen waren auch nicht glücklicher; alles
fühlte ich tief um seinet- und meinetwillen, und alles   20
trug ich zuletzt an den Ort, wo mein Anliegen so
wohl aufgenommen wurde.

Je sanfter diese Erfahrungen waren, desto öfter
suchte ich sie zu erneuern, und den Trost immer da,
wo ich ihn so oft gefunden hatte; allein ich fand ihn   25
nicht immer: es war mir wie einem, der sich an der
Sonne wärmen will, und dem etwas im Wege steht,
das Schatten macht. Was ist das? fragte ich mich

selbst. Ich spürte der Sache eifrig nach, und be=
merkte deutlich, daß alles von der Beschaffenheit
meiner Seele abhing; wenn die nicht ganz in der
geradesten Richtung zu Gott gekehrt war, so blieb
ich kalt; ich fühlte seine Rückwirkung nicht, und
konnte seine Antwort nicht vernehmen. Nun war
die zweite Frage: Was verhindert diese Richtung?
Hier war ich in einem weiten Feld, und verwickelte
mich in eine Untersuchung, die beinahe das ganze
zweite Jahr meiner Liebesgeschichte fortdauerte. Ich
hätte sie früher endigen können, denn ich kam bald
auf die Spur; aber ich wollte es nicht gestehen, und
suchte tausend Ausflüchte.

Ich fand sehr bald, daß die gerade Richtung
meiner Seele durch thörichte Zerstreuung und Be=
schäftigung mit unwürdigen Sachen gestört werde;
das Wie und Wo war mir bald klar genug. Nun
aber wie herauskommen in einer Welt, wo alles
gleichgültig oder toll ist? Gern hätte ich die Sache
an ihren Ort gestellt sein lassen, und hätte auf Ge=
rathewohl hingelebt wie andere Leute auch, die ich
ganz wohlauf sah; allein ich durfte nicht: mein
Inneres widersprach mir zu oft. Wollte ich mich
der Gesellschaft entziehen und meine Verhältnisse ver=
ändern, so konnte ich nicht. Ich war nun einmal
in einen Kreis hinein gesperrt; gewisse Verbindungen
konnte ich nicht los werden, und in der mir so an=
gelegenen Sache drängten und häuften sich die Fatali=

täten. Ich legte mich oft mit Thränen zu Bette,
und stand nach einer schlaflosen Nacht auch wieder
so auf; ich bedurfte einer kräftigen Unterstützung,
und die verlieh mir Gott nicht, wenn ich mit der
Schellenkappe herumlief.

Nun ging es an ein Abwiegen aller und jeder
Handlungen; Tanzen und Spielen wurden am ersten
in Untersuchung genommen. Nie ist etwas für oder
gegen diese Dinge geredet, gedacht oder geschrieben
worden, das ich nicht aufsuchte, besprach, las, erwog,
vermehrte, verwarf, und mich unerhört herumplagte.
Unterließ ich diese Dinge, so war ich gewiß, Narcissen
zu beleidigen; denn er fürchtete sich äußerst vor dem
Lächerlichen, das uns der Anschein ängstlicher Ge=
wissenhaftigkeit vor der Welt gibt. Weil ich nun
das, was ich für Thorheit, für schädliche Thorheit
hielt, nicht einmal aus Geschmack, sondern bloß um
seinetwillen that, so wurde mir alles entsetzlich schwer.

Ohne unangenehme Weitläufigkeiten und Wieder=
holungen würde ich die Bemühungen nicht darstellen
können, welche ich anwendete, um jene Handlungen,
die mich nun einmal zerstreuten und meinen innern
Frieden störten, so zu verrichten, daß dabei mein
Herz für die Einwirkungen des unsichtbaren Wesens
offen bliebe, und wie schmerzlich ich empfinden mußte,
daß der Streit auf diese Weise nicht beigelegt werden
könne. Denn sobald ich mich in das Gewand der
Thorheit kleidete, blieb es nicht bloß bei der Maske,

sondern die Narrheit durchdrang mich sogleich durch
und durch.

Darf ich hier das Gesetz einer bloß historischen
Darstellung überschreiten, und einige Betrachtungen
über dasjenige machen, was in mir vorging? Was
konnte das sein, das meinen Geschmack und meine
Sinnesart so änderte, daß ich im zwei und zwanzig=
sten Jahre, ja früher, kein Vergnügen an Dingen
fand, die Leute von diesem Alter unschuldig belustigen
können? Warum waren sie mir nicht unschuldig?
Ich darf wohl antworten: Eben weil sie mir nicht
unschuldig waren, weil ich nicht, wie andre Meines=
gleichen, unbekannt mit meiner Seele war. Nein, ich
wußte aus Erfahrungen, die ich ungesucht erlangt
hatte, daß es höhere Empfindungen gebe, die uns ein
Vergnügen wahrhaftig gewährten, das man vergebens
bei Lustbarkeiten sucht, und daß in diesen höhern
Freuden zugleich ein geheimer Schatz zur Stärkung
im Unglück aufbewahrt sei.

Aber die geselligen Vergnügungen und Zerstreuungen
der Jugend mußten doch nothwendig einen starken Reiz
für mich haben, weil es mir nicht möglich war, sie zu
thun, als thäte ich sie nicht. Wie manches könnte ich
jetzt mit großer Kälte thun, wenn ich nur wollte, was
mich damals irre machte, ja Meister über mich zu wer=
den drohte. Hier konnte kein Mittelweg gehalten wer=
den: ich mußte entweder die reizenden Vergnügungen oder
die erquickenden innerlichen Empfindungen entbehren.

19*

Aber schon war der Streit in meiner Seele ohne
mein eigentliches Bewußtsein entschieden. Wenn auch
etwas in mir war, das sich nach den sinnlichen
Freuden hinsehnte, so konnte ich sie doch nicht mehr
genießen. Wer den Wein noch so sehr liebt, dem
wird alle Lust zum Trinken vergehen, wenn er sich
bei vollen Fässern in einem Keller befände, in welchem
die verdorbene Luft ihn zu ersticken drohte. Keine
Luft ist mehr als Wein, das fühlte ich nur zu leb=
haft, und es hätte gleich von Anfang an wenig Über=
legung bei mir gekostet, das Gute dem Reizenden vor=
zuziehen, wenn mich die Furcht, Narcissens Gunst zu
verlieren, nicht abgehalten hätte. Aber da ich endlich
nach tausendfältigem Streit, nach immer wiederholter
Betrachtung, auch scharfe Blicke auf das Band warf,
das mich an ihm festhielt, entdeckte ich, daß es nur
schwach war, daß es sich zerreißen lasse. Ich er=
kannte auf einmal, daß es nur eine Glasglocke sei,
die mich in den luftleeren Raum sperrte; nur noch
so viel Kraft sie entzwei zu schlagen, und du bist ge=
rettet!

Gedacht gewagt. Ich zog die Maske ab und han=
delte jedesmal, wie mir's um's Herz war. Narcissen
hatte ich immer zärtlich lieb; aber das Thermometer,
das vorher im heißen Wasser gestanden, hing nun an
der natürlichen Luft; es konnte nicht höher steigen,
als die Atmosphäre warm war.

Unglücklicherweise erkältete sie sich sehr. Narciß

fing an, sich zurückzuziehen und fremd zu thun; das
stand ihm frei; aber mein Thermometer fiel, so wie
er sich zurückzog. Meine Familie bemerkte es, man
befragte mich, man wollte sich verwundern. Ich er=
klärte mit männlichem Trotz, daß ich mich bisher
genug aufgeopfert habe, daß ich bereit sei, noch ferner
und bis an's Ende meines Lebens alle Widerwärtig=
keiten mit ihm zu theilen; daß ich aber für meine
Handlungen völlige Freiheit verlange, daß mein Thun
und Lassen von meiner Überzeugung abhängen müsse;
daß ich zwar niemals eigensinnig auf meiner Meinung
beharren, vielmehr jede Gründe gerne anhören wolle,
aber da es mein eignes Glück betreffe, müsse die Ent=
scheidung von mir abhängen, und keine Art von
Zwang würde ich dulden. So wenig das Raisonne=
ment des größten Arztes mich bewegen würde, eine,
sonst vielleicht ganz gesunde, und von vielen sehr ge=
liebte Speise zu mir zu nehmen, sobald mir meine
Erfahrung bewiese, daß sie mir jederzeit schädlich sei,
wie ich den Gebrauch des Kaffee's zum Beispiel an=
führen könnte, so wenig und noch viel weniger würde
ich mir irgend eine Handlung, die mich verwirrte,
als für mich moralisch zuträglich aufdemonstriren
lassen.

Da ich mich so lange im Stillen vorbereitet hatte,
so waren mir die Debatten hierüber eher angenehm
als verdrießlich. Ich machte meinem Herzen Luft,
und fühlte den ganzen Werth meines Entschlusses.

Ich wich nicht ein Haar breit, und wem ich nicht
kindlichen Respect schuldig war, der wurde derb abgefertigt. In meinem Hause siegte ich bald. Meine
Mutter hatte von Jugend auf ähnliche Gesinnungen,
nur waren sie bei ihr nicht zur Reife gediehen; keine
Noth hatte sie gedrängt und den Muth, ihre Überzeugung durchzusetzen, erhöht. Sie freute sich, durch
mich ihre stillen Wünsche erfüllt zu sehen. Die jüngere
Schwester schien sich an mich anzuschließen; die zweite
war aufmerksam und still. Die Tante hatte am
meisten einzuwenden. Die Gründe, die sie vorbrachte,
schienen ihr unwiderleglich, und waren es auch, weil
sie ganz gemein waren. Ich war endlich genöthigt,
ihr zu zeigen, daß sie in keinem Sinne eine Stimme
in dieser Sache habe, und sie ließ nur selten merken,
daß sie auf ihrem Sinne verharre. Auch war sie
die einzige, die diese Begebenheit von nahem ansah
und ganz ohne Empfindung blieb. Ich thue ihr nicht
zu viel, wenn ich sage, daß sie kein Gemüth und die
eingeschränktesten Begriffe hatte.

Der Vater benahm sich ganz seiner Denkart gemäß. Er sprach weniges, aber öfter mit mir über
die Sache, und seine Gründe waren verständig, und
als seine Gründe unwiderleglich; nur das tiefe Gefühl meines Rechts gab mir Stärke, gegen ihn zu
disputiren. Aber bald veränderten sich die Scenen;
ich mußte an sein Herz Anspruch machen. Gedrängt
von seinem Verstande brach ich in die affectvollsten

Vorstellungen aus. Ich ließ meiner Zunge und meinen
Thränen freien Lauf. Ich zeigte ihm, wie sehr ich
Narcissen liebte, und welchen Zwang ich mir seit zwei
Jahren angethan hatte, wie gewiß ich sei, daß ich
recht handle, daß ich bereit sei, diese Gewißheit mit
dem Verlust des geliebten Bräutigams und anscheinenden Glücks, ja wenn es nöthig wäre, mit Hab und
Gut zu versiegeln; daß ich lieber mein Vaterland,
Eltern und Freunde verlassen, und mein Brot in
der Fremde verdienen, als gegen meine Einsichten
handeln wolle. Er verbarg seine Rührung, schwieg
einige Zeit stille und erklärte sich endlich öffentlich
für mich.

Narciß vermied seit jener Zeit unser Haus, und
nun gab mein Vater die wöchentliche Gesellschaft auf,
in der sich dieser befand. Die Sache machte Aufsehn
bei Hofe und in der Stadt. Man sprach darüber,
wie gewöhnlich in solchen Fällen, an denen das
Publicum heftigen Theil zu nehmen pflegt, weil es
verwöhnt ist, auf die Entschließungen schwacher Gemüther einigen Einfluß zu haben. Ich kannte die
Welt genug, und wußte, daß man oft von eben den
Personen über das getadelt wird, wozu man sich
durch sie hat bereden lassen, und auch ohne das
würden mir bei meiner innern Verfassung alle solche
vorübergehende Meinungen weniger als nichts gewesen sein.

Dagegen versagte ich mir nicht, meiner Neigung

zu Narciſſen nachzuhängen. Er war mir unſichtbar
geworden, und mein Herz hatte ſich nicht gegen ihn
geändert. Ich liebte ihn zärtlich, gleichſam auf das
neue und viel geſetzter als vorher. Wollte er meine
Überzeugung nicht ſtören, ſo war ich die ſeine; ohne
dieſe Bedingung hätte ich ein Königreich mit ihm
ausgeſchlagen. Mehrere Monate lang trug ich dieſe
Empfindungen und Gedanken mit mir herum, und
da ich mich endlich ſtill und ſtark genug fühlte, um
ruhig und geſetzt zu Werke zu gehen, ſo ſchrieb ich
ihm ein höfliches, nicht zärtliches Billet, und fragte
ihn, warum er nicht mehr zu mir komme?

Da ich ſeine Art kannte, ſich ſelbſt in geringern
Dingen nicht gern zu erklären, ſondern ſtillſchweigend
zu thun, was ihm gut deuchte, ſo drang ich gegen=
wärtig mit Vorſatz in ihn. Ich erhielt eine lange
und wie mir ſchien abgeſchmackte Antwort, in einem
weitläufigen Stil und unbedeutenden Phraſen: daß
er ohne beſſere Stellen ſich nicht einrichten, und mir
ſeine Hand anbieten könne, daß ich am beſten wiſſe,
wie hinderlich es ihm bisher gegangen, daß er glaube,
ein ſo lang fortgeſetzter fruchtloſer Umgang könne
meiner Renommée ſchaden, ich würde ihm erlauben,
ſich in der bisherigen Entfernung zu halten; ſobald
er im Stande wäre, mich glücklich zu machen, würde
ihm das Wort, das er mir gegeben, heilig ſein.

Ich antwortete ihm auf der Stelle: da die Sache
aller Welt bekannt ſei, möge es zu ſpät ſein, meine

Renommée zu menagiren, und für diese wären mir
mein Gewissen und meine Unschuld die sichersten
Bürgen; ihm aber gäbe ich hiermit sein Wort ohne
Bedenken zurück, und wünschte, daß er dabei sein
5 Glück finden möchte. In eben der Stunde erhielt
ich eine kurze Antwort, die im Wesentlichen mit der
ersten völlig gleichlautend war. Er blieb dabei, daß
er nach erhaltener Stelle bei mir anfragen würde,
ob ich sein Glück mit ihm theilen wollte.

10 Mir hieß das nun so viel als nichts gesagt. Ich
erklärte meinen Verwandten und Bekannten, die Sache
sei abgethan, und sie war es auch wirklich. Denn
als er neun Monate hernach auf das erwünschteste
befördert wurde, ließ er mir seine Hand nochmals
15 antragen, freilich mit der Bedingung, daß ich als
Gattin eines Mannes, der ein Haus machen müßte,
meine Gesinnungen würde zu ändern haben. Ich
dankte höflich, und eilte mit Herz und Sinn von
dieser Geschichte weg, wie man sich aus dem Schau=
20 spielhause heraus sehnt, wenn der Vorhang gefallen
ist. Und da er kurze Zeit darauf, wie es ihm nun
sehr leicht war, eine reiche und ansehnliche Partie
gefunden hatte, und ich ihn nach seiner Art glücklich
wußte, so war meine Beruhigung ganz vollkommen.

25 Ich darf nicht mit Stillschweigen übergehen, daß
einigemal, noch eh' er eine Bedienung erhielt, auch
nachher, ansehnliche Heirathsanträge an mich gethan
wurden, die ich aber ganz ohne Bedenken ausschlug,

so sehr Vater und Mutter mehr Nachgiebigkeit von
meiner Seite gewünscht hätten.

Nun schien mir nach einem stürmischen März und
April das schönste Maiwetter beschert zu sein. Ich
genoß bei einer guten Gesundheit eine unbeschreibliche
Gemüthsruhe; ich mochte mich umsehen, wie ich wollte,
so hatte ich bei meinem Verluste noch gewonnen.
Jung und voll Empfindung wie ich war, deuchte
mir die Schöpfung tausendmal schöner als vorher,
da ich Gesellschaften und Spiele haben mußte, damit
mir die Weile in dem schönen Garten nicht zu lang
wurde. Da ich mich einmal meiner Frömmigkeit nicht
schämte, so hatte ich Herz, meine Liebe zu Künsten
und Wissenschaften nicht zu verbergen. Ich zeichnete,
mahlte, las, und fand Menschen genug, die mich
unterstützten; statt der großen Welt, die ich verlassen
hatte, oder vielmehr, die mich verließ, bildete sich
eine kleinere um mich her, die weit reicher und unter-
haltender war. Ich hatte eine Neigung zum gesellschaftlichen Leben, und ich läugne nicht, daß mir,
als ich meine ältern Bekanntschaften aufgab, vor der
Einsamkeit grauete. Nun fand ich mich hinlänglich,
ja vielleicht zu sehr entschädigt. Meine Bekanntschaften wurden erst recht weitläufig, nicht nur mit
Einheimischen, deren Gesinnungen mit den meinigen
übereinstimmten, sondern auch mit Fremden. Meine
Geschichte war ruchtbar geworden, und es waren viele
Menschen neugierig, das Mädchen zu sehen, die Gott

mehr schätzte als ihren Bräutigam. Es war damals
überhaupt eine gewisse religiöse Stimmung in Teutsch=
land bemerkbar. In mehreren fürstlichen und gräf=
lichen Häusern war eine Sorge für das Heil der
Seele lebendig. Es fehlte nicht an Edelleuten, die
gleiche Aufmerksamkeit hegten, und in den geringern
Ständen war durchaus diese Gesinnung verbreitet.

Die gräfliche Familie, deren ich oben erwähnt,
zog mich nun näher an sich. Sie hatte sich indessen
verstärkt, indem sich einige Verwandte in die Stadt
gewendet hatten. Diese schätzbaren Personen suchten
meinen Umgang, wie ich den ihrigen. Sie hatten
große Verwandtschaft, und ich lernte in diesem Hause
einen großen Theil der Fürsten, Grafen und Herren
des Reichs kennen. Meine Gesinnungen waren nie=
manden ein Geheimniß, und man mochte sie ehren
oder auch nur schonen, so erlangte ich doch meinen
Zweck und blieb ohne Anfechtung.

Noch auf eine andere Weise sollte ich wieder in
die Welt geführt werden. Zu eben der Zeit ver=
weilte ein Stiefbruder meines Vaters, der uns sonst
nur im Vorbeigehn besucht hatte, länger bei uns.
Er hatte die Dienste seines Hofes, wo er geehrt und
von Einfluß war, nur deßwegen verlassen, weil nicht
alles nach seinem Sinne ging. Sein Verstand war
richtig und sein Charakter streng, und er war darin
meinem Vater sehr ähnlich; nur hatte dieser dabei
einen gewissen Grad von Weichheit, wodurch ihm

leichter ward, in Geschäften nachzugeben und etwas
gegen seine Überzeugung nicht zu thun, aber geschehen
zu lassen, und den Unwillen darüber alsdann ent=
weder in der Stille für sich oder vertraulich mit
seiner Familie zu verkochen. Mein Oheim war um
vieles jünger, und seine Selbstständigkeit ward durch
seine äußern Umstände nicht wenig bestätigt. Er
hatte eine sehr reiche Mutter gehabt, und hatte von
ihren nahen und fernen Verwandten noch ein großes
Vermögen zu hoffen; er bedurfte keines fremden Zu=
schusses, anstatt daß mein Vater bei seinem mäßigen
Vermögen durch Besoldung an den Dienst fest ge=
knüpft war.

Noch unbiegsamer war mein Oheim durch häus=
liches Unglück geworden. Er hatte eine liebenswürdige
Frau und einen hoffnungsvollen Sohn früh verloren,
und er schien von der Zeit an alles von sich entfernen
zu wollen, was nicht von seinem Willen abhing.

In der Familie sagte man sich gelegentlich mit
einiger Selbstgefälligkeit in die Ohren, daß er wahr=
scheinlich nicht wieder heirathen werde, und daß wir
Kinder uns schon als Erben seines großen Vermögens
ansehen könnten. Ich achtete nicht weiter darauf;
allein das Betragen der Übrigen ward nach diesen
Hoffnungen nicht wenig gestimmt. Bei der Festig=
keit seines Charakters hatte er sich gewöhnt, in der
Unterredung niemand zu widersprechen, vielmehr die
Meinung eines jeden freundlich anzuhören, und die

Art, wie sich jeder eine Sache dachte, noch selbst
durch Argumente und Beispiele zu erheben. Wer ihn
nicht kannte, glaubte stets mit ihm einerlei Meinung
zu sein; denn er hatte einen überwiegenden Verstand
und konnte sich in alle Vorstellungsarten versetzen.
Mit mir ging es ihm nicht so glücklich, denn hier
war von Empfindungen die Rede, von denen er gar
keine Ahnung hatte, und so schonend, theilnehmend
und verständig er mit mir über meine Gesinnungen
sprach, so war es mir doch auffallend, daß er von
dem, worin der Grund aller meiner Handlungen lag,
offenbar keinen Begriff hatte.

So geheim er übrigens war, entdeckte sich doch
der Endzweck seines ungewöhnlichen Aufenthalts bei
uns nach einiger Zeit. Er hatte, wie man endlich
bemerken konnte, sich unter uns die jüngste Schwester
ausersehen, um sie nach seinem Sinne zu verheirathen
und glücklich zu machen; und gewiß sie konnte nach
ihren körperlichen und geistigen Gaben, besonders
wenn sich ein ansehnliches Vermögen noch mit auf
die Schaale legte, auf die ersten Partien Anspruch
machen. Seine Gesinnungen gegen mich gab er gleich=
falls pantomimisch zu erkennen, indem er mir den
Platz einer Stiftsdame verschaffte, wovon ich sehr
bald auch die Einkünfte zog.

Meine Schwester war mit seiner Fürsorge nicht
so zufrieden und nicht so dankbar wie ich. Sie ent=
deckte mir eine Herzensangelegenheit, die sie bisher

sehr weislich verborgen hatte: denn sie fürchtete wohl,
was auch wirklich geschah, daß ich ihr auf alle mög=
liche Weise die Verbindung mit einem Manne, der
ihr nicht hätte gefallen sollen, widerrathen würde.
Ich that mein Möglichstes, und es gelang mir. Die
Absichten des Oheims waren zu ernsthaft und zu
deutlich, und die Aussicht für meine Schwester, bei
ihrem Weltsinne, zu reizend, als daß sie nicht eine
Neigung, die ihr Verstand selbst mißbilligte, aufzu=
geben Kraft hätte haben sollen.

Da sie nun den sanften Leitungen des Oheims
nicht mehr wie bisher auswich, so war der Grund
zu seinem Plane bald gelegt. Sie ward Hofdame an
einem benachbarten Hofe, wo er sie einer Freundin,
die als Oberhofmeisterin in großem Ansehn stand,
zur Aufsicht und Ausbildung übergeben konnte. Ich
begleitete sie zu dem Ort ihres neuen Aufenthaltes.
Wir konnten beide mit der Aufnahme, die wir er=
fuhren, sehr zufrieden sein, und manchmal mußte ich
über die Person, die ich nun als Stiftsdame, als
junge und fromme Stiftsdame, in der Welt spielte,
heimlich lächeln.

In frühern Zeiten würde ein solches Verhältniß
mich sehr verwirrt, ja mir vielleicht den Kopf verrückt
haben; nun aber war ich bei allem, was mich um=
gab, sehr gelassen. Ich ließ mich in großer Stille
ein paar Stunden frisiren, putzte mich, und dachte
nichts dabei, als daß ich in meinem Verhältnisse diese

Gallalivrée anzuziehen schuldig sei. In den ange=
füllten Sälen sprach ich mit allen und jeden, ohne
daß mir irgend eine Gestalt oder ein Wesen einen
starken Eindruck zurückgelassen hätte. Wenn ich wieder
nach Hause kam, waren müde Beine meist alles Ge=
fühl, was ich mit zurückbrachte. Meinem Verstande
nützten die vielen Menschen die ich sah; und als
Muster aller menschlichen Tugenden, eines guten und
edlen Betragens, lernte ich einige Frauen, besonders die
Oberhofmeisterin, kennen, unter der meine Schwester
sich zu bilden das Glück hatte.

Doch fühlte ich bei meiner Rückkunft nicht so
glückliche körperliche Folgen von dieser Reise. Bei
der größten Enthaltsamkeit und der genausten Diät
war ich doch nicht, wie sonst, Herr von meiner Zeit
und meinen Kräften. Nahrung, Bewegung, Aufstehn
und Schlafengehn, Ankleiden und Ausfahren hing
nicht, wie zu Hause, von meinem Willen und meinem
Empfinden ab. Im Laufe des geselligen Kreises darf
man nicht stocken, ohne unhöflich zu sein, und alles,
was nöthig war, leistete ich gern, weil ich es für
Pflicht hielt, weil ich wußte, daß es bald vorüber
gehen würde, und weil ich mich gesunder als jemals
fühlte. Dessen ungeachtet mußte dieses fremde un=
ruhige Leben auf mich stärker, als ich fühlte, gewirkt
haben. Denn kaum war ich zu Hause angekommen
und hatte meine Eltern mit einer befriedigenden Er=
zählung erfreut, so überfiel mich ein Blutsturz, der, ob

er gleich nicht gefährlich war und schnell vorüberging,
doch lange Zeit eine merkliche Schwachheit hinterließ.

Hier hatte ich nun wieder eine neue Lection auf=
zusagen. Ich that es freudig. Nichts fesselte mich an
die Welt, und ich war überzeugt, daß ich hier das
Rechte niemals finden würde, und so war ich in dem
heitersten und ruhigsten Zustande, und ward, indem
ich Verzicht auf's Leben gethan hatte, bei'm Leben
erhalten.

Eine neue Prüfung hatte ich auszustehen, da meine
Mutter mit einer drückenden Beschwerde überfallen
wurde, die sie noch fünf Jahre trug, ehe sie die Schuld
der Natur bezahlte. In dieser Zeit gab es manche
Übung. Oft wenn ihr die Bangigkeit zu stark wurde,
ließ sie uns des Nachts alle vor ihr Bette rufen, um
wenigstens durch unsre Gegenwart zerstreut, wo nicht
gebessert zu werden. Schwerer, ja kaum zu tragen,
war der Druck, als mein Vater auch elend zu werden
anfing. Von Jugend auf hatte er öfters heftige
Kopfschmerzen, die aber auf's längste nur sechsund=
dreißig Stunden anhielten. Nun aber wurden sie
bleibend, und wenn sie auf einen hohen Grad stiegen,
so zerriß der Jammer mir das Herz. Bei diesen
Stürmen fühlte ich meine körperliche Schwäche am
meisten, weil sie mich hinderte, meine heiligsten lieb=
sten Pflichten zu erfüllen, oder mir doch ihre Aus=
übung äußerst beschwerlich machte.

Nun konnte ich mich prüfen, ob auf dem Wege, den

ich eingeschlagen, Wahrheit oder Phantasie sei, ob ich
vielleicht nur nach andern gedacht, oder ob der Gegen=
stand meines Glaubens eine Realität habe, und zu
meiner größten Unterstützung fand ich immer das
5 letztere. Die gerade Richtung meines Herzens zu
Gott, den Umgang mit den beloved ones hatte ich
gesucht und gefunden, und das war was mir alles
erleichterte. Wie der Wanderer in den Schatten, so
eilte meine Seele nach diesem Schutzort, wenn mich
10 alles von außen drückte, und kam niemals leer zurück.

In der neuern Zeit haben einige Verfechter der
Religion, die mehr Eifer als Gefühl für dieselbe zu
haben scheinen, ihre Mitgläubigen aufgefordert, Bei=
spiele von wirklichen Gebetserhörungen bekannt zu
15 machen, wahrscheinlich weil sie sich Brief und Siegel
wünschten, um ihren Gegnern recht diplomatisch und
juristisch zu Leibe zu gehen. Wie unbekannt muß
ihnen das wahre Gefühl sein, und wie wenig echte
Erfahrungen mögen sie selbst gemacht haben!

20 Ich darf sagen, ich kam nie leer zurück, wenn ich
unter Druck und Noth Gott gesucht hatte. Es ist
unendlich viel gesagt, und doch kann und darf ich
nicht mehr sagen. So wichtig jede Erfahrung in
dem kritischen Augenblicke für mich war, so matt, so
25 unbedeutend, unwahrscheinlich würde die Erzählung
werden, wenn ich einzelne Fälle anführen wollte.
Wie glücklich war ich, daß tausend kleine Vorgänge
zusammen, so gewiß als das Athemholen Zeichen

meines Lebens ift, mir bewiefen, daß ich nicht ohne
Gott auf der Welt fei. Er war mir nahe, ich war
vor ihm. Das ift's, was ich mit gefliffentlicher Ver=
meidung aller theologifchen Syftemfprache mit größter
Wahrheit fagen kann.

Wie fehr wünfchte ich, daß ich mich auch damals
ganz ohne Syftem befunden hätte; aber wer kommt
früh zu dem Glücke, fich feines eignen Selbfts, ohne
fremde Formen, in reinem Zufammenhang bewußt zu
fein? Mir war es Ernft mit meiner Seligkeit. Be=
fcheiden vertraute ich fremdem Anfehn; ich ergab mich
völlig dem Hallifchen Bekehrungsfyftem, und mein
ganzes Wefen wollte auf keine Wege hineinpaffen.

Nach diefem Lehrplan muß die Veränderung des
Herzens mit einem tiefen Schrecken über die Sünde
anfangen; das Herz muß in diefer Noth bald mehr
bald weniger die verfchuldete Strafe erkennen und
den Vorfchmack der Hölle koften, der die Luft der
Sünde verbittert. Endlich muß man eine fehr merk=
liche Verficherung der Gnade fühlen, die aber im
Fortgange fich oft verftecft und mit Ernft wieder
gefucht werden muß.

Das alles traf bei mir weder nahe noch ferne zu.
Wenn ich Gott aufrichtig fuchte, fo ließ er fich finden,
und hielt mir von vergangenen Dingen nichts vor.
Ich fah hintennach wohl ein, wo ich unwürdig ge=
wefen, und wußte auch, wo ich es noch war; aber
die Erkenntniß meiner Gebrechen war ohne alle Angft.

Nicht einen Augenblick ist mir eine Furcht vor der Hölle angekommen, ja die Idee eines bösen Geistes und eines Straf= und Quälortes nach dem Tode konnte keineswegs in dem Kreise meiner Ideen Platz finden. Ich fand die Menschen, die ohne Gott lebten, deren Herz dem Vertrauen und der Liebe gegen den Unsichtbaren zugeschlossen war, schon so unglücklich, daß eine Hölle und äußere Strafen mir eher für sie eine Linderung zu versprechen, als eine Schärfung der Strafe zu drohen schienen. Ich durfte nur Menschen auf dieser Welt ansehen, die gehässigen Gefühlen in ihrem Busen Raum geben, die sich gegen das Gute von irgend einer Art verstocken und sich und andern das Schlechte aufdringen wollen, die lieber bei Tage die Augen zuschließen, um nur behaupten zu können, die Sonne gebe keinen Schein von sich — wie über allen Ausdruck schienen mir diese Menschen elend! Wer hätte eine Hölle schaffen können, um ihren Zu= stand zu verschlimmern!

Diese Gemüthsbeschaffenheit blieb mir, einen Tag wie den andern, zehn Jahre lang. Sie erhielt sich durch viele Proben, auch am schmerzhaften Sterbe= bette meiner geliebten Mutter. Ich war offen genug, um bei dieser Gelegenheit meine heitere Gemüthsver= fassung frommen, aber ganz schulgerechten Leuten nicht zu verbergen, und ich mußte darüber manchen freund= schaftlichen Verweis erdulden. Man meinte mir eben zur rechten Zeit vorzustellen, welchen Ernst man an=

zuwenden hätte, um in gesunden Tagen einen guten
Grund zu legen.

An Ernst wollte ich es auch nicht fehlen lassen.
Ich ließ mich für den Augenblick überzeugen und
wäre um mein Leben gern traurig und voll Schrecken
gewesen. Wie verwundert war ich aber, da es ein-
für allemal nicht möglich war. Wenn ich an Gott
dachte, war ich heiter und vergnügt; auch bei meiner
lieben Mutter schmerzensvollem Ende graute mir vor
dem Tode nicht. Doch lernte ich vieles und ganz
andere Sachen, als meine unberufenen Lehrmeister
glaubten, in diesen großen Stunden.

Nach und nach ward ich an den Einsichten so
mancher hochberühmten Leute zweifelhaft und bewahrte meine Gesinnungen in der Stille. Eine gewisse Freundin, der ich erst zu viel eingeräumt hatte,
wollte sich immer in meine Angelegenheiten mengen;
auch von dieser war ich genöthigt mich los zu machen,
und einst sagte ich ihr ganz entschieden, sie solle ohne
Mühe bleiben, ich brauche ihren Rath nicht; ich kenne
meinen Gott und wolle ihn ganz allein zum Führer
haben. Sie fand sich sehr beleidigt, und ich glaube,
sie hat mir's nie ganz verziehen.

Dieser Entschluß, mich dem Rathe und der Ein-
wirkung meiner Freunde in geistlichen Sachen zu entziehen, hatte die Folge, daß ich auch in äußerlichen
Verhältnissen meinen eigenen Weg zu gehen Muth
gewann. Ohne den Beistand meines treuen unsicht-

baren Führers hätte es mir übel gerathen können, und noch muß ich über diese weise und glückliche Leitung erstaunen. Niemand wußte eigentlich, worauf es bei mir ankam, und ich wußte es selbst nicht.

Das Ding, das noch nie erklärte böse Ding, das uns von dem Wesen trennt, dem wir das Leben verdanken, von dem Wesen, aus dem alles, was Leben genannt werden soll, sich unterhalten muß, das Ding, das man Sünde nennt, kannte ich noch gar nicht.

In dem Umgange mit dem unsichtbaren Freunde fühlte ich den süßesten Genuß aller meiner Lebenskräfte. Das Verlangen, dieses Glück immer zu genießen, war so groß, daß ich gern unterließ, was diesen Umgang störte, und hierin war die Erfahrung mein bester Lehrmeister. Allein es ging mir wie Kranken, die keine Arznei haben und sich mit der Diät zu helfen suchen. Es thut etwas, aber lange nicht genug.

In der Einsamkeit konnte ich nicht immer bleiben, ob ich gleich in ihr das beste Mittel gegen die mir so eigene Zerstreuung der Gedanken fand. Kam ich nachher in Getümmel, so machte es einen desto größern Eindruck auf mich. Mein eigentlichster Vortheil bestand darin, daß die Liebe zur Stille herrschend war, und ich mich am Ende immer dahin wieder zurück zog. Ich erkannte, wie in einer Art von Dämmerung, mein Elend und meine Schwäche, und ich suchte mir dadurch zu helfen, daß ich mich schonte, daß ich mich nicht aussetzte.

Sieben Jahre lang hatte ich meine diätetische Vor=
sicht ausgeübt. Ich hielt mich nicht für schlimm und
fand meinen Zustand wünschenswerth. Ohne sonder=
bare Umstände und Verhältnisse wäre ich auf dieser
Stufe stehen geblieben, und ich kam nur auf einem 5
sonderbaren Wege weiter. Gegen den Rath aller meiner
Freunde knüpfte ich ein neues Verhältniß an. Ihre
Einwendungen machten mich anfangs stutzig. Sogleich
wandte ich mich an meinen unsichtbaren Führer, und
da dieser es mir vergönnte, ging ich ohne Bedenken 10
auf meinem Wege fort.

Ein Mann von Geist, Herz und Talenten hatte
sich in der Nachbarschaft angekauft. Unter den Frem=
den, die ich kennen lernte, war auch er und seine
Familie. Wir stimmten in unsern Sitten, Haus= 15
verfassungen und Gewohnheiten sehr überein, und
konnten uns daher bald an einander anschließen.

Philo, so will ich ihn nennen, war schon in gewissen
Jahren, und meinem Vater, dessen Kräfte abzunehmen
anfingen, in gewissen Geschäften von der größten Bei= 20
hülfe. Er ward bald der innige Freund unsers Hauses,
und da er, wie er sagte, an mir eine Person fand, die
nicht das Ausschweifende und Leere der großen Welt,
und nicht das Trockne und Ängstliche der Stillen im
Lande habe, so waren wir bald vertraute Freunde. 25
Er war mir sehr angenehm und sehr brauchbar.

Ob ich gleich nicht die mindeste Anlage noch Nei=
gung hatte, mich in weltliche Geschäfte zu mischen

und irgend einen Einfluß zu suchen, so hörte ich doch
gerne davon, und wußte gern, was in der Nähe und
Ferne vorging. Von weltlichen Dingen liebte ich,
mir eine gefühllose Deutlichkeit zu verschaffen; Em=
pfindung, Innigkeit, Neigung bewahrte ich für meinen
Gott, für die Meinigen und für meine Freunde.

Diese letzten waren, wenn ich so sagen darf, auf
meine neue Verbindung mit Philo eifersüchtig, und
hatten dabei von mehr als einer Seite Recht, wenn
sie mich hierüber warnten. Ich litt viel in der Stille,
denn ich konnte selbst ihre Einwendungen nicht ganz
für leer oder eigennützig halten. Ich war von jeher
gewohnt, meine Einsichten unterzuordnen, und doch
wollte dießmal meine Überzeugung nicht nach. Ich
flehte zu meinem Gott, auch hier mich zu warnen,
zu hindern, zu leiten, und da mich hierauf mein
Herz nicht abmahnte, so ging ich meinen Pfad ge=
tröst fort.

Philo hatte im Ganzen eine entfernte Ähnlichkeit
mit Narcissen; nur hatte eine fromme Erziehung sein
Gefühl mehr zusammengehalten und belebt. Er hatte
weniger Eitelkeit, mehr Charakter, und wenn jener
in weltlichen Geschäften sein, genau, anhaltend und
unermüdlich war, so war dieser klar, scharf, schnell,
und arbeitete mit einer unglaublichen Leichtigkeit.
Durch ihn erfuhr ich die innersten Verhältnisse fast
aller der vornehmen Personen, deren Äußeres ich in
der Gesellschaft hatte kennen lernen, und ich war

froh, von meiner Warte dem Getümmel von weiten
zuzusehen. Philo konnte mir nichts mehr verhehlen:
er vertraute mir nach und nach seine äußern und
innern Verbindungen. Ich fürchtete für ihn, denn
ich sah gewisse Umstände und Verwickelungen voraus, 5
und das Übel kam schneller als ich vermuthet hatte;
denn er hatte mit gewissen Bekenntnissen immer zu=
rückgehalten, und auch zuletzt entdeckte er mir nur so
viel, daß ich das Schlimmste vermuthen konnte.

Welche Wirkung hatte das auf mein Herz! Ich 10
gelangte zu Erfahrungen, die mir ganz neu waren.
Ich sah mit unbeschreiblicher Wehmuth einen Agathon,
der, in den Hainen von Delphi erzogen, das Lehrgeld
noch schuldig war, und es nun mit schweren rück=
ständigen Zinsen abzahlte, und dieser Agathon war 15
mein genau verbundener Freund. Meine Theilnahme
war lebhaft und vollkommen; ich litt mit ihm, und
wir befanden uns beide in dem sonderbarsten Zu=
stande.

Nachdem ich mich lange mit seiner Gemüthsver= 20
fassung beschäftigt hatte, wendete sich meine Betrach=
tung auf mich selbst. Der Gedanke, du bist nicht
besser als er, stieg wie eine kleine Wolke vor mir
auf, breitete sich nach und nach aus, und verfinsterte
meine ganze Seele. 25

Nun dachte ich nicht mehr bloß, du bist nicht
besser als er; ich fühlte es, und fühlte es so, daß
ich es nicht noch einmal fühlen möchte: und es war

kein schneller Übergang. Mehr als ein Jahr mußte
ich empfinden, daß, wenn mich eine unsichtbare Hand
nicht umschränkt hätte, ich ein Girard, ein Cartouche,
ein Damiens und welches Ungeheuer man nennen
will, hätte werden können: die Anlage dazu fühlte
ich deutlich in meinem Herzen. Gott, welche Entdeckung!

Hatte ich nun bisher die Wirklichkeit der Sünde
in mir durch die Erfahrung nicht einmal auf das
leiseste gewahr werden können, so war mir jetzt die
Möglichkeit derselben in der Ahnung auf's schrecklichste
deutlich geworden, und doch kannte ich das Übel nicht,
ich fürchtete es nur; ich fühlte, daß ich schuldig sein
könnte, und hatte mich nicht anzuklagen.

So tief ich überzeugt war, daß eine solche Geistes-
beschaffenheit, wofür ich die meinige anerkennen mußte,
sich nicht zu einer Vereinigung mit dem höchsten Wesen,
die ich nach dem Tode hoffte, schicken könne; so wenig
fürchtete ich, in eine solche Trennung zu gerathen.
Bei allem Bösen, das ich in mir entdeckte, hatte ich
Ihn lieb, und haßte, was ich fühlte, ja ich wünschte
es noch ernstlicher zu hassen, und mein ganzer Wunsch
war, von dieser Krankheit und dieser Anlage zur
Krankheit erlöst zu werden, und ich war gewiß, daß
mir der große Arzt seine Hülfe nicht versagen würde.

Die einzige Frage war: was heilt diesen Schaden?
Tugendübungen? An die konnte ich nicht einmal
denken; denn zehn Jahre hatte ich schon mehr als

nur bloße Tugend geübt, und die nun erkannten
Greuel hatten dabei tief in meiner Seele verborgen
gelegen. Hätten sie nicht auch wie bei David los-
brechen können, als er Bathseba erblickte, und war er
nicht auch ein Freund Gottes, und war ich nicht im
Innersten überzeugt, daß Gott mein Freund sei?

Sollte es also wohl eine unvermeidliche Schwäche
der Menschheit sein? Müssen wir uns nun gefallen
lassen, daß wir irgend einmal die Herrschaft unsrer
Neigung empfinden, und bleibt uns bei dem besten
Willen nichts andres übrig, als den Fall, den wir
gethan, zu verabscheuen, und bei einer ähnlichen Gelegenheit wieder zu fallen?

Aus der Sittenlehre konnte ich keinen Trost
schöpfen. Weder ihre Strenge, wodurch sie unsre
Neigung meistern will, noch ihre Gefälligkeit, mit
der sie unsre Neigungen zu Tugenden machen möchte,
konnte mir genügen. Die Grundbegriffe, die mir der
Umgang mit dem unsichtbaren Freunde eingeflößt
hatte, hatten für mich schon einen viel entschiedenern
Werth.

Indem ich einst die Lieder studirte, welche David
nach jener häßlichen Katastrophe gedichtet hatte, war
mir sehr auffallend, daß er das in ihm wohnende
Böse schon in dem Stoff, woraus er geworden
war, erblickte, daß er aber entsündigt sein wollte,
und daß er auf das dringendste um ein reines Herz
flehte.

Wie nun aber dazu zu gelangen? Die Antwort aus den symbolischen Büchern wußte ich wohl: es war mir auch eine Bibelwahrheit, daß das Blut Jesu Christi uns von allen Sünden reinige. Nun aber bemerkte ich erst, daß ich diesen so oft wieder= holten Spruch noch nie verstanden hatte. Die Fragen: Was heißt das? Wie soll das zugehen? arbeiteten Tag und Nacht in mir sich durch. Endlich glaubte ich bei einem Schimmer zu sehen, daß das, was ich suchte, in der Menschwerdung des ewigen Worts, durch das alles und auch wir erschaffen sind, zu suchen sei. Daß der Uranfängliche sich in die Tiefen, in denen wir stecken, die er durchschaut und umfaßt, einstmal als Bewohner begeben habe, durch unser Verhältniß von Stufe zu Stufe, von der Empfäng= niß und Geburt bis zu dem Grabe, durchgegangen sei, daß er durch diesen sonderbaren Umweg wieder zu den lichten Höhen aufgestiegen, wo wir auch wohnen sollten, um glücklich zu sein: das ward mir, wie in einer dämmernden Ferne, offenbart.

O warum müssen wir, um von solchen Dingen zu reden, Bilder gebrauchen, die nur äußere Zu= stände anzeigen! Wo ist vor ihm etwas Hohes oder Tiefes, etwas Dunkles oder Helles? Wir nur haben ein Oben und Unten, einen Tag und eine Nacht. Und eben darum ist er uns ähnlich geworden, weil wir sonst keinen Theil an ihm haben könnten.

Wie können wir aber an dieser unschätzbaren Wohl-

that Theil nehmen? Durch den Glauben, antwortet
uns die Schrift. Was ist denn Glauben? Die Erzählung einer Begebenheit für wahr halten, was
kann mir das helfen? Ich muß mir ihre Wirkungen, ihre Folgen zueignen können. Dieser zueignende
Glaube muß ein eigener, dem natürlichen Menschen
ungewöhnlicher Zustand des Gemüths sein.

Nun, Allmächtiger! so schenke mir Glauben, flehte
ich einst in dem größten Druck des Herzens. Ich
lehnte mich auf einen kleinen Tisch, an dem ich
saß, und verbarg mein bethräntes Gesicht in meinen
Händen. Hier war ich in der Lage, in der man sein
muß, wenn Gott auf unser Gebet achten soll, und
in der man selten ist.

Ja, wer nur schildern könnte, was ich da fühlte!
Ein Zug brachte meine Seele nach dem Kreuze hin,
an dem Jesus einst erblaßte; ein Zug war es, ich
kann es nicht anders nennen, demjenigen völlig gleich,
wodurch unsre Seele zu einem abwesenden Geliebten
geführt wird, ein Zunahen, das vermuthlich viel
wesentlicher und wahrhafter ist, als wir vermuthen.
So nahte meine Seele dem Menschgewordnen und
am Kreuz Gestorbenen, und in dem Augenblicke
wußte ich, was Glauben war.

Das ist Glauben! sagte ich, und sprang wie halb
erschreckt in die Höhe. Ich suchte nun meiner Empfindung, meines Anschauens gewiß zu werden, und
in kurzem war ich überzeugt, daß mein Geist eine

Fähigkeit sich aufzuschwingen erhalten habe, die ihm ganz neu war.

Bei diesen Empfindungen verlassen uns die Worte. Ich konnte sie ganz deutlich von aller Phantasie unter= scheiden; sie waren ganz ohne Phantasie, ohne Bild, und gaben doch eben die Gewißheit eines Gegenstandes, auf den sie sich bezogen, als die Einbildungskraft, in= dem sie uns die Züge eines abwesenden Geliebten vor= mahlt.

Als das erste Entzücken vorüber war, bemerkte ich, daß mir dieser Zustand der Seele schon vorher bekannt gewesen; allein ich hatte ihn nie in dieser Stärke empfunden. Ich hatte ihn niemals fest halten, nie zu eigen behalten können. Ich glaube überhaupt, daß jede Menschenseele ein= und das anderemal davon etwas empfunden hat. Ohne Zweifel ist er das, was einem jeden lehrt, daß ein Gott ist.

Mit dieser mich ehemals von Zeit zu Zeit nur anwandelnden Kraft war ich bisher sehr zufrieden ge= wesen, und wäre mir nicht durch sonderbare Schickung seit Jahr und Tag die unerwartete Plage widerfahren, wäre nicht dabei mein Können und Vermögen bei mir selbst außer allen Credit gekommen, so wäre ich viel= leicht mit jenem Zustande immer zufrieden geblieben.

Nun hatte ich aber seit jenem großen Augenblicke Flügel bekommen. Ich konnte mich über das, was mich vorher bedrohte, aufschwingen, wie ein Vogel singend über den schnellsten Strom ohne Mühe fliegt,

vor welchem das Hündchen ängstlich bellend stehen
bleibt.

Meine Freude war unbeschreiblich, und ob ich gleich
niemand etwas davon entdeckte, so merkten doch die
Meinigen eine ungewöhnliche Heiterkeit an mir, ohne
begreifen zu können, was die Ursache meines Ver=
gnügens wäre. Hätte ich doch immer geschwiegen, und
die reine Stimmung in meiner Seele zu erhalten ge=
sucht! Hätte ich mich doch nicht durch Umstände ver=
leiten lassen, mit meinem Geheimnisse hervor zu treten!
dann hätte ich mir abermals einen großen Umweg er=
sparen können.

Da in meinem vorhergehenden zehnjährigen Christen=
lauf diese nothwendige Kraft nicht in meiner Seele war,
so hatte ich mich in dem Fall anderer redlichen Leute
auch befunden; ich hatte mir dadurch geholfen, daß ich
die Phantasie immer mit Bildern erfüllte, die einen
Bezug auf Gott hatten, und auch dieses ist schon wahr=
haft nützlich: denn schädliche Bilder und ihre bösen
Folgen werden dadurch abgehalten. Sodann ergreift
unsre Seele oft ein und das andere von den geistigen
Bildern, und schwingt sich ein wenig damit in die
Höhe, wie ein junger Vogel von einem Zweige auf
den andern flattert. So lange man nichts Besseres
hat, ist doch diese Übung nicht ganz zu verwerfen.

Auf Gott zielende Bilder und Eindrücke verschaffen
uns kirchliche Anstalten, Glocken, Orgeln und Ge=
sänge, und besonders die Vorträge unsrer Lehrer. Auf

sie war ich ganz unsäglich begierig; keine Witterung,
keine körperliche Schwäche hielt mich ab, die Kirchen
zu besuchen, und nur das sonntägige Geläute konnte
mir auf meinem Krankenlager einige Ungeduld ver-
ursachen. Unsern Oberhofprediger, der ein trefflicher
Mann war, hörte ich mit großer Neigung; auch seine
Collegen waren mir werth, und ich wußte die goldnen
Äpfel des göttlichen Wortes auch aus irdenen Schalen
unter gemeinem Obste heraus zu finden. Den öffentlichen Übungen wurden alle möglichen Privat=Erbau-
ungen, wie man sie nennt, hinzugefügt, und auch
dadurch nur Phantasie und feinere Sinnlichkeit ge=
nährt. Ich war so an diesen Gang gewöhnt, ich
respectirte ihn so sehr, daß mir auch jetzt nichts
Höheres einfiel. Denn meine Seele hat nur Fühl=
hörner und keine Augen; sie tastet nur und sieht nicht;
ach! daß sie Augen bekäme und schauen dürfte!

Auch jetzt ging ich voll Verlangen in die Predigten;
aber ach, wie geschah mir! Ich fand das nicht mehr,
was ich sonst gefunden. Diese Prediger stumpften sich
die Zähne an den Schalen ab, indessen ich den Kern
genoß. Ich mußte ihrer nun bald müde werden; aber
mich an den allein zu halten, den ich doch zu finden
wußte, dazu war ich zu verwöhnt. Bilder wollte ich
haben, äußere Eindrücke bedurfte ich, und glaubte ein
reines geistiges Bedürfniß zu fühlen.

Philo's Eltern hatten mit der herrnhutischen Gemeinde in Verbindung gestanden; in seiner Bibliothek

fanden sich noch viele Schriften des Grafen. Er
hatte mir einigemal sehr klar und billig darüber ge=
sprochen, und mich ersucht, einige dieser Schriften durch=
zublättern, und wäre es auch nur, um ein psychologi=
sches Phänomen kennen zu lernen. Ich hielt den Grafen
für einen gar zu argen Ketzer; so ließ ich auch das Ebers=
dorfer Gesangbuch bei mir liegen, das mir der Freund
in ähnlicher Absicht gleichsam aufgedrungen hatte.

In dem völligen Mangel aller äußeren Ermunte=
rungsmittel ergriff ich wie von ungefähr das gedachte
Gesangbuch, und fand zu meinem Erstaunen wirklich
Lieder darin, die, freilich unter sehr seltsamen Formen,
auf dasjenige zu deuten schienen, was ich fühlte; die
Originalität und Naivetät der Ausdrücke zog mich an.
Eigene Empfindungen schienen auf eine eigene Weise
ausgedrückt; keine Schul=Terminologie erinnerte an
etwas Steifes oder Gemeines. Ich ward überzeugt,
die Leute fühlten, was ich fühlte, und ich fand mich
nun sehr glücklich, ein solches Verschen in's Gedächt=
niß zu fassen und mich einige Tage damit zu tragen.

Seit jenem Augenblick, in welchem mir das Wahre
geschenkt worden war, verflossen auf diese Weise un=
gefähr drei Monate. Endlich faßte ich den Entschluß,
meinem Freunde Philo alles zu entdecken, und ihn
um die Mittheilung jener Schriften zu bitten, auf
die ich nun über die Maßen neugierig geworden war.
Ich that es auch wirklich, ungeachtet mir ein Etwas
im Herzen ernstlich davon abrieth.

Ich erzählte Philo die ganze Geschichte umständ=
lich, und da er selbst darin eine Hauptperson war, da
meine Erzählung auch für ihn die strengste Bußpredigt
enthielt, war er äußerst betroffen und gerührt. Er
5 zerfloß in Thränen. Ich freute mich, und glaubte,
auch bei ihm sei eine völlige Sinnesänderung bewirkt
worden.

Er versorgte mich mit allen Schriften, die ich nur
verlangte, und nun hatte ich überflüssige Nahrung
10 für meine Einbildungskraft. Ich machte große Fort=
schritte in der Zinzendorfischen Art zu denken und zu
sprechen. Man glaube nicht, daß ich die Art und
Weise des Grafen nicht auch gegenwärtig zu schätzen
wisse; ich lasse ihm gern Gerechtigkeit widerfahren; er
15 ist kein leerer Phantast; er spricht von großen Wahr=
heiten meist in einem kühnen Fluge der Einbildungs=
kraft, und die ihn geschmäht haben, wußten seine Eigen=
schaften weder zu schätzen, noch zu unterscheiden.

Ich gewann ihn unbeschreiblich lieb. Wäre ich
20 mein eigner Herr gewesen, so hätte ich gewiß Vater=
land und Freunde verlassen, wäre zu ihm gezogen;
unfehlbar hätten wir uns verstanden, und schwerlich
hätten wir uns lange vertragen.

Dank sei meinem Genius, der mich damals in
25 meiner häuslichen Verfassung so eingeschränkt hielt!
Es war schon eine große Reise, wenn ich nur in den
Hausgarten gehen konnte. Die Pflege meines alten
und schwächlichen Vaters machte mir Arbeit genug,

und in den Ergötzungsstunden war die edle Phantasie
mein Zeitvertreib. Der einzige Mensch, den ich sah,
war Philo, den mein Vater sehr liebte, dessen offnes
Verhältniß zu mir aber durch die letzte Erklärung
einigermaßen gelitten hatte. Bei ihm war die Rüh= 5
rung nicht tief gedrungen, und da ihm einige Ver=
suche, in meiner Sprache zu reden, nicht gelungen
waren, so vermied er diese Materie um so leichter, als
er durch seine ausgebreiteten Kenntnisse immer neue
Gegenstände des Gesprächs herbei zu führen wußte. 10

Ich war also eine herrnhutische Schwester auf
meine eigene Hand, und hatte diese neue Wendung
meines Gemüths und meiner Neigungen besonders vor
dem Oberhofprediger zu verbergen, den ich als meinen
Beichtvater zu schätzen sehr Ursache hatte, und dessen 15
große Verdienste auch gegenwärtig, durch seine äußerste
Abneigung gegen die herrnhutische Gemeinde, in meinen
Augen nicht geschmälert wurden. Leider sollte dieser
würdige Mann an mir und andern viele Betrübniß
erleben! 20

Er hatte vor mehreren Jahren auswärts einen
Cavalier als einen redlichen frommen Mann kennen
lernen, und war mit ihm, als einem der Gott ernst=
lich suchte, in einem ununterbrochenen Briefwechsel
geblieben. Wie schmerzhaft war es daher für seinen 25
geistlichen Führer, als dieser Cavalier sich in der Folge
mit der herrnhutischen Gemeinde einließ, und sich lange
unter den Brüdern aufhielt; wie angenehm dagegen,

als sein Freund sich mit den Brüdern wieder ent=
zweite, in seiner Nähe zu wohnen sich entschloß, und sich
seiner Leitung auf's neue völlig zu überlassen schien.

Nun wurde der Neuangekommene gleichsam im
Triumph allen besonders geliebten Schäfchen des
Oberhirten vorgestellt. Nur in unser Haus ward er
nicht eingeführt, weil mein Vater niemand mehr zu
sehen pflegte. Der Cavalier fand große Approbation;
er hatte das Gesittete des Hofs und das Einnehmende
der Gemeinde, dabei viel schöne natürliche Eigen=
schaften, und ward bald der große Heilige für alle,
die ihn kennen lernten, worüber sich sein geistlicher
Gönner äußerst freute. Leider war jener nur über
äußere Umstände mit der Gemeine brouillirt, und im
Herzen noch ganz Herrnhuter. Er hing zwar wirklich
an der Realität der Sache; allein auch ihm war das
Tändelwerk, das der Graf darum gehängt hatte,
höchst angemessen. Er war an jene Vorstellungs=
und Redensarten nun einmal gewöhnt, und wenn er
sich nunmehr vor seinem alten Freunde sorgfältig
verbergen mußte, so war es ihm desto nothwendiger,
sobald er ein Häufchen vertrauter Personen um sich
erblickte, mit seinen Verschen, Litaneien und Bilder=
chen hervor zu rücken, und er fand, wie man denken
kann, großen Beifall.

Ich wußte von der ganzen Sache nichts, und tän=
delte auf meine eigene Art fort. Lange Zeit blieben
wir uns unbekannt.

Einft befuchte ich, in einer freien Stunde, eine kranke Freundin. Ich traf mehrere Bekannte dort an, und merkte bald, daß ich sie in einer Unter= redung geftört hatte. Ich ließ mir nichts merken, erblickte aber, zu meiner großen Verwunderung, an der Wand einige herrnhutifche Bilder, in zierlichen Rahmen. Ich faßte gefchwinde, was in der Zeit, da ich nicht im Haufe gewefen, vorgegangen fein mochte, und bewillkommte diefe neue Erfcheinung mit einigen angemeffenen Verfen.

Man denke fich das Erftaunen meiner Freundinnen. Wir erklärten uns, und waren auf der Stelle einig und vertraut.

Ich fuchte nun öfter Gelegenheit auszugehn. Leider fand ich fie nur alle drei bis vier Wochen, ward mit dem adelichen Apoftel und nach und nach mit der ganzen heimlichen Gemeinde bekannt. Ich befuchte, wenn ich konnte, ihre Verfammlungen, und bei meinem gefelligen Sinn war es mir unendlich angenehm, das von andern zu vernehmen und andern mitzutheilen, was ich nur bisher in und mit mir felbft ausge= arbeitet hatte.

Ich war nicht fo eingenommen, daß ich nicht be= merkt hätte, wie nur wenige den Sinn der zarten Worte und Ausdrücke fühlten, und wie fie dadurch auch nicht mehr, als ehemals durch die kirchlich fym= bolifche Sprache, gefördert waren. Deffen ungeachtet ging ich mit ihnen fort, und ließ mich nicht irre

machen. Ich dachte, daß ich nicht zur Untersuchung
und Herzensprüfung berufen sei. War ich doch auch
durch manche unschuldige Übung zum Besseren vorbereitet worden. Ich nahm meinen Theil hinweg,
5 drang, wo ich zur Rede kam, auf den Sinn, der bei
so zarten Gegenständen eher durch Worte versteckt als
angedeutet wird, und ließ übrigens mit stiller Ver-
träglichkeit einen jeden nach seiner Art gewähren.

Auf diese ruhigen Zeiten des heimlichen gesellschaft-
10 lichen Genusses folgten bald die Stürme öffentlicher
Streitigkeiten und Widerwärtigkeiten, die am Hofe
und in der Stadt große Bewegungen erregten, und ich
möchte beinahe sagen, manches Scandal verursachten.
Der Zeitpunct war gekommen, in welchem unser Ober-
15 hofprediger, dieser große Widersacher der herrnhutischen Gemeinde, zu seiner gesegneten Demüthigung
entdecken sollte, daß seine besten und sonst anhäng-
lichsten Zuhörer sich sämmtlich auf die Seite der Gemeinde neigten. Er war äußerst gekränkt, vergaß im
20 ersten Augenblicke alle Mäßigung, und konnte in der
Folge sich nicht, selbst wenn er gewollt hätte, zurück-
ziehn. Es gab heftige Debatten, bei denen ich glück-
licherweise nicht genannt wurde, da ich nur ein zu-
fälliges Mitglied der so sehr verhaßten Zusammen-
25 künfte war, und unser eifriger Führer meinen Vater
und meinen Freund in bürgerlichen Angelegenheiten
nicht entbehren konnte. Ich erhielt meine Neutralität
mit stiller Zufriedenheit; denn mich von solchen

Empfindungen und Gegenständen selbst mit wohl=
wollenden Menschen zu unterhalten, war mir schon
verdrießlich, wenn sie den tiefsten Sinn nicht fassen
konnten, und nur auf der Oberfläche verweilten. Nun
aber gar über das mit Widersachern zu streiten,
worüber man sich kaum mit Freunden verstand, schien
mir unnütz, ja verderblich. Denn bald konnte ich
bemerken, daß liebevolle edle Menschen, die in diesem
Falle ihr Herz von Widerwillen und Haß nicht rein
halten konnten, gar bald zur Ungerechtigkeit über=
gingen, und, um eine äußere Form zu vertheidigen,
ihr bestes Innerste beinahe zerstörten.

So sehr auch der würdige Mann in diesem Fall
Unrecht haben mochte, und so sehr man mich auch
gegen ihn aufzubringen suchte, konnte ich ihm doch
niemals eine herzliche Achtung versagen. Ich kannte
ihn genau; ich konnte mich in seine Art, diese Sachen
anzusehen, mit Billigkeit versetzen. Ich hatte niemals
einen Menschen ohne Schwäche gesehen; nur ist sie
auffallender bei vorzüglichen Menschen. Wir wünschen
und wollen nun ein für alle Mal, daß die, die so
sehr privilegirt sind, auch gar keinen Tribut, keine Ab=
gaben zahlen sollen. Ich ehrte ihn als einen vorzüg=
lichen Mann, und hoffte den Einfluß meiner stillen
Neutralität, wo nicht zu einem Frieden, doch zu
einem Waffenstillstande zu nutzen. Ich weiß nicht
was ich bewirkt hätte; Gott faßte die Sache kürzer,
und nahm ihn zu sich. Bei seiner Bahre weinten

alle, die noch kurz vorher um Worte mit ihm ge=
stritten hatten. Seine Rechtschaffenheit, seine Gottes=
furcht hatte niemals jemand bezweifelt.

Auch ich mußte um diese Zeit das Puppenwerk
aus den Händen legen, das mir durch diese Streitig=
keiten gewissermaßen in einem andern Lichte erschienen
war. Der Oheim hatte seine Plane auf meine Schwester
in der Stille durchgeführt. Er stellte ihr einen jungen
Mann von Stande und Vermögen als ihren Bräuti=
gam vor, und zeigte sich in einer reichlichen Aus=
steuer, wie man es von ihm erwarten konnte. Mein
Vater willigte mit Freuden ein; die Schwester war
frei und vorbereitet, und veränderte gerne ihren Stand.
Die Hochzeit wurde auf des Oheims Schloß ausge=
richtet, Familie und Freunde waren eingeladen, und
wir kamen alle mit heiterm Geiste.

Zum erstenmal in meinem Leben erregte mir der
Eintritt in ein Haus Bewunderung. Ich hatte wohl
oft von des Oheims Geschmack, von seinem italiäni=
schen Baumeister, von seinen Sammlungen und seiner
Bibliothek reden hören; ich verglich aber das alles
mit dem, was ich schon gesehen hatte, und machte mir
ein sehr buntes Bild davon in Gedanken. Wie ver=
wundert war ich daher über den ernsten und harmo=
nischen Eindruck, den ich bei'm Eintritt in das Haus
empfand, und der sich in jedem Saal und Zimmer
verstärkte. Hatte Pracht und Zierrath mich sonst nur
zerstreut, so fühlte ich mich hier gesammelt und auf

mich selbst zurückgeführt. Auch in allen Anstalten
zu Feierlichkeiten und Festen erregten Pracht und
Würde ein stilles Gefallen, und es war mir eben so
unbegreiflich, daß Ein Mensch das alles hätte er-
finden und anordnen können, als daß mehrere sich
vereinigen könnten, um in einem so großen Sinne
zusammenzuwirken. Und bei dem allen schienen der
Wirth und die Seinigen so natürlich; es war keine
Spur von Steifheit noch von leerem Ceremoniell zu
bemerken.

Die Trauung selbst ward unvermuthet auf eine
herzliche Art eingeleitet; eine vortreffliche Vocalmusik
überraschte uns, und der Geistliche wußte dieser Cere-
monie alle Feierlichkeit der Wahrheit zu geben. Ich
stand neben Philo, und statt mir Glück zu wünschen
sagte er mit einem tiefen Seufzer: Als ich die Schwester
sah die Hand hingeben, war mir's, als ob man mich
mit siedheißem Wasser begossen hätte. Warum? fragte
ich. Es ist mir allezeit so, wenn ich eine Copulation
ansehe, versetzte er. Ich lachte über ihn, und habe
nachher oft genug an seine Worte zu denken gehabt.

Die Heiterkeit der Gesellschaft, worunter viel junge
Leute waren, schien noch einmal so glänzend, indem
alles was uns umgab, würdig und ernsthaft war.
Aller Hausrath, Tafelzeug, Service und Tischaufsätze
stimmten zu dem Ganzen, und wenn mir sonst die
Baumeister mit den Conditoren aus Einer Schule
entsprungen zu sein schienen; so war hier Conditor

und Tafeldecker bei dem Architekten in die Schule
gegangen.

Da man mehrere Tage zusammenblieb, hatte der
geistreiche und verständige Wirth für die Unterhaltung
5 der Gesellschaft auf das mannichfaltigste gesorgt. Ich
wiederholte hier nicht die traurige Erfahrung, die ich
so oft in meinem Leben gehabt hatte, wie übel eine
große gemischte Gesellschaft sich befinde, die sich selbst
überlassen zu den allgemeinsten und schalsten Zeitver=
10 treiben greifen muß, damit ja eher die guten als die
schlechten Subjecte Mangel der Unterhaltung fühlen.

Ganz anders hatte es der Oheim veranstaltet. Er
hatte zwei bis drei Marschälle, wenn ich sie so nennen
darf, bestellt; der eine hatte für die Freuden der
15 jungen Welt zu sorgen: Tänze, Spazierfahrten, kleine
Spiele waren von seiner Erfindung, und standen
unter seiner Direction, und da junge Leute gern im
Freien leben, und die Einflüsse der Luft nicht scheuen;
so war ihnen der Garten und der große Gartensaal
20 übergeben, an den zu diesem Endzwecke noch einige
Galerien und Pavillons angebauet waren, zwar nur
von Bretern und Leinwand, aber in so edlen Ver=
hältnissen, daß man nur an Stein und Marmor da=
bei erinnert ward.

25 Wie selten ist eine Fete, wobei derjenige, der die
Gäste zusammenberuft, auch die Schuldigkeit empfin=
det, für ihre Bedürfnisse und Bequemlichkeiten auf
alle Weise zu sorgen!

Jagd und Spielpartien, kurze Promenaden, Ge=
legenheiten zu vertraulichen einsamen Gesprächen
waren für die ältern Personen bereitet, und der=
jenige, der am frühsten zu Bette ging, war auch ge=
wiß am weitesten von allem Lärm einquartirt.

Durch diese gute Ordnung schien der Raum, in
dem wir uns befanden, eine kleine Welt zu sein, und
doch, wenn man es bei nahem betrachtete, war das
Schloß nicht groß, und man würde ohne genaue
Kenntniß desselben und ohne den Geist des Wirthes
wohl schwerlich so viele Leute darin beherbergt, und
jeden nach seiner Art bewirthet haben.

So angenehm uns der Anblick eines wohlgestal=
teten Menschen ist, so angenehm ist uns eine ganze
Einrichtung, aus der uns die Gegenwart eines ver=
ständigen vernünftigen Wesens fühlbar wird. Schon
in ein reinliches Haus zu kommen ist eine Freude,
wenn es auch sonst geschmacklos gebauet und verziert
ist: denn es zeigt uns die Gegenwart wenigstens von
Einer Seite gebildeter Menschen. Wie doppelt an=
genehm ist es uns also, wenn aus einer menschlichen
Wohnung uns der Geist einer höhern, obgleich auch
nur sinnlichen Cultur entgegen spricht.

Mit vieler Lebhaftigkeit ward mir dieses auf dem
Schlosse meines Oheims anschaulich. Ich hatte vieles
von Kunst gehört und gelesen; Philo selbst war ein
großer Liebhaber von Gemählden, und hatte eine
schöne Sammlung; auch ich selbst hatte viel gezeichnet;

aber theils war ich zu sehr mit meinen Empfindungen
beschäftigt, und trachtete nur das Eine was Noth ist,
erst recht in's Reine zu bringen, theils schienen doch
alle die Sachen, die ich gesehen hatte, mich wie die
übrigen weltlichen Dinge zu zerstreuen. Nun war ich
zum erstenmal durch etwas Äußerliches auf mich selbst
zurückgeführt, und ich lernte den Unterschied zwischen
dem natürlichen vortrefflichen Gesang der Nachtigall
und einem vierstimmigen Hallelujah aus gefühlvollen
Menschenkehlen zu meiner größten Verwunderung erst
kennen.

Ich verbarg meine Freude über diese neue An=
schauung meinem Oheim nicht, der, wenn alles andere
in sein Theil gegangen war, sich mit mir besonders
zu unterhalten pflegte. Er sprach mit großer Be=
scheidenheit von dem, was er besaß und hervorgebracht
hatte, mit großer Sicherheit von dem Sinne, in dem
es gesammlet und aufgestellt worden war, und ich
konnte wohl merken, daß er mit Schonung für mich
redete, indem er nach seiner alten Art das Gute, wo=
von er Herr und Meister zu sein glaubte, demjenigen
unterzuordnen schien, was nach meiner Überzeugung
das Rechte und Beste war.

Wenn wir uns, sagte er einmal, als möglich denken
können, daß der Schöpfer der Welt selbst die Gestalt
seiner Creatur angenommen, und auf ihre Art und
Weise sich eine Zeitlang auf der Welt befunden habe,
so muß uns dieses Geschöpf schon unendlich vollkommen

erscheinen, weil sich der Schöpfer so innig damit ver=
einigen konnte. Es muß also in dem Begriff des
Menschen kein Widerspruch mit dem Begriff der Gott=
heit liegen, und wenn wir auch oft eine gewisse Un=
ähnlichkeit und Entfernung von ihr empfinden, so ist
es doch um desto mehr unsere Schuldigkeit, nicht
immer wie der Advocat des bösen Geistes nur auf
die Blößen und Schwächen unserer Natur zu sehen,
sondern eher alle Vollkommenheiten aufzusuchen, wo=
durch wir die Ansprüche unsrer Gottähnlichkeit be=
stätigen können.

Ich lächelte und versetzte: Beschämen Sie mich
nicht zu sehr, lieber Oheim, durch die Gefälligkeit, in
meiner Sprache zu reden! Das, was Sie mir zu sagen
haben, ist für mich von so großer Wichtigkeit, daß
ich es in Ihrer eigensten Sprache zu hören wünschte,
und ich will alsdann, was ich mir davon nicht ganz
zueignen kann, schon zu übersetzen suchen.

Ich werde, sagte er darauf, auch auf meine eigenste
Weise, ohne Veränderung des Tons fortfahren können.
Des Menschen größtes Verdienst bleibt wohl, wenn er
die Umstände so viel als möglich bestimmt und sich
so wenig als möglich von ihnen bestimmen läßt. Das
ganze Weltwesen liegt vor uns, wie ein großer Stein=
bruch vor dem Baumeister, der nur dann den Namen
verdient, wenn er aus diesen zufälligen Naturmassen
ein in seinem Geiste entsprungenes Urbild mit der
größten Ökonomie, Zweckmäßigkeit und Festigkeit zu=

sammenstellt. Alles außer uns ist nur Element, ja
ich darf wohl sagen, auch alles an uns; aber tief in
uns liegt diese schöpferische Kraft, die das zu er=
schaffen vermag, was sein soll, und uns nicht ruhen
und rasten läßt, bis wir es außer uns oder an uns,
auf eine oder die andere Weise, dargestellt haben.
Sie, liebe Nichte, haben vielleicht das beste Theil er=
wählt; Sie haben Ihr sittliches Wesen, Ihre tiefe
liebevolle Natur mit sich selbst und mit dem höchsten
Wesen übereinstimmend zu machen gesucht, indeß wir
andern wohl auch nicht zu tadeln sind, wenn wir den
sinnlichen Menschen in seinem Umfange zu kennen
und thätig in Einheit zu bringen suchen.

Durch solche Gespräche wurden wir nach und nach
vertrauter, und ich erlangte von ihm, daß er mit
mir, ohne Condescendenz, wie mit sich selbst sprach.
Glauben Sie nicht, sagte der Oheim zu mir, daß ich
Ihnen schmeichle, wenn ich Ihre Art zu denken und
zu handeln lobe. Ich verehre den Menschen, der deut=
lich weiß was er will, unablässig vorschreitet, die
Mittel zu seinem Zwecke kennt und sie zu ergreifen
und zu brauchen weiß; in wie fern sein Zweck groß
oder klein sei, Lob oder Tadel verdiene, das kommt
bei mir erst nachher in Betrachtung. Glauben Sie
mir, meine Liebe, der größte Theil des Unheils und
dessen, was man bös in der Welt nennt, entsteht
bloß, weil die Menschen zu nachlässig sind, ihre
Zwecke recht kennen zu lernen, und wenn sie solche

kennen, ernsthaft darauf los zu arbeiten. Sie kommen mir vor wie Leute, die den Begriff haben, es könne und müsse ein Thurm gebauet werden, und die doch an den Grund nicht mehr Steine und Arbeit ver= wenden, als man allenfalls einer Hütte unterschlüge. 5 Hätten Sie, meine Freundin, deren höchstes Bedürfniß war, mit Ihrer innern sittlichen Natur in's Reine zu kommen, anstatt der großen und kühnen Aufopfe= rungen, sich zwischen Ihrer Familie, einem Bräutigam, vielleicht einem Gemahl nur so hin beholfen, Sie 10 würden, in einem ewigen Widerspruch mit sich selbst, niemals einen zufriedenen Augenblick genossen haben.

Sie brauchen, versetzte ich hier, das Wort Auf= opferung, und ich habe manchmal gedacht, wie wir einer höhern Absicht, gleichsam wie einer Gottheit, 15 das Geringere zum Opfer darbringen, ob es uns schon am Herzen liegt, wie man ein geliebtes Schaf für die Gesundheit eines verehrten Vaters gern und willig zum Altar führen würde.

Was es auch sei, versetzte er, der Verstand oder 20 die Empfindung, daß uns eins für das andere hin= geben, eins vor dem andern wählen heißt, so ist Ent= schiedenheit und Folge, nach meiner Meinung, das Verehrungswürdigste am Menschen. Man kann die Waare und das Geld nicht zugleich haben; und der 25 ist eben so übel daran, dem es immer nach der Waare gelüstet, ohne daß er das Herz hat das Geld hin= zugeben, als der, den der Kauf reut, wenn er die

Waare in Händen hat. Aber ich bin weit entfernt,
die Menschen deßhalb zu tadeln; denn sie sind eigent=
lich nicht Schuld, sondern die verwickelte Lage, in der
sie sich befinden, und in der sie sich nicht zu regieren
5 wissen. So werden Sie, zum Beispiel, im Durch=
schnitt, weniger üble Wirthe auf dem Lande als in
den Städten finden, und wieder in kleinen Städten
weniger als in großen; und warum? Der Mensch
ist zu einer beschränkten Lage geboren; einfache, nahe,
10 bestimmte Zwecke vermag er einzusehen, und er ge=
wöhnt sich, die Mittel zu benutzen, die ihm gleich zur
Hand sind; sobald er aber in's Weite kommt, weiß
er weder was er will, noch was er soll, und es ist
ganz einerlei, ob er durch die Menge der Gegenstände
15 zerstreut, oder ob er durch die Höhe und Würde der=
selben außer sich gesetzt werde. Es ist immer sein
Unglück, wenn er veranlaßt wird, nach etwas zu
streben, mit dem er sich durch eine regelmäßige Selbst=
thätigkeit nicht verbinden kann.

20 Fürwahr, fuhr er fort, ohne Ernst ist in der
Welt nichts möglich, und unter denen, die wir ge=
bildete Menschen nennen, ist eigentlich wenig Ernst
zu finden; sie gehen, ich möchte sagen, gegen Arbeiten
und Geschäfte, gegen Künste, ja gegen Vergnügungen
25 nur mit einer Art von Selbstvertheidigung zu Werke;
man lebt, wie man ein Pack Zeitungen lies't, nur
damit man sie los werde, und es fällt mir dabei
jener junge Engländer in Rom ein, der Abends, in

einer Gesellschaft, sehr zufrieden erzählte: daß er doch
heute sechs Kirchen und zwei Galerien bei Seite ge=
bracht habe. Man will mancherlei wissen und kennen,
und gerade das, was einen am wenigsten angeht, und
man bemerkt nicht, daß kein Hunger dadurch gestillt
wird, wenn man nach der Luft schnappt. Wenn ich
einen Menschen kennen lerne, frage ich sogleich, wo=
mit beschäftigt er sich? und wie? und in welcher
Folge? und mit der Beantwortung der Frage ist auch
mein Interesse an ihm auf Zeitlebens entschieden.

Sie sind, lieber Oheim, versetzte ich darauf, viel=
leicht zu strenge, und entziehen manchem guten Men=
schen, dem Sie nützlich sein könnten, Ihre hülfreiche
Hand.

Ist es dem zu verdenken, antwortete er, der so
lange vergebens an ihnen und um sie gearbeitet hat?
Wie sehr leidet man nicht in der Jugend von Men=
schen, die uns zu einer angenehmen Lustpartie ein=
zuladen glauben, wenn sie uns in die Gesellschaft der
Danaiden oder des Sisyphus zu bringen versprechen.
Gott sei Dank, ich habe mich von ihnen los gemacht,
und wenn einer unglücklicher Weise in meinen Kreis
kommt, suche ich ihn auf die höflichste Art hinaus zu
complimentiren: denn gerade von diesen Leuten hört
man die bittersten Klagen über den verworrenen Lauf
der Welthändel, über die Seichtigkeit der Wissen=
schaften, über den Leichtsinn der Künstler, über die
Leerheit der Dichter und was alles noch mehr ist.

Sie bedenken am wenigsten, daß eben sie selbst und
die Menge, die ihnen gleich ist, gerade das Buch nicht
lesen würden, das geschrieben wäre wie sie es fordern,
daß ihnen die echte Dichtung fremd sei, und daß selbst
ein gutes Kunstwerk nur durch Vorurtheil ihren Bei=
fall erlangen könne. Doch lassen Sie uns abbrechen,
es ist hier keine Zeit zu schelten noch zu klagen.

Er leitete meine Aufmerksamkeit auf die verschie=
denen Gemählde, die an der Wand aufgehängt waren;
mein Auge hielt sich an die, deren Anblick reizend,
oder deren Gegenstand bedeutend war; er ließ es eine
Weile geschehen, dann sagte er: Gönnen Sie nun auch
dem Genius, der diese Werke hervorgebracht hat, einige
Aufmerksamkeit. Gute Gemüther sehen so gerne den
Finger Gottes in der Natur; warum sollte man nicht
auch der Hand seines Nachahmers einige Betrachtung
schenken? Er machte mich sodann auf unscheinbare
Bilder aufmerksam, und suchte mir begreiflich zu
machen, daß eigentlich die Geschichte der Kunst allein
uns den Begriff von dem Werth und der Würde eines
Kunstwerks geben könne, daß man erst die beschwerlichen
Stufen des Mechanismus und des Handwerks, an denen
der fähige Mensch sich Jahrhunderte lang hinauf arbei=
tet, kennen müsse, um zu begreifen wie es möglich sei,
daß das Genie auf dem Gipfel, bei dessen bloßem An=
blick uns schwindelt, sich frei und fröhlich bewege.

Er hatte in diesem Sinne eine schöne Reihe zu=
sammengebracht, und ich konnte mich nicht enthalten,

als er mir sie auslegte, die moralische Bildung hier
wie im Gleichnisse vor mir zu sehen. Als ich ihm
meine Gedanken äußerte, versetzte er: Sie haben voll=
kommen Recht, und wir sehen daraus, daß man nicht
wohl thut, der sittlichen Bildung, einsam, in sich
selbst verschlossen nachzuhängen; vielmehr wird man
finden, daß derjenige, dessen Geist nach einer morali=
schen Cultur strebt, alle Ursache hat, seine feinere
Sinnlichkeit zugleich mit auszubilden, damit er nicht
in Gefahr komme, von seiner moralischen Höhe herab
zu gleiten, indem er sich den Lockungen einer regellosen
Phantasie übergibt, und in den Fall kommt, seine edlere
Natur durch Vergnügen an geschmacklosen Tändeleien,
wo nicht an etwas Schlimmerem herab zu würdigen.

Ich hatte ihn nicht im Verdacht, daß er auf mich
ziele, aber ich fühlte mich getroffen, wenn ich zurück
dachte, daß unter den Liedern, die mich erbauet hatten,
manches abgeschmackte mochte gewesen sein, und daß
die Bildchen, die sich an meine geistlichen Ideen an=
schlossen, wohl schwerlich vor den Augen des Oheims
würden Gnade gefunden haben.

Philo hatte sich indessen öfters in der Bibliothek
aufgehalten, und führte mich nunmehr auch in selbiger
ein. Wir bewunderten die Auswahl und dabei die
Menge der Bücher. Sie waren in jedem Sinne ge=
sammlet: denn es waren beinahe auch nur solche
darin zu finden, die uns zur deutlichen Erkenntniß
führen, oder uns zur rechten Ordnung anweisen, die

uns entweder rechte Materialien geben, oder uns von
der Einheit unsers Geistes überzeugen.

Ich hatte in meinem Leben unsäglich gelesen, und
in gewissen Fächern war mir fast kein Buch un=
5 bekannt; um desto angenehmer war mir's hier von
der Übersicht des Ganzen zu sprechen, und Lücken zu
bemerken, wo ich sonst nur eine beschränkte Ver=
wirrung oder eine unendliche Ausdehnung gesehen
hatte.

10 Zugleich machten wir die Bekanntschaft eines sehr
interessanten stillen Mannes. Er war Arzt und Natur=
forscher, und schien mehr zu den Penaten als zu den
Bewohnern des Hauses zu gehören. Er zeigte uns
das Naturalienkabinett, das, wie die Bibliothek, in
15 verschlossenen Glasschränken zugleich die Wände der
Zimmer verzierte und den Raum veredelte, ohne ihn
zu verengen. Hier erinnerte ich mich mit Freuden
meiner Jugend, und zeigte meinem Vater mehrere
Gegenstände, die er ehemals auf das Krankenbette
20 seines kaum in die Welt blickenden Kindes gebracht
hatte. Dabei verhehlte der Arzt so wenig als bei
folgenden Unterredungen, daß er sich mir in Absicht
auf religiöse Gesinnungen nähere, lobte dabei den
Oheim außerordentlich wegen seiner Toleranz und
25 Schätzung von allem, was den Werth und die Ein=
heit der menschlichen Natur anzeige und befördere,
nur verlange er freilich von allen andern Menschen
ein Gleiches und pflege nichts so sehr, als individuellen

22*

Dünkel und ausschließende Beschränktheit, zu ver=
dammen oder zu fliehen.

Seit der Trauung meiner Schwester sah dem Oheim
die Freude aus den Augen, und er sprach verschiedene=
mal mit mir über das, was er für sie und ihre Kinder
zu thun denke. Er hatte schöne Güter, die er selbst
bewirthschaftete und die er, in dem besten Zustande,
seinen Neffen zu übergeben hoffte. Wegen des kleinen
Gutes, auf dem wir uns befanden, schien er besondere
Gedanken zu hegen: Ich werde es, sagte er, nur einer
Person überlassen, die zu kennen, zu schätzen und zu
genießen weiß was es enthält, und die einsieht, wie
sehr ein Reicher und Vornehmer, besonders in Deutsch=
land, Ursache habe etwas Mustermäßiges aufzustellen.

Schon war der größte Theil der Gäste nach und
nach verflogen; wir bereiteten uns zum Abschied und
glaubten die letzte Scene der Feierlichkeit erlebt zu
haben, als wir auf's neue durch seine Aufmerksam=
keit, uns ein würdiges Vergnügen zu machen, über=
rascht wurden. Wir hatten ihm das Entzücken nicht
verbergen können, das wir fühlten, als bei meiner
Schwester Trauung ein Chor Menschenstimmen sich,
ohne alle Begleitung irgend eines Instruments, hören
ließ. Wir legten es ihm nahe genug, uns das Ver=
gnügen noch einmal zu verschaffen; er schien nicht
darauf zu merken. Wie überrascht waren wir daher,
als er eines Abends zu uns sagte: Die Tanzmusik
hat sich entfernt; die jungen flüchtigen Freunde haben

uns verlassen; das Ehepaar selbst sieht schon ernsthafter aus als vor einigen Tagen, und in einer
solchen Epoche von einander zu scheiden, da wir uns
vielleicht nie, wenigstens anders wiedersehen, regt uns
zu einer feierlichen Stimmung, die ich nicht edler
nähren kann, als durch eine Musik, deren Wiederholung Sie schon früher zu wünschen schienen.

Er ließ durch das indeß verstärkte und im Stillen
noch mehr geübte Chor uns vier- und achtstimmige
Gesänge vortragen, die uns, ich darf wohl sagen,
wirklich einen Vorschmack der Seligkeit gaben. Ich
hatte bisher nur den frommen Gesang gekannt, in
welchem gute Seelen oft mit heiserer Kehle, wie die
Waldvögelein, Gott zu loben glauben, weil sie sich
selbst eine angenehme Empfindung machen; dann die
eitle Musik der Concerte, in denen man allenfalls
zur Bewunderung eines Talents, selten aber, auch
nur zu einem vorübergehenden Vergnügen, hingerissen
wird. Nun vernahm ich eine Musik aus dem tiefsten Sinne der trefflichsten menschlichen Naturen entsprungen, die durch bestimmte und geübte Organe
in harmonischer Einheit wieder zum tiefsten besten
Sinne des Menschen sprach, und ihn wirklich in
diesem Augenblicke seine Gottähnlichkeit lebhaft empfinden ließ. Alles waren lateinische geistliche Gesänge, die sich, wie Juwelen, in dem goldnen Ringe
einer gesitteten weltlichen Gesellschaft ausnahmen,
und mich, ohne Anforderung einer sogenannten Er-

bauung, auf das geistigste erhoben und glücklich
machten.

Bei unserer Abreise wurden wir alle auf das edelste
beschenkt. Mir überreichte er das Ordenskreuz meines
Stiftes, kunstmäßiger und schöner gearbeitet und email= 5
lirt als man es sonst zu sehen gewohnt war. Es hing
an einem großen Brillanten, wodurch es zugleich an
das Band befestigt wurde, und den er als den edelsten
Stein einer Naturaliensammlung anzusehen bat.

Meine Schwester zog nun mit ihrem Gemahl auf 10
seine Güter, wir andern kehrten alle nach unsern
Wohnungen zurück und schienen uns, was unsere
äußren Umstände anbetraf, in ein ganz gemeines
Leben zurückgekehrt zu sein. Wir waren, wie aus
einem Feenschloß, auf die platte Erde gesetzt und 15
mußten uns wieder nach unsrer Weise benehmen und
behelfen.

Die sonderbaren Erfahrungen, die ich in jenem
neuen Kreise gemacht hatte, ließen einen schönen Ein=
druck bei mir zurück; doch blieb er nicht lange in 20
seiner ganzen Lebhaftigkeit, obgleich der Oheim ihn zu
unterhalten und zu erneuern suchte, indem er mir,
von Zeit zu Zeit, von seinen besten und gefälligsten
Kunstwerken zusandte, und wenn ich sie lange genug
genossen hatte, wieder mit andern vertauschte. 25

Ich war zu sehr gewohnt, mich mit mir selbst zu
beschäftigen, die Angelegenheiten meines Herzens und
meines Gemüthes in Ordnung zu bringen, und mich

davon mit ähnlich gesinnten Personen zu unterhalten,
als daß ich mit Aufmerksamkeit ein Kunstwerk hätte
betrachten sollen, ohne bald auf mich selbst zurück zu
kehren. Ich war gewohnt, ein Gemählde und einen
Kupferstich nur anzusehen wie die Buchstaben eines
Buchs. Ein schöner Druck gefällt wohl; aber wer
wird ein Buch des Druckes wegen in die Hand
nehmen? So sollte mir auch eine bildliche Darstel=
lung etwas sagen, sie sollte mich belehren, rühren,
bessern; und der Oheim mochte in seinen Briefen,
mit denen er seine Kunstwerke erläuterte, reden was
er wollte, so blieb es mit mir doch immer bei'm
Alten.

Doch mehr als meine eigene Natur zogen mich
äußere Begebenheiten, die Veränderungen in meiner
Familie, von solchen Betrachtungen, ja eine Weile
von mir selbst ab; ich mußte dulden und wirken, mehr,
als meine schwachen Kräfte zu ertragen schienen.

Meine ledige Schwester war bisher mein rechter
Arm gewesen: gesund, stark und unbeschreiblich gütig
hatte sie die Besorgung der Haushaltung über sich
genommen, wie mich die persönliche Pflege des alten
Vaters beschäftigte. Es überfällt sie ein Katarrh,
woraus eine Brustkrankheit wird, und in drei Wochen
liegt sie auf der Bahre; ihr Tod schlug mir Wunden,
deren Narben ich jetzt noch nicht gerne ansehe.

Ich lag krank zu Bette, ehe sie noch beerdiget war;
der alte Schaden auf meiner Brust schien aufzuwachen,

ich hustete heftig, und war so heiser, daß ich keinen lauten Ton hervorbringen konnte.

Die verheirathete Schwester kam vor Schrecken und Betrübniß zu früh in die Wochen. Mein alter Vater fürchtete, seine Kinder und die Hoffnung seiner Nachkommenschaft auf einmal zu verlieren; seine gerechten Thränen vermehrten meinen Jammer; ich flehte zu Gott um Herstellung einer leiblichen Gesundheit, und bat ihn nur, mein Leben bis nach dem Tode des Vaters zu fristen. Ich genas, und war nach meiner Art wohl, konnte wieder meine Pflichten, obgleich nur auf eine kümmerliche Weise, erfüllen.

Meine Schwester ward wieder guter Hoffnung. Mancherlei Sorgen, die in solchen Fällen der Mutter anvertraut werden, wurden mir mitgetheilt; sie lebte nicht ganz glücklich mit ihrem Manne, das sollte dem Vater verborgen bleiben; ich mußte Schiedsrichter sein, und konnte es um so eher, da mein Schwager Zutrauen zu mir hatte, und beide wirklich gute Menschen waren, nur daß beide, anstatt einander nachzusehen, mit einander rechteten, und aus Begierde, völlig mit einander überein zu leben, niemals einig werden konnten. Nun lernte ich auch die weltlichen Dinge mit Ernst angreifen, und das ausüben, was ich sonst nur gesungen hatte.

Meine Schwester gebar einen Sohn; die Unpäßlichkeit meines Vaters verhinderte ihn nicht, zu ihr

zu reisen. Bei'm Anblick des Kindes war er un=
glaublich heiter und froh, und bei der Taufe erschien
er mir gegen seine Art wie begeistert, ja ich möchte
sagen, als ein Genius mit zwei Gesichtern. Mit dem
einen blickte er freudig vorwärts in jene Regionen,
in die er bald einzugehen hoffte, mit dem andern auf
das neue, hoffnungsvolle irdische Leben, das in dem
Knaben entsprungen war, der von ihm abstammte.
Er ward nicht müde auf dem Rückwege mich von
dem Kinde zu unterhalten, von seiner Gestalt, seiner
Gesundheit, und dem Wunsche, daß die Anlagen dieses
neuen Weltbürgers glücklich ausgebildet werden möch=
ten. Seine Betrachtungen hierüber dauerten fort, als
wir zu Hause anlangten, und erst nach einigen Tagen
bemerkte man eine Art Fieber, das sich nach Tisch,
ohne Frost, durch eine etwas ermattende Hitze äußerte.
Er legte sich jedoch nicht nieder, fuhr des Morgens
aus und versah treulich seine Amtsgeschäfte, bis ihn
endlich anhaltende ernsthafte Symptome davon ab=
hielten.

Nie werde ich die Ruhe des Geistes, die Klarheit
und Deutlichkeit vergessen, womit er die Angelegen=
heiten seines Hauses, die Besorgung seines Begräb=
nisses, als wie das Geschäft eines andern, mit der
größten Ordnung vornahm.

Mit einer Heiterkeit, die ihm sonst nicht eigen war,
und die bis zu einer lebhaften Freude stieg, sagte er
zu mir: Wo ist die Todesfurcht hingekommen, die ich

sonst noch wohl empfand? Sollt' ich zu sterben scheuen?
Ich habe einen gnädigen Gott, das Grab erweckt mir
kein Grauen, ich habe ein ewiges Leben.

Mir die Umstände seines Todes zurückzurufen, der
bald darauf erfolgte, ist in meiner Einsamkeit eine
meiner angenehmsten Unterhaltungen, und die sicht=
baren Wirkungen einer höhern Kraft dabei wird mir
niemand wegräsonniren.

Der Tod meines lieben Vaters veränderte meine
bisherige Lebensart. Aus dem strengsten Gehorsam,
aus der größten Einschränkung kam ich in die größte
Freiheit, und ich genoß ihrer wie einer Speise, die
man lange entbehrt hat. Sonst war ich selten zwei
Stunden außer dem Hause; nun verlebte ich kaum
Einen Tag in meinem Zimmer. Meine Freunde,
bei denen ich sonst nur abgerissene Besuche machen
konnte, wollten sich meines anhaltenden Umgangs,
so wie ich mich des ihrigen, erfreuen; öfters wurde
ich zu Tische geladen, Spazierfahrten und kleine Lust=
reisen kamen hinzu, und ich blieb nirgends zurück.
Als aber der Cirkel durchlaufen war, sah ich, daß
das unschätzbare Glück der Freiheit nicht darin be=
steht, daß man alles thut, was man thun mag,
und wozu uns die Umstände einladen, sondern daß
man das ohne Hinderniß und Rückhalt, auf dem
geraden Wege thun kann, was man für recht und
schicklich hält, und ich war alt genug, in diesem Falle
ohne Lehrgeld zu der schönen Überzeugung zu gelangen.

Was ich mir nicht versagen konnte, war, sobald
als nur möglich, den Umgang mit den Gliedern der
herrnhutischen Gemeine fortzusetzen und fester zu
knüpfen, und ich eilte, eine ihrer nächsten Einrich=
tungen zu besuchen: aber auch da fand ich keines=
weges, was ich mir vorgestellt hatte. Ich war ehr=
lich genug meine Meinung merken zu lassen, und
man suchte mir hinwieder beizubringen: diese Ver=
fassung sei gar nichts gegen eine ordentlich eingerich=
tete Gemeine. Ich konnte mir das gefallen lassen;
doch hätte nach meiner Überzeugung der wahre Geist
aus einer kleinen so gut als aus einer großen An=
stalt hervorblicken sollen.

Einer ihrer Bischöfe, der gegenwärtig war, ein
unmittelbarer Schüler des Grafen, beschäftigte sich
viel mit mir; er sprach vollkommen Englisch, und
weil ich es ein wenig verstand, meinte er, es sei ein
Wink, daß wir zusammen gehörten; ich meinte es
aber ganz und gar nicht; sein Umgang konnte mir
nicht im geringsten gefallen. Er war ein Messer=
schmied, ein geborner Mähre; seine Art zu denken
konnte das Handwerksmäßige nicht verläugnen. Besser
verstand ich mich mit dem Herrn von L*, der Major
in französischen Diensten gewesen war; aber zu der
Unterthänigkeit, die er gegen seine Vorgesetzten be=
zeigte, fühlte ich mich niemals fähig; ja es war
mir, als wenn man mir eine Ohrfeige gäbe, wenn
ich die Majorin und andere, mehr oder weniger an=

gesehene Frauen dem Bischof die Hand küssen sah.
Indessen wurde doch eine Reise nach Holland ver=
abredet, die aber, und gewiß zu meinem Besten, nie=
mals zu Stande kam.

Meine Schwester war mit einer Tochter nieder= 5
gekommen, und nun war die Reihe an uns Frauen,
zufrieden zu sein und zu denken, wie sie dereinst, uns
ähnlich, erzogen werden sollte. Mein Schwager war
dagegen sehr unzufrieden, als in dem Jahr darauf
abermals eine Tochter erfolgte; er wünschte bei seinen 10
großen Gütern Knaben um sich zu sehen, die ihm
einst in der Verwaltung beistehen könnten.

Ich hielt mich bei meiner schwachen Gesundheit
still, und bei einer ruhigen Lebensart ziemlich im
Gleichgewicht; ich fürchtete den Tod nicht, ja ich 15
wünschte zu sterben, aber ich fühlte in der Stille,
daß mir Gott Zeit gebe, meine Seele zu unter=
suchen und ihm immer näher zu kommen. In den
vielen schlaflosen Nächten habe ich besonders etwas
empfunden, das ich eben nicht deutlich beschreiben 20
kann.

Es war als wenn meine Seele ohne Gesellschaft
des Körpers dächte; sie sah den Körper selbst als ein
ihr fremdes Wesen an, wie man etwa ein Kleid an=
sieht. Sie stellte sich mit einer außerordentlichen Leb= 25
haftigkeit die vergangenen Zeiten und Begebenheiten
vor, und fühlte daraus, was folgen werde. Alle diese
Zeiten sind dahin; was folgt wird auch dahin gehen:

der Körper wird wie ein Kleid zerreißen, aber Ich, das wohlbekannte Ich, Ich bin.

Diesem großen, erhabenen und tröstlichen Gefühle so wenig als nur möglich nachzuhängen, lehrte mich ein edler Freund, der sich mir immer näher verband; es war der Arzt, den ich in dem Hause meines Oheims hatte kennen lernen, und der sich von der Verfassung meines Körpers und meines Geistes sehr gut unterrichtet hatte; er zeigte mir, wie sehr diese Empfindungen, wenn wir sie unabhängig von äußern Gegenständen in uns nähren, uns gewissermaßen aus= höhlen und den Grund unseres Daseins untergraben. Thätig zu sein, sagte er, ist des Menschen erste Be= stimmung, und alle Zwischenzeiten, in denen er aus= zuruhen genöthiget ist, sollte er anwenden, eine deut= liche Erkenntniß der äußerlichen Dinge zu erlangen, die ihm in der Folge abermals seine Thätigkeit er= leichtert.

Da der Freund meine Gewohnheit kannte, meinen eigenen Körper als einen äußern Gegenstand anzu= sehn, und da er wußte, daß ich meine Constitution, mein Übel und die medicinischen Hülfsmittel ziemlich kannte, und ich wirklich durch anhaltende eigene und fremde Leiden ein halber Arzt geworden war; so leitete er meine Aufmerksamkeit von der Kenntniß des menschlichen Körpers und der Specereien auf die übrigen nachbarlichen Gegenstände der Schöpfung, und führte mich wie im Paradiese umher, und nur zu=

lezt, wenn ich mein Gleichniß fortsetzen darf, ließ er mich den in der Abendkühle im Garten wandelnden Schöpfer aus der Entfernung ahnen.

Wie gerne sah ich nunmehr Gott in der Natur, da ich ihn mit solcher Gewißheit im Herzen trug; wie interessant war mir das Werk seiner Hände, und wie dankbar war ich, daß er mich mit dem Athem seines Mundes hatte beleben wollen!

Wir hofften auf's neue, mit meiner Schwester, auf einen Knaben, dem mein Schwager so sehnlich entgegen sah, und dessen Geburt er leider nicht er= lebte. Der wackere Mann starb an den Folgen eines unglücklichen Sturzes vom Pferde, und meine Schwester folgte ihm, nachdem sie der Welt einen schönen Knaben gegeben hatte. Ihre vier hinterlassenen Kinder konnte ich nur mit Wehmuth ansehn. So manche gesunde Person war vor mir, der Kranken, hingegangen; sollte ich nicht vielleicht von diesen hoffnungsvollen Blüthen manche abfallen sehen? Ich kannte die Welt genug, um zu wissen, unter wie vielen Gefahren ein Kind, besonders in dem höhern Stande, heraufwächs't, und es schien mir, als wenn sie seit der Zeit meiner Jugend sich für die gegenwärtige Welt noch vermehrt hätten. Ich fühlte, daß ich, bei meiner Schwäche, wenig oder nichts für die Kinder zu thun im Stande sei; um desto erwünschter war mir des Oheims Ent= schluß, der natürlich aus seiner Denkungsart ent= sprang, seine ganze Aufmerksamkeit auf die Erziehung dieser liebenswürdigen Geschöpfe zu verwenden. Und gewiß, sie verdienten es in jedem Sinne, sie waren wohlgebildet, und versprachen, bei ihrer großen Verschiedenheit, sämmtlich gutartige und verständige Menschen zu werden.

Seitdem mein guter Arzt mich aufmerksam gemacht hatte, betrachtete ich gern die Familienähnlichkeit in Kindern und Verwandten. Mein Vater hatte sorgfältig die Bilder seiner Vorfahren aufbewahrt, sich selbst und seine Kinder von leiblichen Meistern mahlen lassen, auch war meine Mutter und ihre Verwandten nicht vergessen worden. Wir kannten die Charaktere der ganzen Familie genau, und da wir sie oft unter einander verglichen hatten, so suchten wir nun bei den Kindern die Ähnlichkeiten des Äußern und Innern wieder auf. Der älteste Sohn meiner Schwester schien seinem Großvater, väterlicher Seite, zu gleichen, von dem ein jugendliches Bild sehr gut gemahlt in der Sammlung unseres Oheims aufgestellt war; auch liebte er wie jener, der sich immer als ein braver Officier gezeigt hatte, nichts so sehr als das Gewehr, womit er sich immer, so oft er mich besuchte, beschäftigte. Denn mein Vater hatte einen sehr schönen Gewehrschrank hinterlassen, und der Kleine hatte nicht eher Ruhe, bis ich ihm ein Paar Pistolen und eine Jagdflinte schenkte, und bis er herausgebracht hatte, wie ein deutsches Schloß aufzuziehen sei. Übrigens war er in seinen Handlungen und seinem ganzen Wesen nichts weniger als rauh, sondern vielmehr sanft und verständig.

Die älteste Tochter hatte meine ganze Neigung gefesselt, und es mochte wohl daher kommen weil sie mir ähnlich sah, und weil sie sich von allen vieren am meisten zu mir hielt. Aber ich kann wohl sagen, je genauer ich sie beobachtete, da sie heranwuchs, desto mehr beschämte sie mich, und ich konnte das Kind nicht ohne Bewunderung, ja ich darf beinahe sagen, nicht ohne Verehrung ansehn. Man sah nicht leicht eine edlere Gestalt, ein ruhiger Gemüth und eine immer gleiche, auf keinen Gegenstand einge= schränkte Thätigkeit. Sie war keinen Augenblick ihres Lebens unbeschäftigt, und jedes Geschäft ward unter ihren Händen zur würdigen Handlung. Alles schien ihr gleich, wenn sie nur das verrichten konnte, was in der Zeit und am Platz war, und eben so konnte sie ruhig, ohne Ungeduld, bleiben, wenn sich nichts zu thun fand. Diese Thätigkeit ohne Bedürf= niß einer Beschäftigung habe ich in meinem Leben nicht wieder gesehen. Unnachahmlich war von Jugend auf ihr Betragen gegen Nothleidende und Hülfs= bedürftige. Ich gestehe gern, daß ich niemals das Talent hatte, mir aus der Wohlthätigkeit ein Ge= schäft zu machen; ich war nicht karg gegen Arme, ja ich gab oft in meinem Verhältnisse zu viel dahin, aber gewissermaßen kaufte ich mich nur los, und es mußte mir jemand angeboren sein, wenn er mir

meine Sorgfalt abgewinnen wollte. Gerade das Gegentheil lobe ich an meiner Nichte. Ich habe sie niemals
einem Armen Geld geben sehen, und was sie von mir
zu diesem Endzweck erhielt, verwandelte sie immer erst
in das nächste Bedürfniß. Niemals erschien sie mir
liebenswürdiger, als wenn sie meine Kleider= und
Wäschschränke plünderte; immer fand sie etwas, das
ich nicht trug und nicht brauchte, und diese alten
Sachen zusammenzuschneiden und sie irgend einem
zerlumpten Kinde anzupassen, war ihre größte Glück=
seligkeit.

Die Gesinnungen ihrer Schwester zeigten sich schon
anders; sie hatte vieles von der Mutter, versprach schon
frühe sehr zierlich und reizend zu werden, und scheint
ihr Versprechen halten zu wollen; sie ist sehr mit
ihrem Äußern beschäftigt und wußte sich, von früher
Zeit an, auf eine in die Augen fallende Weise zu
putzen und zu tragen. Ich erinnere mich noch immer,
mit welchem Entzücken sie sich als ein kleines Kind
im Spiegel besah, als ich ihr die schönen Perlen, die
mir meine Mutter hinterlassen hatte, und die sie von
ungefähr bei mir fand, umbinden mußte.

Wenn ich diese verschiedenen Neigungen betrachtete,
war es mir angenehm zu denken, wie meine Besitzun=
gen, nach meinem Tode, unter sie zerfallen und durch
sie wieder lebendig werden würden. Ich sah die Jagd=
flinten meines Vaters schon wieder auf dem Rücken
des Neffen im Felde herumwandeln, und aus seiner

Jagdtaſche ſchon wieder Hühner herausfallen; ich ſah
meine ſämmtliche Garderobe bei der Oſter=Confirma=
tion, lauter kleinen Mädchen angepaßt, aus der Kirche
herauskommen, und mit meinen beſten Stoffen ein ſitt=
ſames Bürgermädchen an ihrem Brauttage geſchmückt: 5
denn zu Ausſtattung ſolcher Kinder und ehrbarer armer
Mädchen hatte Natalie eine beſondere Neigung, ob ſie
gleich, wie ich hier bemerken muß, ſelbſt keine Art von
Liebe, und wenn ich ſo ſagen darf, kein Bedürfniß
einer Anhänglichkeit an ein ſichtbares oder unſichtbares   10
Weſen, wie es ſich bei mir in meiner Jugend ſo lebhaft
gezeigt hatte, auf irgend eine Weiſe merken ließ.

Wenn ich nun dachte, daß die jüngſte an eben
demſelben Tage meine Perlen und Juwelen nach Hofe
tragen werde, ſo ſah ich mit Ruhe meine Beſitzungen,   15
wie meinen Körper, den Elementen wieder gegeben.

Die Kinder wuchſen heran, und ſind zu meiner
Zufriedenheit geſunde, ſchöne und wackre Geſchöpfe.
Ich ertrage es mit Geduld, daß der Oheim ſie von
mir entfernt hält, und ſehe ſie, wenn ſie in der Nähe   20
oder auch wohl gar in der Stadt ſind, ſelten.

Ein wunderbarer Mann, den man für einen fran=
zöſiſchen Geiſtlichen hält, ohne daß man recht von
ſeiner Herkunft unterrichtet iſt, hat die Aufſicht über
die ſämmtlichen Kinder, welche an verſchiedenen Orten   25
erzogen werden und bald hier bald da in der Koſt ſind.

Ich konnte anfangs keinen Plan in dieſer Erzie=
hung ſehn, bis mir mein Arzt zuletzt eröffnete: der

Oheim habe sich durch den Abbé überzeugen lassen, daß, wenn man an der Erziehung des Menschen etwas thun wolle, müsse man sehen, wohin seine Neigungen und Wünsche gehen. Sodann müsse man ihn in die Lage versetzen, jene sobald als möglich zu befriedigen, diese sobald als möglich zu erreichen, damit der Mensch, wenn er sich geirret habe, früh genug seinen Irrthum gewahr werde, und wenn er das getroffen hat, was für ihn paßt, desto eifriger daran halte und sich desto emsiger fortbilde. Ich wünsche, daß dieser sonderbare Versuch gelingen möge; bei so guten Naturen ist es vielleicht möglich.

Aber das, was ich nicht an diesen Erziehern billigen kann, ist, daß sie alles von den Kindern zu entfernen suchen, was sie zu dem Umgange mit sich selbst und mit dem unsichtbaren, einzigen treuen Freunde führen könne. Ja, es verdrießt mich oft von dem Oheim, daß er mich deßhalb für die Kinder für gefährlich hält. Im Praktischen ist doch kein Mensch tolerant! Denn wer auch versichert, daß er jedem seine Art und Wesen gerne lassen wolle, sucht doch immer diejenigen von der Thätigkeit auszuschließen, die nicht so denken wie er.

Diese Art, die Kinder von mir zu entfernen, be= trübt mich desto mehr, je mehr ich von der Realität meines Glaubens überzeugt sein kann. Warum sollte er nicht einen göttlichen Ursprung, nicht einen wirk= lichen Gegenstand haben, da er sich im Praktischen so wirksam erweiset? Werden wir durch's Praktische doch unseres eigenen Daseins selbst erst recht gewiß, warum sollten wir uns nicht auch auf eben dem Wege von jenem Wesen überzeugen können, das uns zu allem Guten die Hand reicht?

Daß ich immer vorwärts, nie rückwärts gehe, daß meine Handlungen immer mehr der Idee ähnlich werden, die ich mir von der Vollkommenheit gemacht habe, daß ich täglich mehr Leichtigkeit fühle, das zu thun, was ich für Recht halte, selbst bei der Schwäche meines Körpers, der mir so manchen Dienst versagt; läßt sich das alles aus der menschlichen Natur, deren Verderben ich so tief eingesehen habe, erklären? Für mich nun einmal nicht.

Ich erinnere mich kaum eines Gebotes; nichts erscheint mir in Gestalt eines Gesetzes; es ist ein Trieb, der mich leitet und mich immer recht führet; ich folge mit Freiheit meinen Gesinnungen, und weiß so wenig von Einschränkung als von Reue. Gott sei Dank, daß ich erkenne, wem ich dieses Glück schuldig bin und daß ich an diese Vorzüge nur mit Demuth denken darf. Denn niemals werde ich in Gefahr kommen, auf mein eignes Können und Vermögen stolz zu werden, da ich so deutlich erkannt habe, welch Ungeheuer in jedem menschlichen Busen, wenn eine höhere Kraft uns nicht bewahrt, sich erzeugen und nähren könne.

Lesarten.

Der zweiundzwanzigste Band, dem neunzehnten der Aus-
gabe letzter Hand entsprechend, enthält das vierte bis sechste
Buch von „Wilhelm Meisters Lehrjahren". Herausgeber ist
Carl Schüddekopf, Redactor Herman Grimm.

———— · ————

Theilweise wiederholt aus dem XXI. Bande:

Drucke.

N: Wilhelm Meisters Lehrjahre. Ein Roman. Herausgegeben von Goethe. Erster bis Vierter Band. Berlin. Bey
Johann Friedrich Unger. 1795—1796. 2 Bl., 364 S.; 374 S.;
371 S.; 507 S. kl. 8°.
Auch unter dem Titel: Goethe's neue Schriften. Tritter
bis Sechster Band. Mit Kurfürstl. Sächs. Privilegium. Berlin.
Bei Johann Friedrich Unger. 1795—1796.
Wie von den beiden ersten Bänden dieser Ausgabe, so
existirt auch von dem, das fünfte und sechste Buch ent-
haltenden, dritten ein Doppeldruck (*N²*), der für die Text-
geschichte der Lehrjahre dadurch wichtig geworden ist, dass
er und nicht der echte Druck (*N¹*) bei der Textrevision für
die Ausgabe *A* zu Grunde gelegt wurde, wodurch eine ganze
Reihe von Fehlern in den Text gerieth. Stellen wie 145,24.
152, 12. 244, 19. 290, 23. 329, 4. 345, 15 sprechen das auf's un-
widerleglichste aus. W. Vollmer hat in der Beilage zur
Allgemeinen Zeitung von 1868 Nr. 104 für den dritten
Band diesen Sachverhalt verkannt, weil er einen zweiten
Doppeldruck desselben (*N³*) für den in Frage stehenden
hielt; das beweisen die von ihm angeführten und für
N³ charakteristischen Lesarten Unschicklichkeiten 164, 8 Wir

187, 2? richtete fie 231, 12 Anmaßungen 248, 17 zu eigen 254, 12
Fäntchen 272, 21 Schale und Parthieen 301, 21 zu 302, 8 Tren=
nung 340, 8. Unsere Ausgabe geht demgemäss überall auf N^1
zurück, die Fälle ausgenommen, wo zu schliessen ist, dass
C auch selbstständig die Änderung vorgenommen haben
würde, vgl. zu 132, 4. 237, 10. Die Abweichungen von N^2 dagegen sind nur dann angeführt, wenn sie mit einer der folgenden Ausgaben zusammenfallen. N^3 bleibt unberück-
sichtigt, ebenso eine Titelausgabe des Ungerschen Druckes,
die ohne Verlagsfirma mit dem Druckort „Frankfurt und
Leipzig. 1795—1796" erschien.

A : Goethe's Werke. Zweyter und Tritter Band. Tübingen
in der J. G. Cotta'schen Buchhandlung, 1806. 1 Bl., 460 S.;
1 Bl., 534 S. 8°.

Von Riemer zum Druck vorbereitet, vgl. seinen zu
199, 24. 25 citirten Brief an Goethe vom 23. Juli 1805.

A^1 : Die zweite Auflage der ersten Cottaschen Ausgabe,
wahrscheinlich mit derselben Jahreszahl wie A, ist bisher
unauffindbar geblieben. Dass sie existirt, beweisen die
Druckfehler des 3. Bandes, die Riemer in Goethes Tagebuch
von 1809 (IV, 374) verzeichnet (unten zu 215, 27. 227, 7. 8.
274, 20. 21. 322, 5); vgl. die im Druck befindliche Einleitung
zu den Lesarten von XIII 2 S 115 und Goethe-Jahrbuch XVI,
261. Gemeinsame Fehler von B und B^1, wie 73, 23. 94, 27.
99, 10. 237, 7, gehen vermuthlich auf A^1 als Vorlage zurück.

B : Goethe's Werke. Tritter und Vierter Band. Stuttgart
und Tübingen, in der J. G. Cotta'schen Buchhandlung. 1816.
1 Bl., 460 S.; 1 Bl., 534 S. 8°.

Über die Vorbereitung dieser Ausgabe, gemeinsam mit
Riemer, im März bis Mai 1814 vgl. Tagebuch V, 100 ff.,
Briefwechsel mit Knebel II, 143. — Abgesehen von ortho-
graphischen Eigenheiten (Alle, Jeder, Niemand, Beyde, Einige,
Jederman u. s. w.) bringt B viele neue Versehen in den
Text, vgl. 100, 24. 146, 25. 197, 22. 226, 14.

B^1 : Goethe's Werke. Tritter und Vierter Band. Original=
Ausgabe. Wien, 1816. Bey Chr. Kaulfuß und C. Armbruster.
Stuttgart. In der J. G. Cotta'schen Buchhandlung. Gedruckt bey
Anton Strauß. 1 Bl., 512 S.; 1 Bl., 604 S. 8°.

Diese von B. Seuffert und A. Fresenius (Vierteljahrschrift
für Litteraturgeschichte VI, 627; Goethe-Jahrbuch XV, 166 ff.)
in ihrer Wichtigkeit erkannte Ausgabe bildet auch bei den
Lehrjahren ein werthvolles Correctiv für den fehlerreichen
Text von *B*, vgl. 146, 25. 160, 16. 197, 22. 226, 14. 234, 24. 287, 1.
330, 8. 333, 15. Überall, wo *B*¹ mit *N*¹ gegen *B* überein-
stimmt, ist auf die Lesart der ersteren Gruppe zurück-
gegangen, es sei denn, dass (wie bei *N*¹) eine selbstständige
Änderung von *C* anzunehmen ist, vgl. 49, 1. 230, 17 und die
häufigen Fälle stärkerer Interpunction von *BC*¹*C*. Die
übrigen Abweichungen der Ausgabe *B*¹ von ihrer Vorlage
sind nicht verzeichnet.

*C*¹ : Goethe's Werke. Vollständige Ausgabe letzter Hand.
Achtzehnter bis Zwanzigster Band. Unter des durchlauchtigsten
deutschen Bundes schützenden Privilegien. Stuttgart und Tübingen,
in der J. G. Cotta'schen Buchhandlung. 1828. 1 Bl., 326 S.;
1 Bl., 362 S.; 1 Bl., 308 S. 16°, der Bogennorm nach kl. 8°,
sogenannte Taschenausgabe.

Die Doppeldrucke von *C*¹ (vgl. Goethe-Jahrbuch XVI, 262)
sind in unserem Apparat nicht berücksichtigt. Die Druck-
vorlagen für *C*¹ sind nicht erhalten, dagegen haben sich
Göttlings Bemerkungen nachträglich in einem Briefe an
Goethe vom 27. September 1825 gefunden. In Goethes vor-
hergehendem Briefe an Göttling vom 23. Juli 1825 (K. Fischer,
Briefwechsel zwischen Goethe und K. Göttling, München
1880, S. 9) ist nämlich statt „Wanderjahre" zu lesen „Lehrjahre" oder „Wilhelm Meister", vgl. das Tagebuch von demselben Tage (X, 82). Göttlings Antwort folgt hier im Zusammenhange; seine Vorschläge sind — abgesehen von
„hantiren" 148, 13 (XXI, 148, 14) — von Goethe durch Röthel-
striche als erledigt und genehmigt bezeichnet:

„Ew. Excellenz habe die Ehre, hierbei den dritten, vierten
und vierzehnten Band der Werke, welche zum ersten Male
durchgesehen habe, und den ersten und zweiten, nach aber-
maliger Durchsicht, zu übersenden. — — Die wenigen
Bemerkungen, die ich zu machen Gelegenheit gehabt, sind
folgende.

Wilhelm Meister; erster Theil. S. 139, 1 [XXI,
139, 6] habe ich: Zu seinen stillen Betrachtungen ver-

ändert in: In seinen stillen B.; S. 148, 13 [XXI, 148, 14] kommt
das Wort hantiren vor, wohl schon an sich durch seine Bildung nicht empfohlen; ich bin aber auserdem zweifelhaft,
ob überhaupt die gewöhnliche Schreibung dieses Wortes
einigen innern Grund für sich hat, überlasse daher Ew. Excellenz die Entscheidung. S. 169, 13 [XXI, 169, 14] habe ich
Ekstase statt Extase geändert. Die Verschiedenheiten in
dem Gedichte S. 205, wenn man den Abdruck desselben
Bd. 1 S. 164 vergleicht, sind wohl mit Bedeutung und Fleiss
gewählt. S. 347, 376, 415 und 457 [XXII, 22, 4. 51, 13. 90, 8·
129, 9] kamen mir die angebrachten Absätze als den Fluss
der Rede hindernd vor, daher ich durch Zeichen angedeutet
habe, dass die beiden Absätze wohl füglicher mit einander
zu verbinden seien. S. 427, 3 (v. u.) [XXII, 101, 24] ist wohl
ward statt war zu lesen; Ew. Excellenz werden darüber
entscheiden. S. 447, 11 und 448, 10 [XXII, 120, 8. 121, 11] steht
demungeachtet. Sollte statt dessen nicht richtiger seyn
zu sagen dessenungeachtet? S. 455, 11 [XXII, 127, 13]
ist widertönte wohl richtiger als wiedertönte.

Zweiter Theil. S. 75, 2 (v. u.) [XXII, 207, 25] ist die
einzige Stelle in allen bisher durchgesehenen Bänden, wo
die Form Mägdchen statt Mädchen vorkommt; ich weiss
nicht, ob diess hier Absicht ist. S. 99, 20 [XXII, 232, 1] muss
es wohl heissen: ward die Gesellschaft. Ebenso S. 110, 5
[XXII, 242, 6]. S. 152, 4 [XXII, 283, 20] fehlt sicher die Ne-
gation; es muss wohl heissen: wusste ich, dass er mich
nicht sah. S. 172, 7 [XXII, 303, 24] steht wieder demohngeachtet; ebenso S. 193, 4 (v. u.) [XXII, 324, 27] statt
dessenungeachtet. S. 174, 19 [XXII, 306, 8] muss es doch
wohl heissen: seines eigenen Selbsts, wie wir sagen: seines
Ichs. S. 184, 14 [XXII, 315, 26] ist in den Worten: und eben
darum ist es uns ähnlich geworden, wahrscheinlich ein
Druckfehler statt: und eben darum ist er uns ähnlich pp.
S. 402, 19 soll es dort wohl heissen: die Gesellschaft st.
diese G. S. 451, 21 würde ich vorschlagen anstatt Philoo
zu schreiben Philoh, weil der Leser leicht versucht seyn
könnte Philo-o zu lesen. S. 496, 4 heisst es doch sicher:
seine Religion. S. 512, 14 habe ich hätte verändert in
habe, weil diess die grammatische Consecution der Zeiten

zu erfodern schien. — — — Was die beiden ersten Bände
der Werke anlangt, so habe ich zu meiner Freude aus der
in Wilhelm Meister beobachteten Orthographie ersehen,
dass diejenige Consequenz, deren ich mich in den bisherigen
Bänden befleissigt habe, gerechtfertigt und bestätigt wird,
besonders in dem Gebrauch des ss und ſs; ist es daher
Ew. Excellenz genehm, so werde ich nach den aus den
früheren Bänden abstrahirten Gesetzen auch in den folgenden
fortfahren. Sonst habe ich aus beiden Bänden den Ew. Excellenz missfälligen Genitiv auf es, wenn ein Adjectivum
ohne Artikel gebeugt wird, wieder in den Genitiv auf e n
verändert und werde auch künftig nichts ändern, wenn
beide Formen von Ew. Excellenz gebraucht werden. — — —
Zuletzt erlaube ich mir noch eine Frage: sind Ew. Excellenz
nicht geneigt, die doppelte Comparativform m e h r e r e statt
m e h r e aufzugeben? Im bejahenden Falle würde ich dann
überall die unbezweifelt richtige aufnehmen bei fernerer
Durchsicht."

C : Goethe's Werke. Vollſtändige Ausgabe letzter Hand.
Achtzehnter bis Zwanzigſter Band. Unter des durchlauchtigſten
deutſchen Bundes ſchützenden Privilegien. Stuttgart und Tübingen,
in der J. G. Cotta'ſchen Buchhandlung. 1830. 1 Bl., 326 S.;
1 Bl., 358 S.; 1 Bl., 308 S. 8°.

Lesarten.

Viertes Buch.

Erſtes Capitel.

3, 5 Anſehn. *N* 12 wird *NA* zertretne *N—B¹* 14 zeigen,
NA 15 rüſtigen *N—C¹* 4, 2 Madam *N—C* vgl. aber
zu 33, 13 19 Nahmen *NB¹* vgl. aber zu 64, 10. 11 20 abgereiſt *NAB¹* abgereiſt *B* 5, 12 verſchaft, *NA* so meiſt,
vgl. aber 15, 10. 144, 23 16 iſt,] iſt; *N—B¹ C* beseitigt
mit wenigen Ausnahmen das Semikolon vor dem Nachsatz
mit „so" 19 Hände, *NA* 27 meinen Zweifeln, *N¹*] meinen
Zweifel, *N²* meinem Zweifel, *A—C* 6, 8 Ihren] ihren *B—C¹*
Druckfehler 9 Ehrgeiz *AB¹* vgl. 73, 13 10 darein] darin *NA*

vgl. 22, 12   20 ohnerachtet N—B^1 ohngeachtet C^1 vgl. zu 14, 20
22 leugne N vgl. zu 31, 12   23 in bem] inbem NA 28 hausgehalten, NA 7, 7 fteh'] fteh NA so meist, vgl. aber 12, 7. 19,
27. 128, 7. 130, 3. 143, 26 u. s. w.   16 nemliche $N^1 A$ 27 Fürft, NA
8, 2 Hofmann, N 12 ahnbungsweife NA so immer, ebenso ahnben,
Ahnbung, ahnbungsvoll   9, 6 Fata Morgagna N—C] Die
gleiche Form ist in den Naturwissenschaftlichen Schriften
V 1, 245, 21 ohne Grund in Fata Morgana geändert worden
7 burcheinander N—C so meist vgl. zu 38, 1   13 ebler N 14 er-
öfnet, NA so immer   17 Wirkung aufs Leben bleiben. N
18 fragte: NA 19 fehen? NA 25 Mabam N—BC^1C vgl.
aber zu 33, 13   10, 8 fcheeren A 10 Lebhaftigkeit; A Knabe,
NA Knabe; BB^1 11 fehn. NA 16 fo balb A—B^1 17 begegnet; N—C^1 25 foutenirt, N 26 gefcheib, N—C^1 27 allein
Abends N^1] allein bes Abends N^2—C 11, 8 Jeberman BB^1
jederman C so meist, vgl. aber 31, 23. 34, 4. 137, 9 u. s. w.
13 aus, NA 23 los. NA 24 irrbifchen N 12, 7 follt'] follt N
vgl. zu 7, 7   16 einbringen, NA 18 lebft; N—C^1 20 ift; BB^1
26 Schicfung] Gefchicf N 13, 2 gemerkt: NA 5 fchulbigen NA

Zweites Capitel.

14, 15 Shakefpear, $N^1 AB$—C] Schakefpear, N^2 Shakefpeare,
B^1 vgl. zu 19, 2. 3.   20 ohngeachtet N—C^1 so meist, vgl.
aber 6, 20. 52, 14. 320, 27   22 ergeßt. $B^1 C^1$ vgl. 16, 11. 21, 22.
22, 8. 92, 4. 124, 23. 322, 1   15, 10 berfchafte N vgl. 5, 12   14 aus
N—B so meist, ebenso ins, uns, aufs, fichs u. s. w., vgl. aber
83, 4. 87, 22. 114, 21 und öfters   16 Anfehen C] Anfehn N—C^1
16, 6 Maaße, NA so immer   11 ergeßte, B—C^1 vgl. zu 14, 22
15 Anftands N 28 zurücf gefeßt N—B^1 17, 4 euere NA
18, 1 vielmehr. NA 13 feeligen NA vgl. zu 36, 13   14 Treue,
NA giebt NA so meist, vgl. aber 139, 11. 151, 4. 152, 20.
161, 1. 169, 12. 281, 25. 338, 12   16 unfres N 18 ihre] feine N
22 gewinnen, NA gewinnen; BB^1 19, 1 rührende N—B^1
2. 3 Shakefpear $N^1 AB$] Schakefpear N^2 Shakefpeare $B^1 C^1 C$;
$C^1 C$ nur hier in diefer Form, vgl. 14, 15   20 zugehört; N—B^1
21 Partheylichkeit. N 27 mag: NA benk N vgl. zu 7, 7
28 Liebe! NA 20, 12 Verborgenen A 28 laßt NA 21, 4
eins A berer,] beren, N—B^1 14 weitläuftig NA so immer
19 blos $N^1 B C^1$ vgl. zu 32, 17   22 ergeßen B—C vgl. zu 14, 22

23 find sie nicht, *N* 24 vornehmen. *N* 22, 4 Absatz *N B¹*
8 ergehend *B - C* vgl. zu 14, 22 12 darein] darin *N* vgl. 6, 10
20 hab'] hab *C¹* 24 Tracht *N—B¹*] Traht *C¹C* 23, 12 herum
gehen; *N B¹* 20 hoste, *NA* so meist, vgl. aber 25, 2
23 Rath, *N* 25 Laertes, *NA* 26 Grenzstreitigkeiten *N - C¹*
23 Wilhelmen *A—C¹*] Wilhelm *N*

Drittes Capitel.

25, 7 oben hin *NA* 8 Eindruck *N¹*] Eindrucke *N²—C*
9 sein *N—C¹*] seinen *C* 10 Dies *B* 19 Stück *N¹*] Stücke
N². C 26, 2 schon] noch *N* 27, 4. 5 Character *N B* so
meist, vgl. aber 26, 25. 351, 13 5 früherer *NA* 7. 8 den
Ereignissen, *N¹*] den — Ereignisse, *N²* dem — Ereignisse, *A - C*
17 gebohrner *N* vgl. zu 284, 10 25 Original, *N* original, *A*
28, 16 Grenzen *N—C¹* so immer 20 hoffe *N B¹*] hoffte *C¹C*

Viertes Capitel.

29, 9 Freund *N¹*] Freunde *N²—C* 18 Ehmann *N¹*] Ehe=
mann *N²—C* 20 wollte! *NA* 30, 5 Stegreife *N¹B¹C¹*]
Stegereise *N²ABC* 6 mögliche *N—C¹* 10 Ehmann *N¹*] Ehe=
mann *N²—C* 19 abgereist, *NA* 24 Abentheuer *N* so immer
31, 5 Schooß *NAB¹* Schoos *C¹C* so immer 7 sitzen, *NA*
12 verleugnet *N—B* so meist, vgl. aber 6, 22. 69, 14. 347, 22
13 freuete *N* 23 zurück bleiben *N—BC¹* Jederman *B—C*
vgl. zu 11, 8 eifrig, *NAB¹* 32, 14 entstehen dergleichen *N*
17 blos *BC¹* so meist 21 Ihr *BB¹* 23 dahin; *NA* 24 schlimme
NA 25 ab. *N* 33, 13 Madam *N—C¹* so meist. vgl. aber
4, 2. 9, 25 23 überdieß *B* 24 Gürtel, *NA* 34, 4 Jederman
BB¹ vgl. zu 11, 8 24 sanft=abhängige *N—C¹*

Fünftes Capitel.

36, 10 in] an *N* 12 die] diese *NA* 13 seeligem *N* so meist,
vgl. aber 17, 13 13. 14 abentheuerlichen *N* abenteuerliche *BB¹*
18 beym *N—B* so immer 20 seltsame *N* 37, 14 Rappieren,
NA vgl. 38, 6. XXI, 143, 15. 225, 5 21 dürfe; *N—B¹*
23 zugeben *C¹* 38, 1 auseinander. *N—C¹* so meist, vgl. 9, 7
6 Rappiere *NAB¹* vgl. zu 37, 14 11 druckte *N—BC¹* vgl. 84,
15. 88, 18. 165, 18. 175, 21. 207, 3. 244, 18. 320, 16. XXI, 187, 17.
220, 6. 228, 11. 236, 10 20 junge *N* 39, 17 gebrochner *N* be=
finde! *NA* 19 bleiben, *NA* 26 glaubte.] hielt. *N* 40, 11 Haab=

feligfeiten NA 13 zerbrochne NA zerschlagne $N—B^1$ 14 zer=
schnittne $N—B$ 41, 6. 7 zurück gelassenen N

Sechstes Capitel.

42, 2 Abenteuer A Druckfehler   8 Augenblicke N^1] Augen=
blick $N^2—C$ 12 zurück gelegt $N—C^1$ 13 ungebetner N 43, 7
Schooße NAB^1 Schoose C^1C vgl. 31, 5   27 Wahlplatze N^1]
Wahlplatz $N^2—C$ 44, 16 hin und N 17 herbeyführte, A
   sehn $N—C^1$ 20 gieng A 25 Ermel $N—BC^1$ 45, 11 ver=
schiednes, N 19 fest gehalten N 21 über ihn hin. $N—B^1$
46, 2 stack, NA

Siebentes Capitel.

47, 4 herauf kam. N^1B^1] heraufkam. $N^2—BC^1C$ 5. 6 ein=
geflochtnem NA 6. 7 drauf N 8 zurück gelassen $N—C^1$
15 Üeberrock N^1 48, 1 Verschwundnen $N—B$ 7 vollgepfropft;
NA vollgepropft; BB^1 9 eingenommen; $N—B^1$ 23 schnöder,
NA 26 Verlaßnen NAB^1 Verlassnen B vgl. 56, 3   49, 1
zusammen zu rücken, NAB^1 Die contrahirten Formen werden
von C vorgezogen   5 darneben NA darauf A 7 bequeme=
res N^1] bequemes $N^2—C$ 14 unsers $N—B^1$ 27 eignes $N—B^1$

Achtes Capitel.

50, 11 verbundnes N 51, 2 zurückzugehn N 3 habe. B
habe, B^1 9 hat; $N—BC^1$ 12 geprüft worden, N 13 Absatz
$N—B^1$ 15. 16 vorgezogen, NA 26 äußerst N^1 so immer   27 Mäd=
chen abermals N 52, 1 erzählen an. N erzählen. A außer
N^1 so immer   3 können N^1 10 lermte NA 14 ohnerachtet
$N—C^1$ vgl. zu 14, 20   23 mein; NA 25 hiermit $N—B^1$
27 Frauen NA 53, 7 geringern, BC^1 geringern B^1 54, 1 ge=
wiß, N^1 4 leisten, NA 8 streckte] reckte N

Neuntes Capitel.

55, 9 Ehren=Bette N^1 14 löste NA 56, 3 Verlaßnen
NAB^1 Verlassnen B vgl. 48, 26   11 Louisb'oren $N—C^1$ 12 zu=
rück gelassen, N 15 introduzire $N—B$ 20 geworden,] worden,
$N—B^1$ 22 sind, NA 28 Erkenntlichkeit, NA 57, 5 besser N^1
6 bleiben; NA 58, 1 haben; NA 4 herantritt. N^1] herein=
trat. $N^2—C$ 9 sollten NA 13 Zeit N^1 18 Mährchen $N—C^1$
20 Gewißheit N vgl. 68, 18   24 befürchtete] sorgte N

Zehntes Capitel.

59, 6. 7 verschiedne $N-B^1$ 9 beßwegen, $N-BC^1$ 11 keines=
weges $N-B^1$ vgl. aber 104, 1. 106, 2. 135, 17. 146, 25. 148, 16.
228, 15. 268, 18. 307, 4 wolle N^1A-B^1] wollte N^2C^1C 15 ab=
gehn, N^1] abgehen, N^2-C 60, 7 merke BB^1 19 queer $N-B$
23 nah' $N-C$ 24 aufgelößten NA 24 Zeit lang $B-C$ so
meist, vgl. aber 61, 4. XXI, 274, 3   61, 2 segnete N^1] segnete,
N^2-C 22 erholt B erhohlt B^1 24 abgereist NA 62, 4
verloren; NA 9 zurück gezogen, N

Eilftes Capitel.

63, 3 Besserung. (Er NA 11 Abbressen $N-B^1$ 64, 1 eble]
edel C Druckfehler   10. 11 Rahmen NAB^1 so meist, vgl. aber
4, 19. 164, 24. 172, 24. 25   19 vorgefallen, NA 22 angesehn N^1]
angesehen N^2-C 65, 4 Verschwundnen $N-C^1$ 66, 8 sehn!
N^1] sehn, N^2-C 10 Überrocke N 14 geschrieben; $N-B^1$
19 hatten; $N-C^1$ 67, 5 Seh NA 9 schwindelt NA] schwindet
$B-C$

Zwölftes Capitel.

68, 6 Adern, NA 13. 14 aufgelöst NA 18 Gewißheit NA
vgl. 58, 20   69, 1 solle A 2. 3 wiederkommen N 5 diesem
N^1C 7 Vergangne $N-C^1$ 13 hatte; $N-C^1$ 14 verleugnen.
$N-BC^1$ vgl. zu 31, 12   26 hätte; $N-BC^1$ 29 allgemeines N

Dreizehntes Capitel.

71, 2 offnen $N-C^1$ 3 Seh $N-B$ 4 geändert, ist N ge=
ändert: ist A 6 erfreu N 7 daß] baß B 72, 13 erwiederten.
$N-C^1$ so meist, vgl. aber 175, 16   21 vortreflichen A 23 hätte.
BC^1 73, 6 gesehen, N 9 zu, NA 13 Ehrgeiz NAB^1 vgl. 6, 9
17 Unterthan N 23 ausgeschlossen, NA fühlte N^2B-C vermuthlich hat auch A^1 hier den Druckfehler   24 Edelmann, NA
74, 6 will, NA 9 Heirat B so immer, vgl. 99, 17   12 hinter-
laßnen N 13 Abgeschiednen $N-C^1$ 16 wohlgerathnes NB^1
20 Geschlechtsnahmen, NAB^1 vgl. zu 64, 10. 11   22. 23 verwaist, NA
75, 2 Dir $A-B^1$ vgl. 75, 17   13 an; $N-B^1$ 14 hört — N
schrecklichste N 15 Ohren; NA 17 Dich $N-B^1$ so meist, aber
vgl. 75, 2   21 Usurpator N^2-B 24 Bösewichter; NA Ab=
geschiednen N 27 war, N 76, 1 ganzen N 15 vor und
N C^1 16 zurück tritt; NA zurück tritt, $B-C^1$ wird, $N-C^1$

Vierzehntes Capitel.

77, 9 Gebährden *N* Geberden *B*[1] so meist, vgl. aber 217, 16
12 etwa] nur *N*   78, 18 nun *C*   22 Liebe *NC*   24 Gerüste *N*
79, 12. 13 zusammen, *NA*   15 aufgelöst. *NA*   20 Seyn *N—B*[1]
22 zu, *NA*   26 ihr *C* [Druckfehler   27 ihr, *NA*   80, 5 Wilhelmen
N[1]] Wilhelm *N*[2]—*C*   11 thörigt *N*   23 ohngefähr *N—C*[1] so
meist, vgl. aber 288, 6. 353, 22   24 seyn, ich *NA*   28 trift *NA*
81, 7 tennst, *NA*

Funfzehntes Capitel.

82, 13 schlurften *NA* vgl. 237, 10   20 gelegen, *NA*   83, 4 auf's
N—C vgl. zu 15, 14   23 eh *N—C*[1]   84, 1 fürtrefliche *N*   15 leicht
und gefällig] mit der größten Leichtigteit *N*   ausdrückte,] aus=
brückte, *N—B*[1] vgl. zu 38, 11   16 soviel *N*   25. 26 Kanapee *N*
Kanape *ABC*[1] Canape *B*[1]*C*   26 an] am *NA*   85, 2 entgegen,
NA entgegen: *BB*[1]   5 Trost, *NA*   7 gelöst, *NA*   19 erhabene,
B—C   21 offnen braunen Augen *N*   24 Augenbraunen, *N—B*[1]
26 Aurelie, *NA*   27 Verwundrung *NA*   86, 2. 3 denn sie lassen
mich den — selten empfinden.] weil ich den — selten empfinde. *N*
10 verlaßnes *NAB*[1]*C*[1] verlaffnes *B*   12 gebährdet *N* geberdet *B*[1]
16 ertragen, *NA*   16. 17 außerordentlich, *N* aufferordentlich *A*
18 erzählen? *N—B*[1]   19 O wäre ich *NA*   26 Gesinnungen *N*
87, 13 herbeyreizte, *NA*   15. 16 hatte. So *NAB*[1]] hatte; So *B*
hatte; so *C*[1]*C*   18 sie nicht erdulden, *N*   20 tragen. *N*   22 ichs
NA vgl. zu 15, 14   28 sechszehn *B—C* vgl. 91, 1. 231, 1
88, 3 werden? *NA*   4 Lerm, *N—BC*[1] war *N*   18 brudte *N*[1]
vgl. zu 38, 11   28 tanonische *C*   89, 3 schlösse,] schließe, *N*
10 werden, *NA*   14 seh. Ja, *NA*   26 Geschichtsschreiber *NA*
90, 2 nach einer] durch eine *N*   3 durchgeführten] durchgeführte *N*
8 Absatz in *N—B*[1]   17 Irrdischen *N* Unterirrdischen *N*
20 weggemät, *C*[1]   26 Plane *N*[1]] Plan *N*[2]—*C*

Sechzehntes Capitel.

91, 1 Sechszehntes *NA* vgl. zu 87, 28   92, 4 ergetzt *B—C*[1]
vgl. zu 14, 22   5 Lieder] Kinder *C*[1]*C* Druckfehler   11. 12 ab=
gegangen *B*   15 Thüre *N*[1]] Thür *N*[2]—*C*   20. 21 sich lebhaft
N—C[1]   93, 2 können? *NA*   9 Leibs. *NA*   10 Sonderbar=
teiten, *NA*   13 wieder, *NA*   14 hielt, *NA*   15 Verzeih *N—C*[1]
17 habe. *C*   19 fort, *NA*   21 bescheert *NA*   25 machen, *NA*

94, 8 haben: mit *NA* 27 gleichsam *NA*] gleich *B—C* Druckfehler 95, 27 fort, *NA* 96, 1 bestimmt; *N—B* 8 Begrif *N*
18 wurde. *N* 20 zurück *NA* 97, 3 Sache, *NA* 4 erheben;
NA 6 Anspruch, *NA* 19 auszulauten, *A* 98, 1 ver-
legnen *N* 9 wären, *NA* 16 sollten *N*] sollen *A—C* Druckfehler 99, 3 herum täschelten. *N—C¹* 6 vorsetzlich *A* vgl.
115, 8. 225, 13. 245, 13. 21. 252, 27 Abgesandte *NA* 8 linkisch]
links *N* 10 aus: *NA*] auch: *B—C* Druckfehler 14 ich
war,] war ich, *A* 17 verheiratete *B* so immer, vgl. 74, 9.
166, 6 27 wie, *NA* 28 unsere *A—C¹* 100, 6 leben, *NA*
12 thun; *NA* 19 Willkühr *NAB¹* 101, 6 wissen, *C* 13 daß]
daß *BB¹* 15 Verwundrung *N* 17 unterrichtet, *B* 19 Kenntniß *N* 24 ward] war *BB¹* 102, 2 deutsch, *NA* 4 Zither
N—B¹ 12 ihm] ihn *NA* 26 diesmal *N—B* dieß Mahl *B¹*
so immer 103, 14 lernt *N* 15 zurück gekommen, *N—C¹*
17 vereinigten *N—B¹* 19 gelaßnen *NAB¹* gelassnen *B* 104, 7
schafte *NA* 26 studierte *N—C¹* so meist, vgl. aber 213, 24
105, 27 sagt *N* 28 ehmahls *BC¹* 106, 7 können? *NA* 10
auffen *N¹* so meist verschmähten. Ich *NA* 12 Lassen *N—C*
13 Vornahmen *NAB¹* vgl. zu 64, 10. 11. 107, 7 Wittwe *N—B*
10 fürtrefflichen *N* so meist 13 Nahme *NAB¹* 15 ist es
N¹] es ist *N²—C*

Siebzehntes Capitel.

108, 16 Comtoir *N—B* 17 aufzusuchen, *NA* 18 Aussen-
bleibens *NA* 109, 13 Reisejournal, *NA* 16 zusammen schreiben *N* 18 als er ein *N* 20 herbey gerufen *N¹*] herbeygerufen
N²—C 24 konnte *N¹*] könnte *N²—C* 110, 1 junge *NAB¹*]
jungen *BC¹C* 11 launigte, *N—C¹* 13 äußern, *N¹* so meist
14 Caffeehäusern, *B¹C* so immer, vgl. 223, 7 16 Lektüre.
N—B 24 kein Absatz in *N* 26 durchreist, *N* durchreißt, *A*
durchreist, *B* 27 und *NA* 111, 2 kamst, *NA* kamst; *B—C¹*
3 andre *N* 9 politische *N* 10 Raisonnements *N* vgl. zu
293, 15. 16 13 anhängen, *N* 17 sagen, und besonders *N*
27. 28 herum gedreht *N*

Achtzehntes Capitel.

112, 3 Serlo's, *N* Serlo's; *A* vgl. zu 231, 19 4 seyn, *NAB¹*]
seyn: *BC¹C* 6 gebohren *N¹* 22 zuabgemessenen *C* 113, 8
sowol *B* 24 zuerst eben in *N* 27 ergetzen *B—C¹* vgl. zu 14, 22

114, 3 obligenten N 10 ſpielen, NA 21 aufs NA vgl. zu
15, 11   115, 7 gefährlichen, N^1 8 vorſeßlich N—C^1 vgl. zu 99, 6
16 ſicherer, N ſicherer; A 17 Schooßnarren NAB^1 Schooß=
narren C^2C 116, 1 und fehlt N 14 beiſſender N^1 15 ſeine
N^1] ſeinen N^2—C 117, 1 ab, bie N 2 Deutſchen C herrſchte;
NA 4 Dialog; NA 6 bemerkt, N—C^1 18 anſcheinenbem
N^1B^1 23 Gefühls, NA 27 Wunderbaren, NA 118, 6
Geiſte N 8 rezitirte N—B ſo immer   13 war: NA 21 inter=
eſſiren, unb ba N 26 zu; A zu BC^1 119, 20 Rezitation,
N—B 21 Gebährdenſpiel N Geberdenſpiel B^1 27 ſpäteren
N—C^1 28 entſchiednem N—B^1 120, 8 Demungeachtet
N—B^1 Deſſenungeachtet C^1 vgl. Göttling an Goethe, oben
S. 362

Neunzehntes Capitel.

121, 6 blos N—BC^1 vgl. zu 32, 17   22 verworrnes N
23 würkten A 122, 5 wohlvorgetragner N 6 Rythmus NA
8 wo zu A 123, 11 Böſewicht NAB^1] Böſewichte BC^1C 124, 7
zuſammenſeßte,] ausarbeitete, N 9. 10 ſonſt nicht geweſen N
23 ergeßte. NB—C^1 vgl. zu 14, 22   125, 5 innern N 7 ent=
ſcheiden, NA 21 ſeyn, N^1 26 vor N^1] von N^2 ſeit A—C
126, 1 worden, A 8 blos N—BC^1 vgl. zu 32, 17   13 ba=
malige N 15 verfolgt, und iſt N verfolgt, iſt A 26 gewohnter=
weiſe N—BC^1

Zwanzigſtes Capitel.

127, 6 Parterr's N—BC^1 ſo immer   6. 7 abzulehnen:
N—B^1 10 gefiel, N 12 Zeichen: NA 13 wiedertönte. N—B^1
vgl. Göttling an Goethe, oben S. 362   14 ichs will, NA
hingeriſſen, N—C^1 19 Bewunderung N^1] Bewundrung N^2—C
22 hab' ich N—C^1] habe ich C des Hiatus wegen geändert
128, 3 werden; ſo NA 3 her, N—B^1 5 Zirkel N—B^1
7 werf'] werf NB^1 vgl. zu 7, 7   16 ſich N] mich A—C
129, 3 wirft, nein NA 5 weiß. NA 7 erſchaft, N 8 Himm=
liſchers, N—C^1 9 hingiebt. N hingiebt! A Abſatz N—B^1 vgl.
Göttling an Goethe, oben S. 362   14 weggeworfen; N aber
NA 19 Leidenſchaft. N—B^1 24 mit; N—C^1 130, 3 nehm N
vgl. zu 7, 7   4 habe, NA 6 Mein BB^1 10 überlaß NA
131, 2 abzulocken N 4 Ruhmredigkeit; NA 5 ſelten] ſelber B

8 sehe. *N* 17 kann. *N* 20 gelegen *NAB¹* 21 sie, *N - B*
25 anzunehmen. *N.A* 132, 4 blitzgeschwind *A—C¹* wie der Blitz
N¹ wie den Blitz *N²* 16 Knieen *N—BC¹C* 26 Still,] Still! *NA*

Fünftes Buch.

Erstes Capitel.

135, 5. 6 sie verband ihn selbst *N* 6.7 Zeremonien *N—B*
so immer 14 wieß. *N* 17 keineswegs *N* vgl. zu 59, 14
nachzusehn *N* 21 Thüre *NAB¹*] Thür *BC¹C* 136, 2 rannte:
NAB¹ rannte; *BC¹* 15 ihm] ihn *N* 20 besonderes] anderes *N*
21 sehen? *N—B¹* 23 man *N* doppelt bei Seitenschluss
137, 2 so bald *N* 9 Stegereif *N* Stegereise *AB¹* Jedermann
BB¹ vgl. zu 11, 8 13 manigfaltigen *N¹AB* mannigfaltigen
N³B¹C¹ 28 Vollkommnen *N¹B¹* Vollkommen *N²* 138, 3 Un=
gewohntheit *N¹*] Ungewohnheit *N²—C* 15 Tags *NAB¹*] Tages
BC¹C 17 erschrack *N* 22 Wilhelm *N* 139, 11 giebt *N--B*
vgl. zu 17, 4 140, 1 Gespräche *N* 2 sammeln *N²A—C*]
sammlen *N¹N²* 7 verlies *N.A* 9 Leitsternen] Lichtsternen *N²*
11 öfter *N¹BC¹C*] öfters *N²AB¹* 12 Urtheil; *NAB¹* 26 ver=
wirren, *N¹* 141, 1 andre *N* 9 auf, *N* 12 Scheidwege *N¹*
Druckfehler 14 entgegen gesetzten *N¹*

Zweites Capitel.

142, 11 hohlten *N—B¹* 18 so bald *N—B¹* 143, 7 sagen,
NAB¹ 10 wieviel *N—BC¹* so meist, vgl. aber 170, 23. 24
13 gelöste *NAB¹* gelöste *B* 20 konnte: *N¹* 25 Haus *A*
26 seh *N* vgl. zu 7, 7 144, 1 Spaziergänge *N* *C¹* Spazier=
fahrten *N—C¹* 11 beliebt; nur *NA* 12 neuste *NAB¹* Neuste *B*
14 so bald *N—B* 22 geschafft, *N¹* vgl. zu 5, 12 24 so fern
N—B¹ 27 ich gesperrt *N* 145, 7 wenigen *N¹*] wenig *N²—C*
15 besucht, *NAB¹* 24 die *N¹*] der *N²—C* 146, 3 zu viel *N*]
viel *A—C* 7 Unsre *N—C¹* 14 umsehen, *NAB¹* 15 ge=
scheuter *N* gescheider *A* vgl. 148, 2. 3 25 keineswegs; *NAB¹*
vgl. zu 59, 14 25 warb *NAB¹*] war *BC¹C* 27 entgegen
gesetzte *N* 147, 6 Meynung *N¹*] Meynungen *N²—C*

Drittes Capitel.

148, 2. 3 gescheut *N* gescheid *A* vgl. 146, 15   13 mehrern *AB¹*
11 zusammen geschrieben *NA*   16 keineswegs *N* vgl. zu 59, 14
17 fabriziren, *N—B*   18 Innere *N*   20 selber immer uneins *N*
149, 8 beswegen *N—B*   9 beinen *C* Druckfehler   26 muß, *N*
150, 6 gemeßner *N—C¹*   7 vollkommener *N* er, und wenn *N*
er, wenn *A*   19 müßte nur besto *N*   25 seines gleichen *N—BC¹*
seines Gleichen *B¹*   151, 4 giebt, *N—B* vgl. zu 18, 14
7 oder *N¹*] und *N²—C*   11 voraus gesetzt, *N—BC¹*   12 dürfte, *A*
18 sich] sie *A*   etwas] was *N*   152, 12 daß das alles *N¹*] daß
alles *N²—C*   15 Brettern *NA* so immer   153, 6 großer *AB¹*
9 einig; *N—B¹*   154, 1 Schultern, *NAB¹*   2 fingen *N*

Viertes Capitel.

155, 10 Stücke *N*   156, 10 Tisch, *NAB¹*   11 goldne *N—C¹*
157, 2 hat, *B*   3 verwahrlost *NA*   9 spielen *N¹*   11 unsres *N*
16 Ganzes; *A*   17 stellenweise: *N¹*] stellenweise; *N²—C*   19 Theater
doch immer *N*   158, 13 aufs *NA* vgl. zu 15, 14   Kanapee
N—BC¹ Canape *B¹* Canapé *C*   setzte, *NAB¹*   24 zerstöhrt, *N¹*
25. 26 Jederman *BB¹* vgl. zu 11, 8   159, 7 allzuunbedeutend *NA*
13 daß] wenn *NA*   18 Ende. Ingleichen *NA*   24 Uriasbrief; *NA*
160, 5. 6 unterzuziehen, *N¹N²* Druckfehler   16 die *NAB¹*] nur
BC¹C   22 Dännemark, *N—B¹*   161, 1 giebt *NB* vgl. zu 18, 14
8 mir fehlt *A—C*   10 gut, *NA* gut; *B¹*   14 herum gejagt *NA*
16 zusammen halten *N—C¹*   18 dieser *NAB¹*   21 Königinn
N—B¹ vgl. 166, 4. 205, 20   27 ungünstigem Winde *N*
28 zurück; *N*   162, 15 Beyfall, *NAB¹*

Fünftes Capitel.

163, 4 Wielandschen *N* Wielandischen *B¹*   12 wieder herzu-
stellen; *NA*   17 damit, *NAB¹*   19 andern, *NAB¹*] Anderm, *B*
anderm, *C¹C*   164, 5 Stück *N—C¹*   6 Begrif, *N¹*   8 Ungeschicklichkeiten *N¹*] Unschicklichkeiten *N²—C*   9 ganzen fehlt
A—C   10 mannigfaltig, *B¹C¹*   11 confus; *N—B* confus, *B¹*
12 Parthie *NAB¹*   16 baß das, was *N*] baß, was *A—C*
21 passen fehlt *A—C*   21 Rahmen *B¹* vgl. zu 64, 10. 11   165, 7
Serlo, *N*   10 aufheben, *N*   15 dies *NA* Ja sagen, *N*

16 bieſes N bies A Schwenzeln, $N-BC^1$ 18 ausgedruckt $N-C$ vgl. zu 38, 11 20 könnte, NAB^1 20. 21 bloß etwas in Geſellſchaft; N 23 überdies A 25 Einen; A 166, 4 Herzoginn $N-B^1$ vgl. zu 161, 21 6 heurathet, N heiratet, B vgl. zu 99, 17 15 haben, NAB^1 22 betrift, NA 21 hinſtellte, N 28 etwas] was N ſehen! NA 167, 4 reißender NA B^1 ſo immer Serlo, NAB^1 6 Verzuckungen; C 10 hintereinander C

Sechstes Capitel.

170, 18 worüber] über die N Tauſend N 21 heiſcheres N 23. 24 Wieviel NA 21 mir nicht gegeben, N 25 gewöhnen? N ließt NA liest BB^1 vortreflich, A 27 er NAB^1] er, BC^1C 171, 1 Welch NAB^1] welch BC^1C 12 Entzweck NA vgl. aber 171, 5 172, 4 Gebrochne $N-C^1$ 7 ſollte? N 11 hinein führen. NA 19 meinte vielmehr,] glaubte eher, N 21 Abbreſſe N 24. 25 Theaternamens, $N-BC^1$ Theaternahmens, B^1 vgl. zu 64. 10. 11 26 fand: N 173, 5 Antwort, NAB^1 9 Wichtigkeit, NAB^1 174, 12 Halbſchelmen N 175, 10 Serlo: der NA 15 Zuförderſt NA 16 erwiederte $N-B^1$ vgl. zu 72, 13 heiß $N-B^1$ 20 „Sollte — haben?" $N-B^1$ 21 ausgedruckt $N-B^1$ vgl. zu 38, 11 23 Schweis $N-B$ 24 Königinn $N-B^1$ vgl. zu 161, 21 27 vorſtellen, NAB^1 176, 5 erwartet? N

Siebentes Capitel.

177, 4 mißverſtandner $N-B^1$ 20 Dramas N 178, 1 Geſinnungen geſperrt $N-C^1$ 2 Begebenheiten geſperrt $N-C^1$ 2. 3 Charactere $N-B$ Charaktere B^1C^1 geſperrt 3 Thaten geſperrt $N-C^1$ 9 Romanenheld N 179, 2 unabhängige, BC^1C 9 Romans: $N-B^1$ 180, 1 ſey, NA 5 wiederfahren NA ſo meiſt, vgl. aber 317, 21 27 zu ſetzen, N 181, 6 hinreiſſe; NA 8 dieſe Pappen N^1] die Pappen N^2-C 10 ganz allein NAB^1] ganz fehlt BC^1C

Achtes Capitel.

182, 2 allein, N^1 6 wie] als NA Vaterſtadt, NAB^1 10 Lande, N 13 war, NAB^1 183, 8 liebten? NA kennen, $N-B$ 184, 1 lieb N 3 ausſchließliche N^1] ausſchließende

N^2-C 23 Tobad N bange, NA 26 bafür,] babor N
185, 3 Aufferdem A 9 herum ſchwanten NA 16 zuſammen
gefunden NA 186, 9. 10 entferntſten $N-C^1$ 18 Jederman B^1
jederman C vgl. zu 11, 8 22 möchten; $N-B^1$

Neuntes Capitel.

187, 14 verhalten, NAB^1 188, 2 Hauptthüre N^1] Hauptthür
N^2-C 23 iſt's NA vgl. zu 15, 14 27. 28 Natur=Rothwendigteit
$N-B$ 189, 5. 6 „Wer — verlangen." NA 11 Gute—Gefühl
NA 21. 22 was man unberührt laſſen müſſe? NA

Zehntes Capitel.

190, 2 vorbey. Sie NA 4 beſorgen; NA 191, 2 iſt,
NAB^1 11 Gottesnahmen NA vgl. zu 4, 19 25 thun? $N-B^1$
27 behm N^1AB beim N^2C^1 Kellermeiſters, $N-C$ 192, 3 zu=
ſammenbringen NAB^1 5 vorübergehend; NA 9 tann N^1
17. 18 „Gewiß — thut." NA 20 Perüde $N-C$ 21 abnehmen;
NA 193, 2 Nacht, NAB^1 11 zerſtreuen, NAB^1 194, 2
Bruſt; B 19 zehn] zehen N zurüd treten $N-C^1$ 195, 8
tabeln, NAB^1 13 in NAB^1] im BC^1C 22 ſchwebten nur
in N 196, 3 beleibigt; N 8 Begriffe N^1] Begriff N^2-C
19 erhohlt N^1B^1 197, 7. 8 ämſiger und ämſiger; $N-BC^1$
22 ſuchte NAB^1] ſuche BC^1C

Eilftes Capitel.

198, 14 Kinder! N^1] Kinder, N^2-C 199, 3 werde. C^1C]
würde? N werde? $A-B^1$ 8 Königinn N^1B^1 vgl. zu 161, 21
21. 25 in der talten Winternacht N vgl. Riemer an Goethe,
Weimar 23. Juli 1805: „Die Lectüre des Wilhelm Meiſter
habe ich vollendet, und, ausser einer Menge Druckfehler,
eine Discrepanz in Absicht der Jahrszeiten entdeckt; Die
Stelle ist die, wo Meister bey der ersten Vorstellung von
Hamlet in einer kalten Winternacht frieren soll, und wenige
Tage darauf, als sein Haus abbrennt, in dem anmuthigen
Garten beym Vollmond mit den Kindern in einer Laube
sitzt." 26 zuſammen, N^1 200, 2 erſchrat NAB^1] erſchrad
BC^1C 5. 6 ſchwer ſcheinenden N 10 hohlte $N-B^1$ 22 in ſo
einer $N-B^1$ 202, 7 Schwerdt. $N-B$

Zwölftes Capitel.

203, 13 mehr! *NAB*¹] mehr; *BC*¹*C* Alles *N B*¹ 17 Caffir *A*
21 laffen! *NA* 204, 8 Beym *N*¹*B* Beim *N*²*AC*¹ 11. 12 wohl=
geschmückte *N*²—*B*¹ 21 Befondere, *NA* 205, 7 ihn! *NA*
18 vorbey gefchritten *NA* 20 Königinn *NAB*¹ vgl. zu 161, 21
24 nieder] wieder *C*¹*C* Druckfehler 206, 21 wollten. Denn
*N B*¹ 207, 5 Hand *N*¹ 6 Rhytmen *N* Rythmen *A*—*B*¹
7 Kniee *N*¹ Knice, *N*²—*BC*¹ 25 Mägdchen *B* vgl. Göttling
an Goethe, oben S. 362 208, 17 Jederman *BB*¹ vgl. zu 11, 8
19 Kanons, *N*—*BC*¹*C* 209, 11 gefunden, *A* 27 Bette *NA*
28 bemeiftern, *NAB*¹

Dreizehntes Capitel.

211, 4 Bette *N*—*C*¹ 9 ihrige *NAB*¹] ihre *BC*¹*C* 212, 5.
6 erfchrack. *N*—*BC*¹ 10 gewöulich *A* 15. 16 herbey, *NAB*¹
213, 1 ift, *NAB*¹ 2 hervor bringen *N*¹] hervorbringen *N*²—*C*
13 vor, *NAB*¹ 15 würde. *N* 18 Flieh *NA* 21 einftudiert
*BB*¹ vgl. zu 104, 26 214, 3 beym *N*—*B* beim *C*¹ 4 holen,
NA hohlen, *B*¹ 25 fie, *NAB*¹ 215, 9 aber] allein *N*—*B*¹
13 herbey eilten, *N* vom *C*¹*C* von *N*—*B*¹ 27 magft] magft
*A*¹ nach Riemer in Goethes Tagebuch von 1809 (IV, 374),
vgl. oben S. 360 216, 4 nur da durch *N* 14 Schooß,
*N*¹*C*¹*C* Schooß, *N*²*AB*¹ vgl. zu 31, 5 29 verlohren *N*¹
tonnte, *NAB*¹ 217, 1 beyde menfchliche *N* 4 freudiger
*N C*¹] freundlicher *C* Druckfehler 9 nennen.) *NA* nennen,)
*B*¹ 10 entronnen, *NAB*¹ 16 Geberden *N*—*C*¹ vgl. zu 77, 9
20 gefchrien, *N B*¹ 218, 11 zufammen geftürzten *NA* 12 einen *N*
219, 13 aufgepaßt, *N* darneben *N* 16 zufammengeflickten *N*
19 gelangt, *N* 25 Rockermel *N*

Vierzehntes Capitel.

220, 12 Stock *N* 13 aufftieg, *N*—*B*¹ 19 fchön! *NA*
221, 5 in] im *N* 18. 19 einer — Ereigniß *N* eines — Ereigniß *A*
eines — Ereigniffes *B*—*C* 19 war] ward *N* Druckfehler
222, 7 Frommer *N* 15 Spaliren *N*—*B* 17 ihn] ihm *N*
Druckfehler

Funfzehntes Capitel.

223, 7 Kaffeehaus *NA* Caffeehaus *B*¹*C* vgl. 110, 14 10 be=
fonderes *NB*¹ 19 wiederhergeftellt *N* 224, 21 Huly *N*—*B*¹
26 gefpielt, *NAB*¹ 225, 13 vorfetzlich *N*—*C* vgl. 99, 6

25 andre. *N*   226, 10 üben, *NA*   14 Anblick *NAB¹*] Augen=
blick *BC¹C*   26 draus. *N¹*] daraus. *N²—C*   227, 7 Cecile
N²AA¹ vgl. Riemer in Goethes Tagebuch von 1809 (IV, 374)
8 Cecilen! *N²AA¹*   27 Tag *C*   228, 12 Betrügen *N—B¹* den
Principien der Ausgabe entgegen beibehalten wegen des
Reimbandes in 234, 20   nicht! *NA* nicht, *BB¹*   17 mögte *N*
28 zu, *N—B¹*   230, 13 Kurier *N—C*   16 einhohlen, *NB¹*
vgl. aber 228, 4   17 alsdenn *NAB¹*

Sechzehntes Capitel.

231, 1 Sechszehntes *C¹* vgl. zu 87, 28   8 verlohren. *N¹*
14 ihren *N* Druckfehler   18 Serlos *N* so meist, vgl. aber
112, 3. 235, 21. 254, 20 und 319, 27   19 gefallen, *NA*   232, 1 neu
genommene *N¹B¹*] neuangenommene *N²—BC¹C*   warb] war
N—B¹ vgl. Göttling an Goethe, oben S. 62   5 durcharbeitete
NA   23 haben, *N*   233, 1 Arten des Betragens] Handels=
weisen *N*   4 einig und *NAB¹*] einig oder *BC¹C*   6 eng=
lischen; *NA*   15 krant, *NA*   19 ist. *N*   21 seyn? *N—B¹*
24 kann. *N—B¹*   25 Aurelie, *NA*   234, 10 trefliche *N²A*
16 Einem *NAB¹*] einem *BC¹C*   19 nur recht alle unter ein=
ander *N*   20 betriegen *B¹—C* vgl. zu 228, 12   24 hat *NAB¹*]
hatte *BC¹C*   26 Litteratur, *NA*   235, 4 launigen *N*   20 aus
einander *N²—C*] auseinander *N¹*   21 Serlos *N—B* vgl. 231, 18
23 hatte *N*   236, 4 darzwischen *N*   22 legen, *NAB¹*   237, 7
gleichsam *N¹AC¹C*] gleichfalls *N²[A¹?] BB¹*   10 wegschlürfte.
N²—C] wegschlurfte. *N¹* vgl. 82, 13   12 Mittagessen *N¹*] Mittags=
essen *N²—C*   13 Vesperbrod *N* Vesperbrob *ABC¹*   16 Wil=
helm *N*   25 ihm *N* Druckfehler   27 eigene *N¹B¹*] eigne
N²—BC¹C   28 anerkannten *N*   238, 3 Talente, *NAB¹*
239, 3 war] warb *N*   12 anders, *NAB¹*] andres *BC¹C*   15 hatte *B*
27 zurück kam, *N—C¹*   240, 1 verlohren *NA*   3 der *NAB¹*]
dieser *BC¹C*   5 diese *B—C*] die *N* jene *B*   10 Instrument *N*
241, 17 muß: *N—B*   19 Werke, *N—B¹*   20 gewonnen, *N*
24 leben, *N¹* Druckfehler   27 unfre *N*   242, 5 grenzen. *N—B¹* vgl.
zu 28, 16   66 warb] war *A—B¹* vgl. Göttling an Goethe, oben
S. 362   17 Jedem, dem *N*   19. 20 einzureden, *N*   25 erſprießlich *NA*
243, 8. 9 verkleidet *N*   11 Herren. *N—BC¹*   244, 7 Brillianten
NA   12 hat, *NAB¹*   18 eingebildet,] eingebruckt, *N* vgl. zu
38, 11   19 ist *N¹C*] fehlt *N²—C¹*   20 verlohren. *A*   28 Be=

gebenheit NAB^1] Begebenheiten BC^1C 245, 7 um NAB^1] und
BC^1C 13. 21 vorſetzlich $N-B^1$ vgl. zu 99, 6   19 könnten,
NA 22. 23 diejenigen Perſonen N^2-C] diejenige Perſon
N^1N^2 Druckfehler   246, 5 Hand, NA 7 mediziniſche
$N-B$ 13 Wilhem N^1 Druckfehler   20 konnte, N 247, 3
hatte C 9 Willkühr $N-B^1$ 13 hat; NAB^1 24 wieder=
fahren. N 248, 8 Melina N gern N^1] gerne N^2-C 9 habe,
NA 14 einen N 23 ihren N 249, 5 an einander NB^1]
aneinander ABC^1C 8 Projeckt N Projekt AB 12. 13 ihre
Geſinnungen in der Handelsweiſe N 17 je mehr A 23 Manig=
faltigkeit N Mannigfaltigkeit $A-C^1$ Spieles N^1] Spiels
N^2-C 28 vielen N 250, 7 brauche. NAB^1 14 an=
zeigt, NA anzeigt; B^1 15 Weſen, NA 17 iſt, NAB^1
26 Mann, NAB^1 27 Jederman BB^1 vgl. zu 11, 8   251, 3
werden, $N-B^1$ 252, 3 Empfindung] Erfindung C^1C Druck=
fehler?   17. 18 vollkommen] willkommen NA 27 vorſetzlich
$N-C^1$ vgl. zu 99, 6   253, 15 meine N^1] mein N^2-C
254, 2 trotzige B 3 gelinder. N 5 Stimmung, NA 7 ihn]
ihm $N-B^1$ 20 Gerlos $N-B$ vgl. zu 231, 18   25 erwünſcht,
NA 255, 14 ergehen N^1] ergehn N^2-C 23 Tich $N-B^1$
256, 4 Abſchied N^1] Abſchiede N^2-C 6 den] die B 7. 8 ſie
ihm, auf — gehoben, einen N 16 worden. N 19 mögte N

Sechstes Buch.

Bekenntniſſe einer ſchönen Seele.

  259, 11 neun monatlichen N 12 Geburt NA 19 ſo bald
$N-B^1$ 260, 6 Kabinet. $N-B$ Cabinet. B^1C^1 10. 11 Präpa=
raten. N^1 14 gingen, NA 17 Feenmärchen. $N-B^1$ 20 unter=
hielte, N unterhielt, AB^1 261, 3 im weißen N 11 Märchen N
13 ſtack $N-BC^1C$ 28 chriſtliche $N-C$ als Titel gross, vgl.
XXI, 27, 11   262, 4 eh $N-B$ 7 fühle, N 11 römiſche
$N-C^1$ als Titel gross   24 verführeriſche B 26 haben, N
263, 12 Den N Druckfehler   26 auch fehlt $A-C$ 27 wieder
glänzen NAB^1 wiederglänzen BC^1 tönute, N 28 für] vor N
264, 2 wackrer $N-C^1$ 5 Sprachunterrichte NAB^1] Sprachunter=
richt BC^1C 19 aus; NAB^1 20 älter; NA 28 bemerkten? —

NAB^1] bemerkten? BC^1C 265,5 gallanten NA 11 Rendezvous; N 18 Älteste $N-B^1$ krank, N 19 den] dem
N Druckfehler   24 so bald N 266,2 Jüngsten $N-B^1$
3 Streiche, NAB^1 10 zurück zog. NA 26 Phillis N^1 vgl. aber
266,19. 267,8   267,9 Mädchen. NA 12 „honete“ N
„honête“ A 21 Affects N Affekts AB 24 auch fehlt NB
25 jüngsten NAB^1 Jüngsten B 268,12 andre NAB^1] andere
BC^1C 12. 13 introduzirt, $N-B$ 18 keineswegs N^1] keineswegs N^2-C vgl. zu 59,14   27 freuen; NA 269,2 Wort; NA
17 sammlete N 18 seh N vgl. zu 7,7   270,4 hüthete $N-B$
8 Wehrauch N 13 bey den N 14 unsern N^1 Druckfehler
25 Menuet $N-C^1$ 271,7 erhohlt NB^1 9 Discours NA
Diskurs B 25 litterarische C so immer   28 angenehmes
und nützliches Buch, N 272,6 dem] den N Druckfehler
14 Affekt, NA 28—273,2 hätte nicht ein sonderbarer Zufall
unsere Verhältnisse auf einmal verändert. N 6 ein; dießmal
NA 26 beym $N-B^1$ 27 ander NAB^1] andres BC^1C
274,12 herauf gesprungen N 13 hohlen. NB^1 20. 21 Hand-
tuch, N^1] Halstuch, N^2-C vgl. Riemer in Goethes Tagebuch von 1809 (IV, 374)   21 Thüre $N-C^1$] Thür C
22 heftig, NA heftig; B^1 kein Wundarzt kam, der N 27 Heil-
mittels] Lebensmittels N 275,2 erschrak N^1] erschrack
N^2-C sie nicht, als N 4 sah:] sahe, N 5 seh, NAB^1
276,4 heraus gefordert. N 6 meuchelmörderisches N 15 welche]
die N 17 nähren; $N-C^1$ 21 frühsten N^1] frühesten N^2-C
277,14 sollte, NAB^1 16 gewöhnliche N 279,4 Höflichkeiten,
NAB^1 8 erhohlt, N^1B^1 9 dem NA] den $B-C$ Druckfehler?
15 vergessen, NAB^1 17 Cerimonienvisiten, $N-BC^1$ 18 überdieß,
$N-B$ 27 Muthe, ich NA 28 Bequemlichkeit, NA 280,1
gut, NAB^1 14 zum Anfange N 281,3 Geheimnis NA
12 Koketterieen B 17 denkt N^1] denkt, N^2-C 25 giebt, $N-B$
vgl. zu 18,14   282,8 daß N^1 Druckfehler   21 allenfalls N^1]
ebenfalls N^2-C 23 streng; $N-C^1$ 283,10 Versuchung,
NAB^1 13 weg, NAB^1 20 nicht fehlt $A-B^1$ vgl. Göttling an
Goethe, oben S. 362   21 gern, NAB^1 284,8 lassen: N 9 er-
fohren; $N-B^1$ 10 gebohren, NA so meist, vgl. aber 27,17.
112,6   285,1 bald N^1 6 allem NC] alle $A-C^1$ 13 von fehlt
N 16 müßte, N 17 Lande, N 286,4 französisch; NAB^1
10 kurzen N 22 jederman N^1C Jederman BB^1 vgl. zu 11,8

287, 1 man NAB^1] und BC^1C 6 ftanden, NAB^1 11 unfeter
NAB^1] unfret BC^1C 13 fam, N^1] fam N^2-C 23 war N
Drucffehler 288, 1 geringeren NC^1 2 erfchraf N^1] erfchracf
N^2-C 4 löfte NA 5 auf, NAB^1 6 ungefähr N^2-C|
ohugefähr N^1 vgl. zu 80, 23 13 ausftehn N^1] ausftehen
N^2-C 12. 13 zum größten Erftaunen N 18 Negotiationen
N B Negoziationen C^1 19 glücflicher, $N-B^1$ 21 und ich
fuchte immer da den Troft, wo N 26 immer, NAB^1 289, 8
Felbe, N 9 beynah $N-B^1$ 10 Lebensgefchichte C^1C Drucffehler 13 Spur. NA 16 geftöhrt NA 80 meift 18 heraus-
fommen? NAB^1 Welt N^1 19 ift. NAB^1 20. 21 geradewohl N
22 nicht, NAB^1 23 Innres $N-C^1$ 290, 5 herum lief. NA
8 für] vor N 13 beleibigen. Denn N B^1 17 bloß $N-BC^1$
23 ftöhrten N verrichten, N^1] zernichten N^2C 291, 12. 13
meines gleichen N meines Gleichen, B^1 26 drohete. N^1 drohete, N^2
26. 27 werden, NAB^1 292, 8 drohete. $N-C^1$ 10 von N^1] vom
N^2-C 16 ihm C] ihn $N-C^1$ feft hielt, NA 20. 21 gerettet.
NA 293, 1 zurück zu ziehen NAB^1 thun, NAB^1 3 zurück
zog. NA 8 theilen, NA 12 wollte, N 13 eigenes N 15. 16
Raifonnement N^1 ift hier gegen die Principien der Ausgabe
irrthümlich im Text gedruckt, vgl. 111, 10. 346, 8 18 fo bald
$N-B^1$ 20 Raffees $N-BC^1$ Caffees B^1 294, 2 finblichen C
21 Gründe,] Gründe C 17 nahen N 22 wenig, N 295, 7
Haab $N-BC^1$ Hab' B^1 11 wollte. N 19 Theil N^1] Antheil
N^2-C 26 vorübergehenden AB^1 26. 27 weniger als nichts gewefen fehn. N^1] weniger als nicht gewefen fehn. N^2 fo gut als gar
nicht gewefen fehn. $A-C$ 296, 5 Seine, NAB^1 15 däuchte;
$N-B^1$ däuchte, C^1C 18 Styl BB^1 21 fobald $N-B$
297, 3 hiemit B 6 Wefentlichen N^1] Wefentlichften N^2-C
12 abgethan N^1 26 eh'] eh N^1 ehe N^2-C 298, 6 umfehen,
$N-C^1$] umfehn, C 8 däuchte $N-C$ 27 ruchtbar N^1] ruchbar
N^2-C vgl. Grimms DWB. VIII, 1341 und C^1 29, 287 299, 10
Verwandte NAB^1] Verwandten BC^1C 11 Herrn $N-C^1$ 15. 16
niemandem C^1 24 deswegen $N-B$ 301, 1 fehn, NA 11 Ent-
zweck NA Auffenthalts N 302, 1 hatte, NA 8 zu N^3 $B-C$|
fo $N^1N^2AB^1$ 303, 4 zurück gelaffen NA 6 zurück brachte. NA
7 fah, $N-B^1$ 24 Demohngeachtet $N-B^1$ Deffenungeachtet C^1 vgl.
Göttling an Goethe, oben S. 362 304, 1 vorüber ging, NA
4 freudig; nichts NA 20. 21 fechs und breißig $N-B^1$ 305, 5 letzte.

NA Leßte. *BB*[1] 6 ben Umgang] ber Umgang *N* Druckfehler
8 ber *NAB*[1]] ein *BC*[1]*C* 9 Schußort. Wenn *N* 18 ächte *N—BC*[1]
19 haben. *N* 306, 1 bewiesen: *N—B*[1] 8 eigenen *N—B*[1]
Selbſtß,] Selbſt, *A—B*[1] vgl. Göttling an Goethe, oben S. 362
9 reinen *N* 10 feņn. *NAB*[1] 11 Ich vertraute beſcheiben *N*
13 hineinpaſſen. *N*[1]] hinpaſſen. *N*[2]—*C* 26 hinten nach *NA*
307, 3 Quäl=Ortes *BC*[1] 16 ſich; wie *NA* 19 verſchlimmern.
N—B[1] 25 frommen *N—C* 308, 6 ein=] ein *N—C* 8 ber=
gnügt, *NA* 9 ſchmerzensvollen *N* mir] mich *N* 11 anbre *N—C*[1]
14. 15 bewahrte *NAB*[1]] verwahrte *BC*[1]*C* 19 entſchieben: *N—B*[1]
ſollte *N* 20 brauchte *N* kannte *N* 21 wollte *N* 23 mirß *NA*
vgl. zu 15, 14 309, 2 bieſe] bie *N—C*[1] 6. 7 bem wir — auß
bem] von bem wir baß Leben empfangen haben unb auß bem *N*
8 muß; *A* 15 wie ben Kranken *N* 310, 6 weiter; gegen *NA*
21 unſereß *N* 25 habe; *N—B*[1] 311, 1 ſuchen; *N—B*[1] boch]
noch *C*[1]*C* Druckfehler 4 verſchaffen. *N* 4. 5 Empfinbung *N*[1]
20 Narciſſen, *NAB*[1] 21 zuſammen gehalten *NA* 312, 1 weiten
NAB[1]] Weitem *BC*[1] weitem *C* 2 verhehlen; *NB*[1] 6. 7. hatte.
Denn *N—B*[1] 13 Delphoß *N* 313, 10. können; *N—B*[1]
18 können; *N* 24 erlößt *NA* 28 benken. Denn *N—B*[1]
314, 3 gelegen; hätten *N—B*[1] 11 anberß *NA* 16 bemeiſtern *N*
26 erblickte; *N—C*[1] 315, 2 wohl; *N—C*[1] 23 anzeigen? *NA*
24 Helleß; wir *N—B*[1] 26 er] eß *B* vgl. Göttling an Goethe,
oben S. 362 316, 3 wahr zu halten, *N* 15 fühlte. *NA*
18 nennen; *N* 21 wir nicht vermuthen. *N* 22 Menſchgewordnen
NAB[1]] Menſchgewordenen *BC*[1]*C* 25 Glauben, *NA* 28 im
Kurzen *N* 317, 15 ein=] ein *N—C*[1] anderemal *NA* anbere
Mahl *B*[1]] anbremal *BC*[1]*C* 21 wieberfahren, *N* 23 ge=
kommen; *BB*[1] 25 hatte ich aber *NAB*[1]] aber hatte ich *BC*[1]*C*
318, 10 treten; *N* 11 bann] ſo *N* 28 unſerer *N* 319, 4
Krankenbette *N* 6 Neigung, *NAB*[1] 10 mögliche *N—C*[1]
Privaterbauungen, *NA* 19 ach! *NAB*[1] mir. *NAB*[1]
27 Philoß *NA* vgl. zu 231, 18 Herrnhuthiſchen *N—B*[1] herrn=
huthiſchen *C*[1] ſo immer 320, 2 hatte mir *NAB*[1]] hatte mit mir
BC[1]*C* 9 äußeren *NAB*[1]] äußern *BC*[1]*C* 14 Naivität *N—C*[1]
16 ausgebruckt; *N—B* vgl. zu 38, 11 Schulterminologie *NA*
27 ohnerachtet *N—B*[1] ohngeachtet *C*[1] vgl. zu 14, 20 321, 14
wiſſe, *NA* wieberfahren; *NA* wiberfahren: *B*[1] 16 in] mit *N*
322, 1 Ergeßungßſtunben *B—C*[1] vgl. zu 14, 22 5 hatte.] habe.

A^1 nach Riemer in Goethes Tagebuch von 1809 (IV, 374), vgl.
oben S. 360 28 wie angenehm dagegen, als] daher jener eifrige
Mann, als N 323, 2 feiner NAB^1] der BC^1C 15 zwar fehlt N
16 Sache, N 22 so halb $N-B^1$ 324, 4 merken; NAB^1 7 ge=
schwinde, NAB^1] geschwind BC^1C 21 nur bisher NAB^1] bisher
nur BC^1C 27 Demohngeachtet $N-B^1$ Dessenohngeachtet C^1
vgl. Göttling an Goethe, oben S. 362 325. 21. 22 zurück
ziehn. NA 22. 23 glücklicher weise N 28 Zufriedenheit; NAB^1]
Zufriedenheit: BC^1C mich fehlt N 326, 1 mich selbst N
6 verstund N 12 Innerstes $N-B^1$ beynah $N-B^1$ zerstöh=
ten. NA 13 Falle $N-C^1$ 15 suchte; $N-B^1$ 19 gesehen, NAB^1
327, 12 ein, NAB^1 19. 20 italienischen B^1 Italiänischen C^1
27 Zierat B Zierath B^1 28 zerstreut; NAB^1 gesammlet NA
328, 1 zurück geführt. NA 7 zusammen zu wirken. NA allem C
Druckfehler 9 Ceremoniel $N-C^1$ 11 ward N^1] war N^2 C
12 eingeleitet, NAB^1 vortrefliche N 19 siebheißen N 27
Conditorn $N-B$ 329, 3 zusammen blieb, NA 4 geistreiche
N^1] geistige N^2-C 5 mannigfaltigste NAC^1 Mannigfaltigste
BB^1 15 sorgen. $N-B^1$ 21 Pavillions A 26 zusammen
beruft, NA 28 sorgen. $N-B^1$ 330, 1 Spielparthien,
NA 8 es NAB^1] uns BC^1C 16 verständigen, $N-C$ 19 ist;
NA 23 spricht! NA 26 gelesen, NAB^1 27 Gemälben,
NA 331, 7 zurück geführt, NA 8 vortreflichen N 18 ge=
sammlet NAB^1] gesammelt BC^1C 27 Zeit lang B C
habe; $N-C^1$ 332, 5 empfinden; $A-C^1$ 333, 1 zusammen
stellt. NA 11 andere NA Anderen B^1 15 erlangte NAB^1]
verlangte BC^1C 27 bloß, ABC^1 334, 9 einen C Druckfehler 13 versetzt A 19 führte. N 25 haben! N 335, 2 des=
halb $N-B$ tadeln, NAB^1 8 großen, $N-B^1$ 9 ge=
bohren, N gebohren; A 23 finden, N 25 Werke, NAB^1
26 liest, NAB^1 liest, B 336, 2 Gallerien $N-B^1$ 8 be=
schäftigt N wie $N-B^1$ 16 hat. N B^1 18 Lustparthie NA
19 in der NA Druckfehler 20 Sysiphus N 24 complimen=
tiren; NA grade N 337, 2 grade N 4 ächte $N-C$
9 waren, NAB^1 15 Natur, NAB^1 19 machen; A 19. 20
allein uns] uns bloß N 25 bloßen $N-B^1$ 27. 28 zusammen
gebracht, NA 338, 4 daraus: N 12 übergiebt, $N-B$ vgl.
zu 18, 14 und sich in Gefahr setzt, N 14 etwas] was N
Schlimmeren, B 15 im] in $B-C^1$ 25. 26 gesammlet; NA

gefammlet: B] gefammelt; B¹ gefammelt: C¹ C   28 anweifen; NA
339, 2 unfres NA   3 meinen N¹ Druckfehler   4. 5 unbekannt,
NAB¹   5 mirs NA vgl. zu 15, 11   14 Naturalienkabinet,
N— B Naturaliencabinet, B¹C¹   15. 16 ber Zimmer N¹] bes
Zimmers N²—C   17 berengern. N   340, 3 fah' N—B¹   4. 5
verfchiebene mal N   9 Guthes, N— B   16 verflogen, N—B¹
18 auf Neue B   341, 6. 7 Wiederhohlung N—C¹   9 vier NA
14 Waldvögelein N¹] Waldvöglein N²—C   28 fo genannten
N—B¹   342, 8 wurde; AB¹   11 Güter; N— C¹   13 äußre
N äußren AB¹ äußern BC¹C   14 zurück gekehrt N—B¹
16 nach unfrer Weife wieder N   20 zurück, NA   343, 6 wohl,
N—B¹   10 beffern, N   17 würken, NA wirken; B   23 Kathar,
N—B Catharr, B¹   27 beerdiget N¹] beerdigt N²—C   344, 1
heißer A   6 verliehren, N verlieren, AB¹   6. 7 gerechte N
10 genaß, N   18 bleiben, N   27 gebahr N Sohn, N   345, 6
hoffte; N—C¹   15 das N¹] bie N²—C   16 Froft unb burch N
17 morgens N—B   346, 4 zurück zu rufen, NA   14 Haufe,
NAB¹   18 erfreuen, NA   21 Zirkel N—B¹ fo fahe ich. N
26 graben N   347, 10 laffen, N—B¹   12. 13 Anftalt, N¹   16 Eng=
lifch; N   19 nicht, NAB¹   20. 21 Mefferfchmibt, N—B¹ Mähre,
NAB¹   22 verleugnen. N—BC¹ vgl. zu 31, 12   25 feinen N—B¹
348, 9 Jahre N   15 Gleichgewicht, N   23 bächte, N—B¹
28 bahin, N—B¹ gehen; N—B¹   349, 24 war, N   350, 5 trug,
NAB¹   8 wollen N   17 hingegangen, N—B¹   21 höheren N¹]
höhern N²—C herauf wächft, NA   26 fey, NAB¹   351, 13
Charactere NA vgl. zu 27, 4. 5   20 war, NA   21 Offizier B
27 heraus gebracht N—BC¹   352, 7 heran wuchs, NA   12 immer
gleiche, NAB¹] immer fo gleiche, BC¹C   353, 1 Grabe N
9 zufammen zu fchneiben NA   13 anders, NAB¹   15 wollen,
NA   16 befchäfftigt N¹   22 ohngefähr C¹ vgl. zu 80, 23
354, 1 heraus fallen; N   2. 3 Ofterconfirmation. NA   5 ge=
fchmückt; NA   16 meinem N Druckfehler wiebergegeben. N
355, 4 unb feine Wünfche N   gehen? N— C¹ fobann NAB¹
7 geirrt N   11 möge, NA   16 Freunb N   23. 24 betrübt N¹]
betrübte N²— C   28 erweifet. N   356, 11 Gebotes, NA Ge=
bothes, B¹   15 Gefetzes, NAB¹   25 nähren N¹] ernähren N²—C